D1596399

ESENCIA DE LÍDER

ESENCIA DE LÍDER

ALEJANDRA LLAMAS Y VALERIA MATOS

Grijalbo

Esencia de líder

Primera edición: septiembre, 2016

D. R. © 2016, Alejandra Llamas y Valeria Matos

D. R. © 2016, derechos de edición mundiales en lengua castellana:
Penguin Random House Grupo Editorial, S. A. de C. V.
Blvd. Miguel de Cervantes Saavedra núm. 301, 1er piso,
colonia Granada, delegación Miguel Hidalgo, C.P. 11520,
Ciudad de México

www.megustaleer.com.mx

D. R. © 2016, Jorge Garnica / La geometría Secreta, por las ilustraciones de interiores

ISBN: 978-607-314-722-4

Impreso en México – *Printed in Mexico*

El papel utilizado para la impresión de este libro ha sido fabricado a partir de madera procedente
de bosques y plantaciones gestionadas con los más altos estándares ambientales, garantizando
una explotación de los recursos sostenible con el medio ambiente y beneficiosa para las personas.

Penguin
Random House
Grupo Editorial

Índice

Introducción
de Alejandra Llamas

Este libro está dedicado a Eugenia

Este libro es un camino de esperanza. A lo largo de la historia han existido algunas personas que han sobresalido por su legado. Seguramente has oído sus nombres o conoces algo de su historia. Hoy te invitamos a que las mires de cerca.

Al pasar los años, su grandeza, sus historias, sus sueños y su valentía se han quedado en el olvido de muchos. Es momento de retomar la batuta, recordarlas, continuar mucho de lo que en sus días se quedó pendiente. Es preciso reconocer en nosotros la fuerza, la determinación y la pasión que existe en cada una de ellas y trabajar por hacer una diferencia.

La vida nos llama, nos pide despertar de nuestras quejas, reclamos, miopías y miedos y dar un paso importante: *usar nuestra vida*. Proponer, replantear, soñar. Atrevernos. Eso es lo que cada una de estas personas me decía al oído, al entrar en su mundo, al tratar de integrarme en su piel, para que mis palabras hicieran justicia a sus valerosos pasos, a sus majestuosas y arriesgadas travesías.

El mundo hoy está en un parteaguas, las viejas estructuras no funcionan para nuestra evolución. Los gobiernos se han vuelto cuna de intereses y corrupción. La manera de obtener recursos por medio del consumo está acabando con el planeta. La costumbre de obtener productos sin medida es la norma, hasta lo ideal. La repartición tan deficiente de los recursos para vivir hace que cada día haya más pobres y una riqueza extrema dividida entre pocos. La industria de alimentos vende comida artificial en empaques que se vuelven altos contaminantes. El abuso de la violencia y la comercialización de humanos están presentes en todas nuestras comunidades... y podríamos seguir con esta lista de desgracias.

Lo interesante es saber que estamos a tiempo. Que podemos dar un vuelco de tuerca y comenzar un mundo nuevo. Debemos empezar por comprender que mucho de lo que hacemos y como vivimos no tiene sentido. Como decía John Lennon: "Vivimos en un mundo regido por la loquera, en que hacemos cosas enfermas y a todos nos parece normal. En un mundo así, que yo diga que lo importante es la paz y el amor resulta una amenaza; y a mí me llaman demente..."

Debemos replantear cómo nos conducimos en el día a día y dónde está la responsabilidad de cada uno para hacer de este planeta un mundo mejor para nosotros y para las generaciones a quienes se lo estamos entregando.

Este libro cuenta la historia de seis hombres y seis mujeres que hoy se conocen como grandes líderes. Pero en realidad eran sólo seres humanos. Con defectos, virtudes, miedos y carencias, como todos nosotros. Pero con una voluntad desmedida de crear algo nuevo. Al recorrer estas páginas te adentrarás en sus vidas, comprenderás qué sucedió dentro de ellos que los llevó a formarse como extraordinarios seres humanos. Haremos un recorrido por sus filosofías, pensamientos, retos y lo que los convirtió en personas que dejaron un nombre en la historia.

Nuestros deseos son que te acerques a ellos, que los conozcas y que te inspiren. Que dejen en ti lo que han dejado en nosotras este tiempo en que hemos leído, estudiado, documentado y sentido sus vidas dentro de nosotras.

En su momento ninguno de ellos tenía la certeza de que iba a triunfar. Los guiaban su convicción y unas profundas ganas de hacer lo correcto.

Este libro llegó a mí. No pude decirle que no. No pensaba escribir por un tiempo, he escrito un libro por año en los últimos cinco años; cada libro requiere de mucha energía, tiempo y dedicación, y una vez que sale, vienen la promoción, las ferias, las entrevistas, etcétera. Pensé que por el momento iba a parar. Pero parece que no había tiempo que perder. No me dejaba de perseguir la idea, se venían a mi mente los nombres, las historias, los anhelos… sentía que me llamaban, que me pedían ser recordados.

Debía escribirlo con alguien, una persona que me apoyara con la parte histórica, con las biografías, los detalles. Alguien que contara sus vidas con ingenio y precisión. La pluma de Valeria Matos era la que complementaría de manera ideal este relato. Se lo propuse e inmediatamente, sin pensarlo, aceptó ser parte de este interesante proyecto. Valeria se ha hecho cargo, de forma maravillosa y hasta genial, de pintar para nosotros cada una de estas vidas. Nos acerca a ellas con colores, olores y emociones, y complementa con una investigación impecable. Yo entro después echando una mirada desde el coaching a cada uno de ellos.

¿Qué sucedió dentro de ellos? ¿En qué se respaldaron? ¿Que creían, qué pensaban, qué aprendieron? ¿Cómo libraban su lado oscuro? ¿Qué los construyó como seres humanos?

Para mí estas preguntas debían ser resueltas, había que saber quiénes eran, sentirlos y humanizarlos. Conocerlos profundamente. Reconocer que podemos aprender mucho de ellos, imitar lo que nos parezca valioso y sobre todo saber que cualquier vida se va puliendo, que vamos creciendo, madurando y convirtiéndonos en la persona que estábamos destinados a ser. Las circunstancias, la voz interior y las necesidades del momento nos pueden destruir o pueden revelar en nosotros nuevas posibilidades. Podemos tomar las vivencias como escalones que nos conducen a vislumbrar nuestro destino.

Penguin Random House ha sido mi cómplice al seguir y apoyar mis palabras. Éste es mi libro número seis y es algo nuevo para mí. Una propuesta diferente de lo que he hecho antes. Sin embargo, mi editorial está detrás de mí como siempre. Ha sido fiel, al confiar y respaldar mis búsquedas. No tengo palabras para agradecer su interés en mi trabajo, en especial a Fernanda Álvarez, mi editora y amiga. Ahora tenemos una larga relación juntas y no tengo más que gratitud por ser un pilar importante de mi trabajo.

Espero que, como a mí, este libro te abra nuevas conversaciones (a mí me ha brindado ricas charlas llenas de inspiración con mis hijos), despierte tu curiosidad y te dé empuje. Ojalá te ayude a entender el porqué de nuestra vida hoy, qué se ha logrado, a acercarte a algunas personas que lo han alcanzado y también a identificar cuál es el paso a seguir.

Siempre he sido de la convicción de usar la vida para un bien común. Para uno mismo y para quien haga sentido lo que proponemos. Hoy en día debemos poner nuestra energía, inteligencia y pasión en construir el mundo del mañana. Unir nuestra fuerza y vivir al servicio de lo que la vida requiera de nosotros.

Ser guerreros de luz es lo que la vida pide, y las vidas representadas en este libro nos enseñan *cómo*.

Para mí ha sido un honor caminar de la mano de cada una. No creo que nuestras palabras hagan justicia a la lucha de muchas de ellas, porque las palabras, por más generosas que puedan ser, no describen aquello que no vemos. Y cada uno llevaba dentro un gran espíritu. ¿Cómo definir en palabras lo etéreo? Así que si su vida te parece impresionante al pasar estas hojas, imagina lo que fueron en toda su dimensión espiritual.

Alejandra Llamas

Introducción
de Valeria Matos

Este libro trata sobre algunas de las mujeres y hombres que tuvieron un fin común, perseguir la libertad (motor de la historia), mediante diferentes caminos: la voz interior (Juana de Arco), el poder (Isabel I de Inglaterra), la pasión (Sor Juana Inés de la Cruz), la constancia (Marie Curie), la confianza (Eleanor Roosevelt), la fortaleza (Irena Sendler), la lucha franca (Simón Bolívar), la espiritualidad (Mahatma Gandhi), los sueños (Martin Luther King), la imaginación (Albert Einstein), la voluntad (Nelson Mandela) y la rebeldía (John Lennon).

Cuando Alejandra me propuso escribir con ella no pude negarme, no sólo por agradecimiento, sino porque era una manera de llevar a quienes nos leyeran fragmentos minúsculos de historia; representaba también, para ustedes y nosotras, una ventana a través de la cual observar y aprender cómo doce personajes importantes (unos por ser claves para ciertas transformaciones sociales, y otros por ser de suma vitalidad en el ámbito artístico y científico) contendieron con la vida y lograron un sueño. Dichas personas han sobrevivido al devenir temporal porque de una u otra manera son el espíritu inquebrantable no sólo de una época, sino de una cultura occidental dominante que se torna, en ese sentido, universal.

Escribí entonces doce biografías breves, a veces noveladas, con el fin de acercar a los personajes a un estado humano. Me gusta crear ambientes, mezclarlos con épocas, con emociones; plantear los obstáculos a los cuales semejantes líderes se enfrentaron y descubrir cómo salieron adelante.

Ahora bien, estos textos pequeñísimos (en comparación con las vidas en las que me basé para lograrlos, pues algunas, como la de Mandela, se prolongaron hasta los noventa y cinco años) son el ancla para las interpretaciones que hace Alejandra con fines inspiradores a partir del coaching.

Juana de Arco, Isabel I de Inglaterra, Sor Juana Inés de la Cruz, Simón Bolívar, Marie Curie, Mahatma Gandhi, Eleanor Roosevelt, Irena Sendler, Nelson Mandela, Martin Luther King, Albert Einstein y John Lennon son algunos ejemplos de quienes tuvieron la posibilidad de callar frente a un futuro que se mostraba represor para *ser*, para seguir la voz interna. El silencio no fue el camino, sino la lucha hacia la liberación de sí mismos y de otros, de otras; así se convirtieron en líderes, en espejos, en la voz de un eco poderoso: el de sus seguidores, quienes identificaron en ellos la propia necesidad de existir auténticamente como seres individuales que tomarían fuerza en conjunto.

Estas historias pueden semejarse a las de más gente o ser un hilo conductor para su futuro. Las circunstancias en donde nos desarrollamos importan, pero no son determinantes, es decir, no convierten al ser humano en un producto sin posibilidad de transformación. Isabel fue abusada sexualmente y su madre asesinada por el propio padre; John Lennon fue abandonado por sus padres; Mandela estuvo encarcelado durante más de veinte años… No sé si lograron la felicidad, pero sí sé que los hechos no les impidieron lograr sus propósitos. ¿Tendremos el mismo potencial, la fortaleza interior para expresar nuestro verdadero yo, para ser guías y aprendices en este maravilloso proceso de liberación? No lo sé. Quiero asombrarme.

Ninguna época a lo largo de la historia ha sido perfecta ni en oriente ni en occidente. Ninguna ha estado exenta de muerte, hambre, injusticia, violencia y crueldad, aunque las características de dichos elementos sean variables. Hoy esto se da a mayor escala, es más evidente. Somos un mayor número de habitantes y la tecnología es otra, lo cual tiene consecuencias de sumo dramatismo. Cada sociedad es responsable de los cambios que le corresponden a partir de necesidades y problemas específicos. A mi entender, no se trata de pensar positivo y ser feliz en consecuencia. Se trata de hacer un trabajo de autoconocimiento con el fin de desarrollar herramientas emocionales, y de aprender también saberes de toda clase, como hurgar en el pasado y en vidas ajenas que nos sirvan como ejemplo para salir adelante de la mejor manera, tanto en el ámbito individual como en el social.

Seamos nosotros sin perder de vista a los demás. Juntos soñamos de mejor manera. Seamos contradicción. Seamos herederos rebeldes. Reconozcámonos: yo estoy inmersa en la posmodernidad y en el fin de ésta; soy representante de los últimos bastiones de las utopías modernas (generadoras de las teorías que todo lo explican); soy seguidora incansable de verdades; soy perseguidora juiciosa y enemiga de la Verdad; soy también resultado del azar; soy parte de la microhistoria; soy pedacito fundamental y anónimo de la macrohistoria también; soy feminista; soy memoria, esta memoria que a ratos se esconde en el dedo meñique del pie izquierdo... siempre en el izquierdo; soy la vida con el sueño vago de la muerte; soy una de tantas acotaciones; soy una mujer con toda la intención de atarse a la realidad y a veces transformarla; soy la lectura en silencio; soy a través de la música de Led Zeppelin; soy la espectadora que reflexiona, que ríe, que se sorprende; soy el muro; soy la muerte célula a célula; soy la mosca que zumba y aletea en mi obsesión... Soy todos y todas en una versión propia. Soy yo en mi reinvención con ustedes. Quisiera ser la voz que revienta, que estalla en las mentes obtusas. Quiero también que mi ceguera sea iluminada.

Gracias,
VALERIA MATOS

La voz interior

Juana de Arco

Juana de Arco
por medio de la cual Dios restituyó
a su pueblo cuando fue oprimido.
¡Ah, qué honor para el sexo femenino!
Al que Dios ama tanto que mostró
un camino a los poderosos
por el cual el reino, antaño perdido,
fue recuperado por una mujer,
algo que los hombres no pudieron hacer.

CHRISTINE DE PISAN (1429)

Voces. Juana escuchaba voces desde que era casi una niña: delirios, ecos internos quizá o sonidos celestiales. ¿Qué oía Juana de Arco? ¿A sí misma? Es probable. Las voces nacían en ella de una manera imposible de silenciar, pues le ordenaban liberar a su pueblo de los ingleses, no poca cosa. Más tarde, la joven de dieciséis años estaba segura de su propósito cuando dejó su hogar para enlistarse en las filas del ejército francés. Así, no sin luchar contra toda clase de obstáculos, se convirtió en heroína de Francia hacia finales de la violenta Edad Media, envuelta en la guerra de los Cien Años.

Fue una sociedad difícil, como escribió Claudia Optiz: la sociedad del medioevo tenía manifestaciones culturales con el sello masculino riguroso, desde las luchas por el poder, hasta los prejuicios de dominación.[1] Además de la terrible

---

[1] Claudia Optiz, "Vida cotidiana de las mujeres en la Baja Edad Media (1250-1500)" en Georges Duby (coord.), *Historia de las mujeres. La Edad Media*, Madrid, Taurus, 2001, p. 340.

inequidad económica, se hacía presente la inequidad de género. Soldados y forajidos amenazaban a la gente del campo; familias enteras huían para no ser saqueadas, exterminadas; las mujeres temían ser violadas entre los graneros sabiendo que el auxilio jamás llegaría. En general, ellas eran las más desprotegidas, pues se les consideraban seres sin derecho alguno (por ejemplo, no podían siquiera presentarse solas a un juicio para defenderse).[2] Estaban destinadas a ser y estar bajo la tutela de maridos, padres y hermanos; resguardadas en el seno de la familia, sin opinión, sin sonido. No obstante, siempre han existido rebeldes. En ese mundo hostil, muchas de ellas se emanciparon a su manera.

La religión merodeaba durante el día y la noche. Sus reglas eran los preceptos sociales. La voz interior de cada persona era confundida a menudo con voces celestiales o mágicas, las mismas que la Iglesia consideraba herejías, lenguas demoniacas, si se manifestaban como oposición a sus normas. Dichas palabras, provenientes desde lo profundo, muchas veces no eran otra cosa más que sonidos de liberación, anhelos propios, ideas individuales femeninas. Varias mujeres se dedicaron a ir en contra de la Iglesia, de ese yugo que las obligaba a permanecer calladas, obedientes bajo el mando de un dueño: "Y como la Iglesia está sujeta a Cristo, así las mujeres a sus maridos en todo".[3] Entonces, a finales de la Edad Media, como lo narra Optiz, estas mujeres, cuya misión fue predicar ideas distintas y contrarias a las eclesiásticas, fueron perseguidas y quemadas en la

---

[2] *Ibid.*, p, 344

[3] *Ibid.*, p, 352

hoguera por la Santa Inquisición. Aquellas quienes decían tener visiones, por ejemplo, eran acusadas de brujería, sobre todo si tenían el don de convencer a más gente, convirtiéndose en líderes poderosas. Ningún yugo acepta algún tipo de libertad bajo su cobijo. Ninguno. Esto no aminoró esa manifestación libertaria: "[Las mujeres] confiaron en sus propias fuerzas. [...] Enriquecieron la vida emocional y espiritual de otros".[4]

Inmersa en este mundo, Juana de Arco o Juana Romée —como también la nombraban gracias al apellido de su madre—, nacida en el año de 1412 dentro del seno de una familia campesina acomodada de Domrémy, Francia, fue desobediente e insumisa. Siguió un propósito mayor, uno propio. Pudo haberse dedicado a lo que las mujeres de su época: al comercio, la manufactura de artesanías, de textiles o alimentos, a la maternidad, a ayudar en los partos o ser monja. Juana se negó a seguir un destino marcado por la sociedad con el fin de llevar a cabo lo que su interior le señaló paso a paso.[5]

La luz iluminaba los dorados cabellos de Juana, una joven de trece años. Los pájaros trinaban tan fuerte como si se oyeran con sordina, se hacían uno con el viento. Las campanas eclesiales sonaban. Escuchó por primera vez su nombre con un tono distinto, uno desconocido, piadoso. Miedo nunca hubo. Juana caminó lentamente hacia no sabía

---

[4] Bonnie S. Anderson y Judith P. Zinsser, *Historia de las mujeres: una historia propia*, vol. I, Barcelona, Editorial Crítica, 1992, (Libros de Historia), p. 171.

[5] *Op. cit.*, Claudia Optiz, p. 377.

dónde, en el bosque. Tal vez sentía el frío, tal vez sentía los rayos solariegos. Tal vez sentía, pero con seguridad escuchaba que las voces se hacían cada vez más fuertes a medida que se aproximaba a un árbol de proporciones enormes y hojas verdes en pleno otoño. Silencio súbito. Miró al guerrero san Miguel, quien venció al mismísimo demonio, junto a una corte de ángeles suspendidos en el aire. No había duda, el arcángel sostenía la espada: "Juana de Arco", se leía en ella. En ese momento supo su propósito, gracias a las órdenes divinas: liberar a Francia del asedio inglés; lograr que el *Delfín*, Carlos VII (heredero de los Valois), fuera coronado en Reims; liberar al duque de Orleans; recuperar la lealtad de París.

Santa Margarita y Santa Catalina también aparecían en sus llamados. Nunca se apartaron de ella.

Una mañana, cuando la neblina no despejaba los caminos, la mujer delgada pero fornida, de cabellos rubios cortados al ras bajo la oreja y ojos de almendra con mirada incisiva, determinada ante todo, segura de sí misma, decidió abandonar el hilado, a su familia y cualquier regla que le impidiera pelear como se suponía sólo lo hacían los hombres. Ella era una emisaria de Dios. No recibió la orden de ser monja. Sería la libertaria de un pueblo sumido en el miedo. Ella, sí: Juana de Arco. A partir de entonces hizo voto de castidad y aumentó sus oraciones. Debía estar cerca del Señor en todo instante. Se convirtió en un ser andrógino, tal vez. Se apartó de los propósitos mundanos. Un ser insumiso bajo las leyes mundanas, virginal, creyente de un poder absoluto, seguro de sus experiencias religiosas, sordo ante las críticas y ciego ante los rechazos.

En 1428 Juana fracasó en el primer intento por llevar a cabo su misión. Planeaba hablar con el señor del lugar, Robert de Baudricourt, para que la guiara hacia el Delfín. Sin embargo, De Baudricourt ordenó regresarla a casa con su padre, pidiendo que le dieran una buena paliza. Ella se negó. Le enfurecía la tardanza. Explicó vehementemente que sólo tenía un año para realizar su encomienda. No tuvo más remedio y volvió, pero no se dio por vencida. Poco a poco tuvo muchos seguidores, no sólo gracias a hablar convencida de su gran tarea, sino gracias también a sus actos piadosos con la gente del pueblo.

Un año más tarde, en 1429, De Arco dijo: "Antes de mediada la Cuaresma, debo estar al lado del rey, aunque tenga que gastarme las piernas hasta las rodillas. Pues no hay nadie en el mundo […] que pueda rescatar el reino de Francia. Y no hay remedio […] más que en mí".[6] Por fin De Beadricourt cambió de opinión y la guio hasta Carlos VII junto con seis de sus caballeros. Juana salió en busca de su destino montada en un caballo con quien se hacía una. Viajó de noche entre el frío y los lodazales, peor aún, esquivando ingleses por los cuatro flancos. Después de once días llegó con el príncipe. Lo miró. Los presentes no entendían qué ocurría. Una mujer caminaba hacia él a paso firme. Nadie pudo detenerla, se abría paso entre la corte sin decir una sola palabra. Se plantó frente a su objetivo:

—Francia sería arruinada por una mujer y recuperada por una virgen. Yo soy la salvación. Yo lo llevaré a la corona. Son palabras de Dios, no mías —dijo Juana.

---

[6] *Op. cit.*, Bonnie S. Anderson y Judith P. Zinsser, pp. 177-178.

Los murmullos irrumpieron la sentencia. Miembros de la iglesia, clérigos de la Universidad de Poitiers, la examinaron. Determinaron que sus palabras eran verdaderas. Ella era sincera. El Delfín no tenía más remedio que confiar. La guerra se había enfrascado en batallas sin buenos resultados para su país. Necesitaba una esperanza, y Juana lo era.

De Arco tenía poder de convencimiento y la gente comenzó a seguirla. Era la luz anhelada. Convenció a los soldados y luego a los habitantes de las ciudades. Su personalidad era como un imán. Confiaba en ella misma. Así, cuatro mil hombres marcharon con esta mujer hacia Orleans. Las multitudes se agolpaban para tocarla, para sentirse aliviados y protegidos. Sus seguidores peleaban hombro con hombro contagiados de valor y coraje. Juana no era soldado, nunca había peleado, pero sus ganas lo rebasaban todo. Montaba a caballo, portaba una pesada armadura, sostenía una espada y un escudo de la mejor manera; golpeaba llena de fe. No era una estratega, era una emisaria divina. Fue herida, su yelmo se rompió por un fuerte golpe, las flechas atravesaron su piel gravemente. Ella continuó gracias al frenesí religioso. Juana no llevaba el mando como tal, aconsejaba y era obedecida.[7]

Entre sonidos de metal, espadas que chocaban contra escudos, cuerpos que caían aniquilados y gritos de batalla, Orleans fue recuperada. El Delfín recompensó a Juana de Arco con una armadura y 100 libras tornesas. En julio de 1429 tuvo lugar la coronación. Faltaba la reconquista de París. Juana debía proseguir. No era suficiente el triunfo anterior. Por lo tanto, Juana continuó con su lucha sin la venia

---

[7] *Idem.*

real. En 1430, en Compiègne, la suerte le abandonó. Su caballo se derrumbó tras ser atravesado por una lanza. Ella miró desangrarse al animal, mientras que fue cercada junto con sus hombres por los borgoñeses, quienes la entregaron al enemigo. Los ingleses pidieron dinero para liberarla, más nunca llegó ayuda para ella. El rey Carlos VII la abandonó.

Juana de Arco por fin tuvo un opresor, el enemigo inglés, quien la consideraba un oponente terrible por su figura de líder monumental. El mundo sabía de sus poderes de convencimiento, de su osadía, de su valentía. Ante semejante poder no hubo más remedio que calificarla como agente diabólico. Juana alegaba lo contrario y pedía que la Iglesia la examinara. Pero Inglaterra controlaba París, y con ello a los eclesiásticos de la Universidad. Entonces, todo se arregló para el final de Juana de Arco frente al poder de la Iglesia, no divino, sino puramente humano.

Ella oraba hasta que el cansancio la vencía en la celda helada. La piel se le adelgazaba, sentía la humedad hasta en la espina dorsal, despojada ya de sus ropas guerreras; obligada a vestir como mujer campesina, se sentía vulnerable a un asalto sexual con sus botas negras y un simple sayo gris que le cubría hasta las rodillas. Soldados entraban y salían de sus húmedos y oscuros aposentos. Ella, la virgen, la Doncella de Orleans, atormentada por burdos castigos terrenales. El infierno existía en un espacio casi diminuto.

El Santo Oficio la obligó a denunciar su propio poder y a negar las voces que la habían acompañado desde siempre. Era deshacerse de sí misma.

Anderson y Zinsser cuentan cómo desde el 9 de enero al 30 de mayo la tuvieron presa y la cuestionaron continuamente, hasta dos y tres interrogadores. Esperaban verla vencida, confundida, minimizada. Juana lo soportó todo. Santa Margarita y Santa Catalina la acompañaron, las mismas que lucharon contra dragones y demonios, quienes libraron terribles batallas, estuvieron con ella.

Juana de Arco se aferraba a su voz interior, a la verdad que de ella emanaba. Mientras tanto, sus enemigos querían encontrar pruebas de que su popularidad era resultado de un pacto con el diablo. No lo lograron. Juana contestaba con fe en Dios y de manera serena, clara, sencilla, directa, de igual a igual. Pidió clérigos leales a Francia. Nunca los obtuvo. Quiso ser escuchada por el Papa, pero su petición fue negada. Cuando supo que sería quemada, decidió firmar una confesión falsa. Por primera vez el miedo se apoderó de ella. Tuvo terror y se doblegó ante ella misma y ante el resto.

Su sentencia fue anunciada: "Penitencia saludable [...] que expiarás por tus faltas y nunca más cometerás nada que ocasione llanto".[8] Le rasuraron la cabeza y la devolvieron a la celda, de donde parecía no saldría jamás. Juana, acompañada por una gota que caía incrementando el estruendoso silencio, cayó en el arrepentimiento. ¿Qué vida podría ser esa encerrada entre ingleses y sintiéndose culpable de cobardía? Era humano sentirse aterrada, era de santas guerreras reponerse y retomar el coraje, así que lo gritó para ser escuchada: "Si digo que Dios me envió, seré condenada, pero en verdad fue Dios quien me envió".[9]

---

[8] *Ibid.*, p. 183
[9] *Ibid.*, p. 184

La pira sería encendida. Juana se dejó conducir por el verdugo hasta la estaca clavada entre leña, donde la ató. No opuso resistencia. Miraba al cielo cada vez que podía sin escuchar a la multitud que la injuriaba. Oraba, siempre oraba hasta que su voz desapareció con una exhalación. Redujeron su cuerpo a cenizas y se deshicieron de ellas. No quedó nada que sus seguidores pudieran venerar. Pero sus enemigos nunca lograron su cometido. Juana de Arco se convirtió en heroína. Su fe, su valor, su confianza en sí misma, la salvaron del olvido.[10]

Juana de Arco, personaje emblemático, rebelde, inconforme con las líneas dictadas por la sociedad por ser mujer, campesina, analfabeta, fue síntesis de un momento histórico hacia el fin de la Edad Media, el eco de un instante del mundo europeo, época de contrastes sentimentales cuando las pasiones, fantasías y esperanzas estaban a flor de piel, como lo dijo Johan Huizinga.

Hoy su nombre se eleva: Juana de Arco.

UNA MIRADA DESDE EL COACHING

Con cada uno de los personajes de este libro haremos una hipótesis de lo que pudo suceder en el interior de ellos para pulir el líder que llevaban dentro desde el punto de vista de Los pilares del Coaching MMK (como fueron descritos en mi libro *El arte de conocerte*), que son:

---

[10] *Ibid.*, p. 185

- ▶ Pensamientos
- ▶ Cultura
- ▶ Creencias
- ▶ Lenguaje
- ▶ Emociones
- ▶ Declaraciones
- ▶ Ego

Así podremos establecer cómo la construcción de cada uno se da con hincapiés sólidos en su interior. También es importante que valoremos que cada uno de estos líderes se construyó a sí mismo. No permitieron que el exterior los definiera, no tomaron las circunstancias como excusas. No se escudaron en carencias ni en limitaciones. Como en este caso Juana, al ser mujer y analfabeta, en una época en que todo lo que llevó a cabo era innombrable.

Al extraer estas anatomías hipotéticas queremos plasmar cómo cada uno de nosotros puede llegar más lejos de lo que pensamos cuando conocemos nuestro interior; dejar claro que aquellos líderes humanitarios de los que leemos son como tú o como yo.

Juana de Arco

Todos escuchamos voces. Se entrelazan en conversaciones en nuestro interior de manera constante. Unas nos alientan, nos marcan el camino, nos guían a nuestro gran destino, pero otras nos detienen, nos minan, y algunas, si lo permitimos, nos destruyen.

Así como afinar un instrumento musical, escuchar estas voces se vuelve una tarea de armonizar lo que escuchamos dentro: a veces ecos, a veces gritos y reclamos, a veces críticas y fuertes juicios. Al estar alerta y con gran empeño, estas voces se pueden traducir en nuestras guías, en un sentido para nuestra vida, en una misión a seguir. Esta labor no es tarea de débiles, requiere una disciplina que se reconoce desde hace más de dos mil años. Por ejemplo, los yoguis dedicaban toda una vida a conquistar las voces de su mente. ¿El gran reto? Distinguir la voz del ser verdadero que ellos llamaban *Purusha* de las voces confusas que crean ilusiones mentales, conocidas como *Maya*. Estas últimas resaltan porque ocasionan sufrimiento por una sobreidentificación con el mundo exterior, basado en pensamientos de miedo y limitación.

Cuando nos comprometemos a buscar la voz verdadera de nuestro ser se vive un encuentro en el que lo que llevamos dentro nos ayuda a construir nuevas realidades. Escuchándonos logramos manifestar la vida que deseamos o que debemos caminar. Al seguir nuestra verdad, trazamos el camino ideal para nosotros y muchas veces también para otros que caminan a nuestro lado.

El gran reto es, diluir las ilusiones, el ruido, los miedos y las exageradas reacciones provocadas por nuestras alteradas emociones. Lo imprescindible es crear espacios en nuestra vida que rescaten el néctar de claridad que llevamos dentro, que den luz a la presencia sutil y firme que observa más allá de lo terrenal, que tiene una visión panorámica que trasciende el presente, que vislumbra el destino y los grandes atributos que llevamos. Una voz que permite el acceso a profundas dimensiones que a simple vista parecen no existir.

Si no se trabaja en la conquista de las voces internas, se puede vivir en gran confusión y perder una percepción clara de lo que es real. Por ello a veces difícilmente podemos distinguir si aquello que pensamos y sentimos es "la realidad" o sólo es lo que imaginamos y percibimos de lo vivido.

Diecinueve años. Es la edad que tenía Juana al morir. A tan tierna edad liberó un país y logró equilibrio y justicia para su gente.

Y nos preguntamos: "¿Quién soy para cambiar el mundo? ¿Quién soy para ser líder?" Todos llevamos a Juana de Arco dentro.

¿Importa de dónde proviene la voz que llevamos dentro? No.

Lo importante es qué haces cuando te escuchas. ¿Has ignorado que llevas una brújula en tu interior?

Hoy, ¿quién te guía? ¿Cómo saber que estás en tu camino, que vives tu grandeza, que hay espacio en tu vida para los deseos de tu corazón y la misión de tu espíritu?

Esta guía a veces nos pide acción, a veces serenidad. Si promueves el silencio las vas a escuchar.

Para que trabaje en ti te pide:

- ▶ Que creas en ti.
- ▶ Que tu mensaje sea para un bien común, para la alegría de tu espíritu.
- ▶ Que dejes de vivir una vida establecida por *default*.
- ▶ Que reconozcas su comunicado en visiones, señales, coincidencias, mensajes de otros.

Algunas interrogantes son:

¿Por qué elegir un camino y no el otro? ¿Si estamos determinados a seguir nuestra voz, siempre nos alcanzará nuestro mejor destino?

Alejémonos de objetivos fijos, de resultados medibles, en una cultura que ha sobrevalorado las metas y los triunfos aplaudidos por el exterior. Que la voz sea la guía para estar presentes, para vivir con el espíritu a flor de piel. Que sea el camino al amor, a la paz. Que nuestra vida y nuestro espíritu sean un reflejo de la divinidad que nos empapa siempre. Pero si nos corresponde salir a conquistar una vida mejor, que nuestra voz nos aliente, que nos impulse y nos dé claridad para convertirnos en un instrumento del bien común, que seamos vehículos que apoyen a la humanidad, a la luz y no a la oscuridad.

Cuando existe un triunfo como el de Juana en sus batallas, ¿lo logra por la guía de seres divinos o por el poder de manifestación que poseemos todos los seres humanos (ese poder que poco usamos, porque muchos estamos perdidos en vidas mecánicas, sin sentido, buscando a quién imitar, olvidando crear)?

Probablemente el triunfo se lo debe a ambos, esa fe de ser guiados abre la posibilidad de establecer un poder en el ser humano que queda expuesto e inspira, que alienta y que provoca un impacto en el plano terrenal que puede ser concebido por los seres humanos como el de una persona con poderes más allá de lo tradicional.

Se cree que una mujer como Juana, que logró una transformación de la humanidad en esa magnitud, que rompe un sinnúmero de paradigmas, y pasa por alto estereotipos de género, culturales, sociales, morales, etcétera, no "ve" la realidad establecida, sino lo que ella desea "ver", y sobre esta visión opera.

La libertad que hoy ha alcanzado el género femenino se la debemos a mujeres como Juana de Arco. Ella abrió camino, sentó precedentes importantes, generó una nueva percepción en su era acerca de las capacidades de la mujer. No debemos dejar en el olvido estas historias de lucha y valentía que crearon un sinfín de posibilidades que gozamos muchas de nosotras hoy en día.

Ahora no somos vistas como locas cuando hablamos de nuestra voz interior. No somos quemadas por seguir nuestra intuición. Se vislumbran a través de ella el valor y las características sublimes del ser humano y la gran capacidad de liderazgo que poseemos. Su voz hizo posible la voz de muchos. La voz de la energía femenina debe enaltecerse en esta era, que hoy tanto necesita el planeta para la sanación.

Creamos lo que creemos, y al final ojalá esto vaya de la mano de lo que nos da propósito, lo que le da peso a nuestra vida, y roce a su vez la de otros con bienestar. Que seguir nuestra voz sea una razón valiosa para vivir.

Me impresiona la fuerza del espíritu de Juana, su integridad, la fidelidad a su mandato interno; cómo a lo largo de su vida siguió serena, coherente. No buscaba respuestas fuera de ella. En su interior encontraba el bálsamo de claridad para afrontar lo vivido.

Los pilares de Juana de Arco
Anatomía hipotética

Pensamientos

Sus pensamientos estaban dirigidos a un objetivo y alineados a sus intenciones. Supo manejar los pensamientos para que trabajaran a su favor. Tenía la capacidad de distinguir los pensamientos que le eran funcionales y los que no. No alojó en ella los que la limitaban, o los que le dieran razonamientos que la convencieran de que lo que se proponía era inaudito en tantos frentes. Eso la hubiera frenado de golpe, y probablemente lo sabía, porque no les dio entrada. Su propósito era más fuerte que cualquier obstáculo mental.

Algunos de sus pensamientos podrían ser más o menos así:

- No importa si soy mujer u hombre, la misión es de mi espíritu.
- No voy a concentrarme en cuestiones terrenales o personales, mi misión es más grande que yo, y mi cuerpo es mi instrumento.
- Estoy en paz porque soy guiada por fuerzas divinas.
- Confío en la victoria y en lo que hago sin cuestionar si está bien o mal.
- Creo en el ser humano y la misión que se me ha dado.

Cultura

Las circunstancias culturales que rodeaban a Juana estaban principalmente en su contra: ser mujer, joven, analfabeta e inocente. Vivió en una era oscura invadida de ignorancia, miedo y resignación. Probablemente su misma ingenuidad la llevó de la mano. A lo mejor, al no sellar en ella los discursos sociales y morales que invadían a las personas en ese tiempo, pudo crear sus objetivos, como quien camina sin poner los pies en la tierra; dando pasos que trascienden lo establecido. La guiaron sus visiones y con éstas se abrió camino. Lo establecido, lo razonable y las rígidas normas perdieron poder ante su firme voluntad.

Creencias

Las creencias son afirmaciones que no son la verdad, pero al creerlas y hacerlas nuestras se vuelven parte de quienes somos, cobran peso en nuestra identidad. Tomamos las acciones que respaldan aquello que creemos; por lo tanto, lo que hacemos o dejamos de hacer está dirigido por creencias. Éstas pueden eliminarse por completo, replantearse, o pueden también proponerse otras nuevas a cualquier edad. Lo importante, como con los pensamientos, es elegir creencias que nos funcionen, que construyan a la persona que deseamos ser. Que sean creencias que nos acerquen a nuestros objetivos y a una relación sana con nosotros mismos.

Algunas de las creencias de Juana se traducen así:

- Soy mensajera de Santa Margarita, Santa Catalina y San Miguel, quienes trabajan a través de mí.
- Los hombres pelean, pero sólo Dios da la victoria.
- Las voces me alejan del miedo cuando dudo. Dios siempre te ayuda.
- A Dios se remitía en cuanto a sus visiones y no aceptaba el juicio de ningún hombre.
- A los trece años se creyó capaz de salvar su nación.
- Creía en ser virgen y puritana, y en vivir para su misión.
- Tenía la certeza de que conquistaría sus objetivos.
- Ningún obstáculo se pondría en su camino porque Dios era su guía.
- No era necesario pensar, porque Dios le iba a indicar en cada momento lo que era necesario llevar a cabo.

Lenguaje

Todos vivimos inmersos en el lenguaje, tanto interno (diálogo interior), externo (con otros) y con el universo (Dios o fuerza mayor). Es importante estar atentos a los tres, ya que unidos alinean lo que es posible para nosotros, crean nuestros acuerdos, vislumbran nuestro futuro y establecen nuestro estado emocional. El lenguaje lo es todo. Conjuga al ser humano, no sólo lo describe, sino lo crea. El lenguaje antecede el qué y el cómo de lo que se vive. Al no reconocer la dimensión del lenguaje en nosotros, perdemos la capacidad de tener dominio en una de las herramientas más importantes que un líder emplea para trascender.

El lenguaje de Juana era claro, congruente, íntegro y apegado a sus ideales. Tenía la característica de grandes líderes humanitarios. Al alinear intención, pensamiento, palabra y acción obtuvo resultados tajantes.

Pedía, prometía, declaraba y actuaba usando su lenguaje con la fuerza que una flecha usa para partir una manzana en dos. Creía en lo que decía con tal convicción y seguridad que los otros podían observar lo descrito como una realidad. Incluso, para Juana todo lo que sucedía en ella era por medio del lenguaje. Voces, mensajes, peticiones, acuerdos, inspiración por medio de discursos, claridad y congruencia interior y exterior. Su poder radicó en esta precisa y poderosa herramienta que para ella fue el refugio y la verdad de su ser.

Emociones

Las emociones nos consumen, impulsan, dirigen o establecen. Mucho de lo que hacemos es por mandato de una emoción. Tanto lo positivo como los errores o confusiones que creamos en nuestras vidas. Las emociones tienen el empuje más importante en el ser humano. A veces no lo notamos porque actuamos impulsados por una emoción y más adelante razonamos o buscamos justificar nuestras acciones. Pero en realidad una emoción buscaba saciarse.

Quien tiene claros sus objetivos alinea sus emociones a sus logros. Utiliza el coraje, el enojo, la frustración, etcétera, a su favor. Logra que sean el fuego que alimenta su pasión, la energía para su motivación y la valentía que necesita para avanzar. A esto en coaching le llamamos alquimia de las emociones. Tener la capacidad de observar las emociones como energía y usar su empuje como el combustible que necesitamos para evolucionar.

Juana tenía un opresor dentro de ella que mantuvo el miedo a un lado. Sabía que éste podía paralizarla si le daba cabida. Parecería que amarró sus emociones con un lazo irrompible que las mantenía contenidas para ser utilizadas con la intensidad que en cada momento necesitaba. Su principal emoción, la que se observa en el semblante de su vida, era la pasión; con ella alimentaba su esperanza. Esto la cargó de valentía a lo largo de su vida. Reconocer lo que hoy llamamos inteligencia emocional en un líder es fundamental. Sin el uso correcto de nuestras emociones, desparramamos reacciones, enojos e impulsos, y entonces la ceguera nos rige. Un líder sabe que más allá de lo que sentimos está el objetivo claro de lo que queremos conquistar.

Declaraciones

Las declaraciones que nos hacemos los seres humanos son los más poderosos de todos los actos de lenguaje que existen. Al declarar algo no es necesario que sea verdad, ni siquiera que se avale con evidencias. En el momento en que un ser humano, desde su grandeza y apegado a una fuerte emoción, dicta un mandato y toma los pasos en esa dirección, se abre algo nuevo para él y para su entorno. La principal característica de cualquier líder es su poder al declarar, y como tiene que ver con el lenguaje, la declaración tiene que ser acompañada por una persona que sea fiel a honrar su palabra. Luego viene la acción necesaria para que se concrete en la realidad. Los seres humanos nos construimos de declaraciones: declaramos de qué somos capaces y de qué no; lo que nos decimos se vuelve ley para nosotros y actuamos en consecuencia, minamos o florecemos nuestras vidas con ellas.

Juana declaró:

- ▶ Yo soy capaz.
- ▶ Yo soy un instrumento.
- ▶ No tengo miedo.
- ▶ Es importante tomar acción ya.
- ▶ Si muero salvaré mi espíritu y moriré valiente, no como una cobarde.
- ▶ Seguiré mis visiones hasta lograr mi objetivo.
- ▶ Escucharé las voces que me brindan el camino.

Ego

Cuando lo que creamos o nuestra fuerza de creación se enredan con el ego, ¡atención!: estamos en peligro. Cuando los triunfos y victorias nos separan de otros; cuando ejercemos en ellos un sentido de superioridad por nuestros logros; cuando la empatía se pierde y el egoísmo reina paralelo a nosotros, entonces no seguimos nuestra voz; nos guían el miedo, la inseguridad y lo terrenal. Vivimos en ignorancia espiritual, usando nuestro poder, confundidos con recompensas a corto plazo, saciando necesidades banales y corruptas para el alma. Encontrar este equilibrio de mantenerse fuera del ego ha sido una de las muchas virtudes que han conquistado los líderes de los que hablamos en este libro.

Juana luchó en guerras y éstas trajeron muerte, posturas, poder y victorias terrenales. ¿Es una conquista de Dios la que va acompañada de atacar a otros, de sufrimientos y hostilidad?

No lo sabemos. Lo interesante no es evaluar el bien o el mal de su misión, es reconocer que todos llevamos su poder dentro y que al usarlo debemos estar alertas del bien común, de la sanación, de ser incluyentes, hermanos. El ego nos separa, hace de otros enemigos. A esto hay que estar atentos en nuestro siguiente paso como humanidad.

La voz interior

En el centro de cada uno de nosotros hay una guía o voz interna que hace contacto directo con la inteligencia universal, la armonía del todo, la fuerza divina, la sabiduría, la intuición y la creatividad.

Recurrimos, aún sin saberlo, a esta guía interior, y al hacerlo nuestras decisiones fluyen con mayor bienestar y eficacia; nos alineamos a los deseos de nuestro corazón. Todos la usamos, pero son pocos los que toman conciencia de su potencial. Siempre está ahí y, sin embargo, sólo la escuchamos cuando nos detenemos y procuramos el silencio, extrayéndonos del exterior y del ruido mental.

Muchos buscamos esta fuerza interior en épocas de crisis, cuando nos sentimos solos o nos abruma una situación, y otros la usamos de manera constante para dar sentido a nuestra vida. La podemos percibir como una voz, una sensación, una idea o una intuición. Cada uno de nosotros la escuchamos de diferente manera. Algunas personas la escuchan en la cabeza, y otros sienten esta comunicación en el estómago, o el corazón.

Aprende a escucharte

Cierra los ojos e imagínate en un momento de decisión o reto que hayas tenido. Reflexiona qué tipo de conversación tienes contigo: si la atención de tu escucha está en los pensamientos, probablemente escuchas oraciones que te ponen en la disyuntiva de dos voces (una positiva y otra "negativa"). A lo mejor escuchas: "No eres bueno para esto", "No vas a poder", "Tengo miedo", "No me lo merezco", "Soy demasiado viejo", "No tengo experiencia", "Soy inseguro", etcétera.

Al ser conscientes de lo que pensamos, aprendemos a elegir qué queremos escuchar. Si estás consciente del momento en que tus pensamientos comienzan a causarte malestar, puedes detenerte y escoger a cuáles vas a prestarles atención. Y se abre la alternativa de ser consciente, de ir un paso más profundo, más allá de los pensamientos que causan dudas y ruido mental.

Recuerda. Cuando has escuchado esa voz a través de tus corazonadas, tu intuición o tu sabiduría:

- ► ¿Dónde la sientes?
- ► ¿De dónde te viene?
- ► ¿Cómo es esa voz?
- ► ¿Qué características tiene?
- ► ¿Qué tono utiliza?
- ► ¿Te mueve hacia tus metas, a tu felicidad?

Separa tus pensamientos de tu ser

La mente es una herramienta que debemos aprender a usar para vivir en paz. Debe ser una aliada en el momento de tomar decisiones y pautar nuestra vida. Es tu responsabilidad conocer tu mente y la manera en que piensas.

Mientras escuchas tus pensamientos imagínate que puedes eliminar lo que no te funciona de su diálogo con los siguientes ejercicios:

a) Imagina tu ruido mental como algo separado de ti. Observa que hay una presencia dentro de ti que puede observar lo que piensas. Esa presencia es tu esencia.

b) Al bajar el volumen de los pensamientos aprendes a descansar en tu corazón.

c) Cuando disuelves la sobreidentificación con los pensamientos, cambias el tono de seriedad a uno de armonía y liberación.

Lo más importante es que sepas que los pensamientos son ajenos a ti y que puedes desasociarte de ellos.

Elige tus pensamientos sabiamente

Esta semana observa y escucha tus pensamientos, lo que te dicen y qué tan seguido te lo dicen. Todos los días aparecen cientos de pensamientos, y al no separarnos de ellos, éstos crean tu realidad. Tú tienes el poder de decidir la realidad que quieres vivir.

Para acercarnos al poder de la voz interior, la que se encuentra conectada con nuestro espíritu, debemos incluir en nuestra vida las siguientes prácticas:

- ▶ Silencio
- ▶ Meditación
- ▶ Contemplación
- ▶ Yoga
- ▶ Caminatas
- ▶ Escuchar música
- ▶ Lecturas
- ▶ Estar presente

El poder

Isabel I de Inglaterra

Sé que soy dueña de un débil y frágil
cuerpo de mujer, pero tengo el corazón y
el estómago de un rey; más aún, de un rey
de Inglaterra.

No lo recuerdo yo, claro está, sino el pueblo inglés que ha sido, durante cuarenta y cuatro años, el corazón de quien hoy habla: yo, Isabel; yo, Inglaterra. Las campanas sonaron en mi nombre un domingo de septiembre de 1533. Cientos de palomas volaron, mientras el eco metálico anunciaba en el palacio de Placentia, en Greenwich, el nacimiento de la futura reina, una niña de tez blanca y cabellos rojizos, bautizada Isabel como su abuela paterna, perteneciente a la dinastía Tudor (para la desilusión de muchos, en especial de uno). El día que vine al mundo no hubo disparos ni banquetes, sino un júbilo poco alentado por el rey Enrique VIII, mi padre, a quien adoraré hasta no ver más la luz ni sentir el aire. Nunca demostró francamente su amor por mí; a pesar de sus plegarias, no fui el varón que tanto anheló para heredar la corona. Era su sangre la que nos ligaba, la que me hacía una con su alma.

Toda vida está marcada por terribles sucesos. Los míos son de lo más desgarradores, y no me han vencido, hasta esta noche; a veces se empañan por el transcurso del tiempo, pero es sabido que existieron. Yo, una niña de tres años, arropada con mi vestido de satén verde, acompañaba a mi madre mientras comía, la bella Bolena, reina consorte, segunda esposa de Enrique VIII. Las perlas enmarcaban su delgado rostro, colgaban del cuello y adornaban el gorro bordado que le sostenía una castaña y larga cabellera. Ella masticaba pequeñísimos pedazos de garzas al horno (todavía recuerdo el olor); de tanto en tanto miraba con ojos almendrados y oscuros a su única hija con todo el amor que de nadie recibí nunca.

Yo estaba ansiosa por salir, por ver la fuente y los jardines primorosos que mi padre, el rey, mandó hacer para su deleite. Las flores abrieron los botones meses antes; el calor se estrellaba contra la cúpula, los pilares y las gruesas paredes de palacio. Escuché pasos, choques entre metales y piedra. De pronto, los guardias se la llevaron. Mamá permaneció algunos días en la torre. Esa niña que fui lloró durante noches larguísimas, y hasta años, el asesinato de su madre. No hablaría jamás sobre eso. Trataba de olvidarlo, de mentirme, de engañarme con pretender no saberlo por mi tierna edad, mas lo recuerdo. ¿Cómo podría mencionar siquiera lo que el mundo sabía, que mi padre acusó a su esposa de adulterio y traición, sin tener razón, porque deseaba casarse con otra mujer? ¿Cómo no sentir horror ante semejante acto: urdir el complot para cortarle la cabeza con una espada de doble filo a la madre de su propia hija? ¿Cómo no admirar a tu padre si era el poderoso, poderosísimo rey de Inglaterra, capaz de romper relaciones con el papa y de cambiar su religión al protestantismo para contraer nupcias porque así lo dictaba él mismo? ¿Cómo no amarlo si me dio la vida? Lo amaba, lo amé, lo amo. De ahora en adelante seríamos uno, yo una extensión de él: protestantes los dos, cabelleras de fuego, signo solar, símbolo de poder.

Después de la muerte de mi madre corrí con la misma suerte que mi media hermana mayor, Maríam, quien por cierto me odiaba por ser hija de la mujer culpable de que nuestro padre la declarara ilegítima y abandonara a su mamá, Catalina. Aunque debo admitir que después de compartir la desgracia su trato hacia mí mejoró considerablemente. Ahora las dos éramos desconocidas por nuestro progenitor; "bastardas", nos llamó él mismo y nos apartó de su lado, enviándonos a vivir a mi propia casa. Dos semanas después de estrenar su viudez se casó con Jane Seymour.

Era el frío mes de octubre de 1537 cuando por fin nació el varón, mi hermano Eduardo VI. Su llegada propició la muerte de Jane días después del parto. Mi padre, con el corazón feliz por lograr un futuro rey, no podía estar sin esposa (no estoy segura de que a lo largo de su vida hubiera conocido el amor, sino el deseo o más allá: tomar a las mujeres como pertenencias, como todo lo que le rodeaba; quiero creer que me amó en silencio), así que desposó a Catalina Parr. La recuerdo con cariño. Después de mi madre, ella fue una mujer que se interesó en mí de manera genuina. Me sentí en paz. Tenía diez años cuando volví a vivir la mayor parte del tiempo junto a mis hermanos y mi adorado rey. Para 1544, papá, no sin la ayuda de su esposa, nos permitió a través del Acta de Sucesión el derecho de aspirar al trono a María y a mí.

Las mañanas transcurrían rápidamente entre mis actividades. Mi maestro, Roger Aschman, orgulloso siempre de su discípula, me instruía en inglés, francés, italiano, griego, teología y latín; yo estaba encantada de escribir y aventurarme en las lecturas clásicas. Por las tardes escapaba a veces para correr libre entre los pasillos del palacio, y otras para salir a caminar entre los jardines, costumbre que extraño hoy en mi lecho de muerte. (Ahora recuerdo esos paseos por la campiña desde mi litera descubierta para mirar al cielo de frente, seguida por más de quinientas personas prestas a adularme, quererme, necesitarme.) Bordaba desde niña, era un placer hacerlo. Se convertía en una actividad que potenciaba mi ensimismamiento, la no interrupción para estar conmigo a voluntad, para no pensar en el pasado y crear obras de arte a pequeña escala. Recuerdo cuando hice para mi querida madrastra la cubierta de un libro: *El espejo del alma pecadora*, escrito por Margarita de Navarra. Ese título tal vez me representaba a mí como el fruto de un amor manchado entre mis progenitores.

La muerte estaba muy pendiente de la familia real. Parecía enamorada de mí y celarme o, más probable aún, quizá Dios tenía muy claro el futuro que me correspondía. Mi padre murió el invierno de 1547. Gran parte de mi corazón quedó helado como las paredes rocosas, como la nieve que me observaba recostada en los filos de muros y ventanas. No olvidaré jamás esa imagen suya: de pie, con la mano sobre la cintura; la mirada segura a través de los ojos pequeños; el rostro solar, circular; su cuerpo inmenso que denotaba su fuerza y su poder. De él heredé el poder y el deseo de tenerlo, no sin sortear varios obstáculos.

"El rey ha muerto. Larga vida al rey", se pronunció frente a la corte. Mi querido hermano de diez años era el nuevo monarca; yo, de catorce, su orgullosa hermana y súbdita. Papá ordenó antes de morir, sumergido en su terrible salud, que hubiera un consejo de regencia que gobernara de forma interina hasta que Eduardo creciera.

No estaba sola. Era huérfana, sí, pero Catalina Parr me cuidaba. Eduardo Seymour, tío de mi hermano, fue nombrado señor protector del reino, quien para rodearse de gente de confianza llevó a palacio a su hermano, Thomas. Éste había sido amante de mi madrastra, y muerto mi padre este amor se reavivó. Thomas, un hombre de cuarenta años, deseaba casarse conmigo, de dieciséis; ambicionaba ser rey y en mí albergaba alguna posibilidad. No lo permití. No me convertiría en escalón de nadie. Pero Thomas no desistió en su acercamiento. Se casó con Catalina y vino a vivir con nosotras.

Fue cuando el infierno llegó a mi alcoba. Mi cuerpo desnudo tocaba las sábanas y pieles bajo las cuales dormía; entre sueños, sentía manos ajenas que me recorrían entre el vientre y los pechos; mis labios rechazaban una lengua empapada. Desperté con sobresaltos más de una vez, pataleando y manoteando contra quien me apretaba a su sudorosa piel. Era Thomas quien forzaba a la princesa Isabel para abrir las piernas. Mi madrastra se dio cuenta un día de lo que sucedía. Me culpó a mí. ¡A mí, la más inocente! Inculparme no provocó que no la extrañara después de su muerte al dar a luz a María. Las habladurías sobre mí y el nuevo viudo imperaron en la corte. Mi hermano fue casi obligado a no recibirme ni hablarme durante dieciocho meses. A su tierna edad, ¿qué podía hacer? Poco a poco los rumores sobre mí y Seymour se olvidaron. Pude volver a ver a mi querido Eduardo. Thomas nunca fue confiable, yo lo sabía bien. En 1549 fue acusado de alta traición y asesinado en la Torre de Londres, hogar de siniestros y milenarios fantasmas.

Luego, otra desgracia. Mi hermano cayó enfermo una vez más; la fiebre y la dificultad para respirar lo debilitaban poco a poco. Murió a los quince años. Cada instante que volteo hacia el río Támesis regresa a mi memoria cómo le gustaba mirar los barcos que en él navegaban. No recuerdo si todavía me quedaban lágrimas o si las guardé para sumarlas a otra pena. Cierta gente que rodeaba su cadáver, en especial John Dudley, conspiró para que su nuera, Jane Grey, subiera al trono y la religión protestante no corriera peligro. Pobre Jane, culta, fea sin duda, duró exactamente nueve días como reina. Al noveno fue expulsada por el bando que apoyaba a mi hermana, María. Nadie nos arrebata el poder: somos Tudor, los elegidos por derecho divino. Después de tan corta estadía en la silla real, supongo que la dignidad se arrastró por los suelos más sucios. Su humillación duró poco también, pues Lady Grey fue ejecutada, igual que su hijo y Dudley. María la católica fue coronada y ovacionada por mi pueblo. Era cuestión de esperar. Mi momento llegaría.

Mientras María contendía con los problemas de ser gobernante, pasé los siguientes cinco años en una casa propia, que me fue dada desde mi nacimiento, la cual administraba a partir de los diecisiete años de excelente manera, sin exceso alguno; fui atendida por mis damas y sirvientes de manera leal; paseé entre enormes tapices que colgaban de techo a piso adornados con flores, estrellas y unicornios bordados con hilos de oro; gocé de la galería repleta de obras de arte; entré a la biblioteca cuantas veces me vino en gana; bordé, bailé, toqué el laúd y el clavicordio; dí mis largas caminatas para bañarme en sol y agua; monté mi caballo blanco; sentí un placer infinito al cazar y comer lo que yo misma llevaba al hogar para acompañar el exquisito platillo con lo que mis campos me brindaron.

Pero no todo era tranquilidad para mí. Yo era la siguiente heredera al trono. Era la heredera protestante. María no quiso renunciar nunca a su religión, como tampoco yo a la mía. Su necedad de querer convertir Inglaterra al catolicismo provocó conspiraciones en su contra. Su furia hacia mí se reavivó, pues era su rival de manera franca. María decidió casarse con Felipe II, príncipe católico de España y futuro rey. Su popularidad bajó. No podría haber sido diferente, pues más allá de las modalidades religiosas, existía el peligro de que más adelante Felipe quisiera expandir sus dominios hacia Inglaterra. ¿En qué habría estado pensando María, la sanguinaria María, al mandar quemar a 300 religiosos protestantes? Claro fue que vio nacer en su contra una conspiración de gente que me quería como la cabeza del pueblo inglés. Dios tenía planes. Tuve contacto con los rebeldes, me necesitaban. Todas las pruebas fueron quemadas. No siento culpa por nada. Inglaterra me necesitaba.

Semejante levantamiento casi me cuesta la vida; la salvé gracias a mis respuestas inteligentes; jamás acepté ningún cargo y evadí astutamente los cuestionamientos del interrogatorio. Pero mi fiel amigo y líder de la rebelión, Thomas Wyatt, no corrió con el mismo fin. Lo asesinaron.

Yo, en cambio, fui encerrada en la torre, donde escuché los gritos más terroríficos de presos torturados, enloquecidos; fui privada de mi libertad por dos meses en el mismo lugar donde murió mi madre, la reina sin cabeza. María tuvo que liberarme por no encontrar pruebas de mi participación en el complot. Me pusieron bajo arresto domiciliario lejos de Londres durante dieciséis meses. María recapacitó, no por sí sola, sino gracias a la ayuda de Felipe. Me liberaron porque el futuro rey de España necesitaba que la corona inglesa siguiera siendo su aliada; de lo contrario, si María moría (como ella misma temía durante el parto, pues todo el tiempo creyó estar embarazada), el poder caería en María Estuardo, aliada de los franceses, enemigos acérrimos de España.

Pobre María. A veces me da pena. Para ella era importante ser fértil, dar un hijo a su esposo (lo cual nunca hizo), ligarse a él y a la inmortalidad a través de otros. Éste la abandonó y regresó a su país. Ella, cada vez más enferma, se debilitaba física y emocionalmente. Yo debía triunfar. Yo sí. Mi hermana proclamó mi sucesión al trono; quería que yo fortaleciera la fe católica, pero ¿cómo pudo haber pensado semejante cosa? Mi fe protestante y el pueblo inglés eran la liga con mi padre. Una liga irrompible. Por fin, después de tantas vicisitudes, fui nombrada reina de toda Inglaterra. Tenía veinticinco años. Era la obra de Dios.

Recibí a Inglaterra como protectora, madre, amante, esposa e hija. La acepté con sus virtudes y defectos. Estaba en una crisis económica terrible, pero su espíritu debía ser salvado. Eso se logra conquistando el corazón de cada uno de mis súbditos.

Yo, la reina, amo empuñar el poder supremo, ser adorada, idolatrada. Nací para ello, para gobernar, para ser dueña de los ciervos, animal de la realeza. Así debo morir. No admito impertinencias por parte de mis ministros; escucho a mis consejeros, pero nadie dirige mi voluntad. Nadie, entonces, puede obligarme a contraer nupcias con el fin de dar un heredero. Inglaterra se basta con su reina, una reina que ha sorteado abusos y maltratos de toda índole, y jamás ha bajado la cabeza; una reina que perdió a su madre ante un verdugo dirigido por su esposo. Soy yo la que gobierna, la que manda. Soy independiente, nunca una subordinada. Sólo estoy por debajo de Dios.

Todavía me divierte la corte (todo lo contrario le sucedía a mi pobre hermana, María, la católica, quien odiaba ese protestantismo que le rodeaba). Me gustan los hombres. Siempre me han gustado, sobre todo los jóvenes, como el duque de Anjou, de quien me enamoré, aun sabiendo que era veinte años mayor que él, y con quien estuve dispuesta a casarme en mis cuarenta; sin embargo, el consejo negó la posibilidad por ser católico. Me enamoré también con más de cincuenta años de Robert Diderot, hijastro de Dudley, quien tenía tan sólo diecinueve. Su belleza, juventud, liderazgo y caballerosidad me cautivaron; le perdonaba todo ante sus constantes arrogancias, comportamientos violentos y abusos (siempre me di cuenta de ellos); lo que no pude perdonar, amándolo, fue su traición al conspirar en contra de mi trono; eso era atentar no contra la mujer vulnerable, sino contra la reina que era una sola con Inglaterra. Ya sabemos cómo se paga semejante afrenta. Las lágrimas que guardé hacía años salieron el día de su muerte.

Lloré a solas, oculta de la luz, por tristeza, por rabia. Por amor.

A los varones los seduzco, juego con ellos, bailo, consigo relaciones diplomáticas con esta táctica. Bailo sin mostrar cansancio, o bailaba. Así me recuerdo de joven, reconozco por fin que han pasado los años en mí. Danzo, mido mis fuerzas, mi cercanía precisa con quien me acompaña ante la música. Sonrío, miro con dulzura, otras veces con lujuria. Mi esbelto cuerpo se desliza de un lado a otro, libre, se roza con alguien, con otros; hace caravanas, da saltos, cae con gracia, gira; tengo el control de mí misma. La gente me mira. Habla sobre mí: "¡Qué personalidad! ¡Qué vestidos! ¡Qué porte!" Yo, vestida con telas finas, como la seda teñida de colores mágicos, hechiceros, el blanco y el negro, adornada con perlas, como mi madre. Él, Robert Dudly, conde de Leicester gracias a mí, era mi favorito. Mi pareja de baile y a veces de alcoba. Esbelto, bien parecido, se convirtió hasta el día de su muerte en mi fiel amigo. Bailábamos durante horas. Paseábamos, montábamos a caballo; él iba tras de mí, gallardo, precioso. Tenía esposa, Amy Robstart, pero me amaba. Esa esposa murió repentinamente cuando cayó de unas escaleras y su cuello se rompió en dos. No podría casarme con mi amado Robert. Mucho menos permitiría que mi pueblo creyera que el plan de la muerte de la muchacha había sido urdido por él mismo o por mí, lo cual por supuesto no era cierto. No era una monarca asesina. Ni siquiera cuando María de Escocia la católica fue sospechosa de conspirar en contra mía una y otra vez. La encerré durante diecinueve años. Nunca la conocí, es cierto, pero no la maté. La llevé a juicio. Resultó ser culpable por querer terminar con mi vida. Se cumplió la ley. Fue decapitada.

La grandeza se refleja en mi persona. Sobreviví a la viruela, a múltiples complots, envidias y críticas burdas, a amores traicioneros e imposibles, a batallas, a guerras. En éstas nunca quise emular a un hombre, era yo misma, una líder. En 1588, ante la intención española de invadir este país, cabalgué delante de mis tropas en Tilbury, protegida por una brillante armadura, y les hablé a mis caballeros: "Sé que soy dueña de un débil y frágil cuerpo de mujer, pero tengo el corazón y el estómago de un rey, más aún, de un rey de Inglaterra". La fortaleza femenina y la masculina habitan mis entrañas.

Mi personalidad es arrolladora, sin importar que la edad me obligó a maquillarme con gruesas capas de color blanco el rostro (quizá semejante hecho me lleve a dormir para siempre), con lo cual imponía mucho más. Aparecía vestida con las telas más finas, mangas abombadas, decoradas con flores y perlas, además de un cuello de encaje enorme; el salón guardaba silencio al sentir mi presencia. La Reina Virgen, me llamaban. Me gusta el título. Soy sagrada, intocable, gloriosa. El periodo isabelino debe pasar a la historia como una época de victoria, de descubrimientos y auge cultural, aunque no me haya esforzado mucho ni por una ni por otra cosa, a pesar de la gran rivalidad entre España e Inglaterra y las pugnas entre católicos y protestantes.

Mi inteligencia y astucia son avasalladoras. Convertí a los vulgares piratas en corsarios, como sir Francis Drake y sir Walter Raleigh, quien fundó Virginia, una colonia en

mi nombre en América; les di facultades para traer riquezas del nuevo continente, asaltando a los barcos españoles
y alimentando sus sentimientos nacionalistas. Del último
me enamoré, pero quiso a otra mujer. Ahí acabó su carrera,
no sin antes pelear contra la invencible armada española y
terminar con su fama excelente; bueno, aunque estuvimos
mejor armados que ellos, no fuimos precisamente nosotros
quienes acabamos con tan famosa flota, sino un vendaval.
De todas maneras, la gloria se le queda a la corona inglesa.
No hay discusión.

Nací de espíritu inquebrantable, orgullosa, inteligente.
Me convertí en mujer llena de prudencia, precavida para lidiar con un mundo envuelto en intrigas, hipocresías y traiciones. Primero me conocieron por ser la hija de Enrique
VIII, siempre un posible intrumento para hacer vínculos
con la corona inglesa. Me negué a ello. Ahora me conocen
por ser la reina Isabel de Inglaterra, la más querida, quien
gobernó sin compañero porque el poder no se comparte,
la responsabilidad tampoco y el amor del pueblo mucho
menos.

La tristeza se ha apoderado de mí. He visto partir a
mis amistades más queridas y no soporto la idea de pelear
contra otra conspiración en mi contra. Me siento débil, con
la sangre envenenada. Quiero morir en paz en mi cama.
Cuando lo haga, descansaré en la abadía de Westminster,
junto a María. La sangre llama. Nombro como sucesor al
trono a Jacobo VI de Escocia y I de Inglaterra. Deberá luchar
con los problemas de esta tierra inglesa (los bandos religiosos, la falta de fondos, en fin). Pero necesitará primero
ganarse lo más importante: el amor de su pueblo.

Escriban mi historia, la de la Reina Virgen, la gran amada Isabel. A mis sesenta y nueve años debo retirarme. La muerte también es obra de Dios.

UNA MIRADA DESDE EL COACHING

O vives en tu poder interior o te rige una debilidad aparente. Vivir desde tu vigor te encamina a *ser* y actuar honrando tus más profundos deseos. Partes de la confianza de saber que los objetivos que te trazas serán ejecutados.

Para esto es imprescindible ser consciente de quién eres realmente, con el fin de tocar tu fortaleza interna. Entrever la dimensión etérea que hay en uno, la que se conecta con lo divino. También debemos reconocer que muchos percibimos una realidad que parece inamovible, pero al contemplar las circunstancias de nuestra vida más allá de lo aparente, reconocemos que son cortinas de humo que se transforman cada vez que visitamos las vivencias desde distintos ángulos. Al vivir despiertos contemplamos infinitas posibilidades. En este mundo nuestra calidad como observadores nos hace justos y valerosos.

Tener la habilidad de percibir múltiples panoramas para resolver problemas, los disuelve. Ver de cada situación la solución oculta nos hace estrategas de la vida, y nos pone en una posición de interacción y no de reacción. Isabel I tuvo que acceder a su poder personal para ejercer una postura sólida frente a su vida. Considerada por un tiempo hija ilegítima del rey Enrique VIII, vivió una infancia compleja. Su madre decapitada cuando ella sólo tenía dos años ocho meses, el abuso sexual de Seymour en la adolescencia, ser prisionera en la Torre de Londres, la más temida y sangrienta de las prisiones, y el temor de ser ejecutada por su hermana María I fueron algunos sucesos que tuvo que digerir a su corta edad.

Isabel I reunió su aplomo para salir avante y convertirse en la reina y soberana de una nación dolida por sangrientas persecuciones y ejecuciones a protestantes, en medio de un quiebre económico, social y militar. Sin mencionar todo lo que ella había vivido, y que seguramente trataba de cimentar en su interior.

Para tener dominio de su posición debió adquirir conocimientos específicos, y entender cómo funcionan las cosas sobre las que deseaba gobierno y reconocer lo que estaba sucediendo a un nivel más profundo para lograr el éxito en una posición monárquica tan compleja.

Al sentarnos en la silla del poder debemos estar alertas para que nuestras elecciones sean asertivas. Debemos estar abiertos al cambio y comprender de fondo qué es lo que deseamos modificar y para qué. Elegir lo correcto puede ser una ilusión cuando lo que escogemos ha sido establecido por los que han tenido el control, frente a los que no lo tienen. A veces proponer nuevas realidades es lo que corresponde para romper estructuras que limitan imposiciones rígidas, que nos frenan a conseguir lo que anhelamos.

El conocimiento en cualquier área nos acerca a lo que en coaching llamamos distinciones, que nos ayudan a observar las cosas con una mirada distinta y nos invitan a indagar nuestra forma de actuar. Cuando distinguimos algo nuevo, adquirimos un aprendizaje que amplía nuestra mirada, accedemos a una mayor y mejor comprensión de lo que nos rodea, lo que crea innovadoras alternativas. La vida es una experiencia labrada de enseñanzas, y muchos a lo largo del camino entendemos que debemos vencer el miedo para sentir valor dentro de cada situación dada y así expandir nuestro decir frente a lo que vivamos. Si constantemente tememos que algo fuera de nosotros nos cause daño, viviremos en una paranoia basada en creencias mentales. Basar nuestra vida en especulaciones irreales se llama ignorancia.

Mi abuela admirada, lo explica claramente con una valentía excepcional. Cuando le pregunto:

—¿Tata a tu edad [99 años] tienes miedo a morir?

Ella me contesta:

—M'ijita, el cobarde muere mil veces; yo sólo moriré una vez.

¿Qué es el poder realmente?

Es la capacidad de influenciar nuestra vida. Es la habilidad de sentirnos creadores y no vivir reactivos a lo que ocurre. Es saber que tenemos el mando de nuestras acciones y que no debemos ser víctimas y espectadores de nuestra vida. Esto nace del respeto que generamos en otros y la manera en que nos conducimos. Muchas de las características que hacen que una persona haga resonancia con su poder se pueden aprender y muchas veces es necesario dar este paso para lograr nuestros objetivos.

¿Cómo acceder a nuestro poder personal?

A veces nos quedamos atrapados en situaciones del pasado o enganchados en relaciones que ya caducaron, esto hace que nuestro bienestar se sustituya por el reclamo constante ante alguien o algo. Sin darnos cuenta, le otorgamos nuestro poder personal a algo fuera de nosotros y nos quedamos pegados a una historia, un hecho o una explicación. Así generamos nuestro propio sufrimiento.

El hecho de que nos hayamos distraído por un tiempo en nuestros lamentos no significa que hayamos perdido nuestro vigor, pero nos hemos engañado al sentir que no podemos acceder a él. Este brío personal vive en nosotros siempre. Si te sientes débil revisa tu diálogo interno, ¿en qué está enfocado? ¿Hacia dónde te conduce la voz que llevas dentro?

Nuestro valor resplandece cuando somos capaces de generar acciones efectivas que nos acercan a nuestros objetivos, en un espacio en el que se vislumbran múltiples campos de acción frente a lo que vivimos.

Un líder conoce la diferencia que existe entre su capacidad de acción y lo que piensa acerca de sus propias competencias al actuar. Todos gozamos de aptitudes para lograr nuestros objetivos, pero si nuestros juicios nos limitan, en gran medida nos paralizamos. Nuestro vigor depende de lo que pensamos acerca de nuestras capacidades. Al sabernos aptos para conquistar lo que deseamos, accedemos al conocimiento, distinciones e información necesaria para acompañar nuestras acciones con la seguridad necesaria para triunfar.

Isabel I tenía la destreza para gobernar, y tuvo el tino de remover los juicios que la alejaban de la idea de no poder hacerlo. Al conquistar el terreno de lo que anhelamos, nos sostenemos de pie ante nuestra fuerza interior. Aún más, cada paso que Isabel I dio como reina la invitaba a adueñarse de la comprensión de que podía hacer un magnífico trabajo, aun sin la ayuda de un marido.

El poder personal no depende de lo que pensamos que podríamos hacer, sino en gran medida de atrevernos a tomar acción. Es estar atentos a nuestra conversación interna. Es a partir de este diálogo que triunfamos o erramos en nuestra forma de vida.

¿Qué creencias cargas que debilitan tu determinación?

Llega el día que debemos vernos de frente y cuestionar todo lo que hemos creído, con el fin de disolver en nosotros cualquier discurso que nos aleje de las aspiraciones de nuestro corazón o de la serenidad interior con la que merecemos vivir.

Si reconoces que careces de ciertas habilidades es porque tienes evidencias. Por ejemplo, nos damos cuenta de que nuestro fuerte no es el área administrativa. El paso a seguir es adquirir las competencias que nos faltan a través del aprendizaje. O rodearnos de personas que puedan fungir como mentores, o ser parte de nuestro equipo integral, para fortalecer las áreas de nosotros en las que no gozamos de alguna facultad. Isabel I determinó que esto es un punto clave para quien gobierna. Acompañarte de quien te complementa es una de las estrategias más inteligentes de quien llega lejos.

¿Qué fortalece el poder personal?

Enfocarnos en lo positivo de cada situación, aunque estemos pasando por momentos de reto, abre la alternativa de considerar que siempre existen luces, y es nuestra responsabilidad caminar hacia ellas. Al poner nuestra mirada en el *sí de la vida*, se amplía la vereda, observamos lo que hay, lo que resulta posible, lo que podemos hacer, valoramos lo que tenemos, y distinguimos lo que realmente somos. ¿Qué harías hoy si cambiaras la negatividad y la duda por un *sí*?

Isabel I resalta características de un líder que se construye con habilidades extraordinarias. Éstas son algunas:

▶ Reconoce sus capacidades y observa qué le hace falta para alcanzar lo que se requiere.

▶ Su voz es más fuerte que la de otros a su alrededor. No pierde su brújula por el miedo o las críticas de otros.

▶ Se apega a su capacidad de automotivación y elige una actitud optimista y visionaria que alienta a la acción. Esto es algo sobre lo que nosotros tenemos todo el decir.

▶ Vive en zonas de expansión de manera natural y constante.

▶ No se pierde en lo que piensa acerca de lo vivido. La gran mayoría se mina por eventos del pasado, pero si se quiere vivir en el presente se debe tener la habilidad de relacionarse con los hechos tal cual fueron, y sanar. Neutralizar el matiz emocional con el fin de liberarse de lo albergado en uno. Saber que debes salirte del juicio de: "Esto estuvo bien o mal". Porque lo vivido ya sucedió y nuestra desaprobación no cambia nada. Para trascender las vivencias nos debemos rendir por medio de bañar todo en amor, y descansar de la idea de tener que entender o pelear los sucesos. Así nos convertimos en seres autónomos para enfocarnos en lo que sí tenemos un decir.

▶ Muchos creemos que lo que pensamos es la verdad; nos sostenemos en nuestros juicios, opiniones o ideas para entender la vida. Pero en una mente en la que tenemos más de 60 mil pensamientos negativos por día, si no respondemos a lo que tiene fundamento y corroboramos que sean verdades absolutas en realidad reaccionamos ante el mundo de nuestra imaginación. En ese mundo no hay claridad ni asertividad para gobernar. Es fácil perdernos en nuestra limitada visión del mundo. Los sabios yoguis llegan a la conclusión de que más sabe el que reconoce que no sabe nada. Cada situación es diferente y cada opinión es sólo una percepción. Así nos movemos del juicio a ser curiosos para explorar cada momento como algo nuevo.

▶ Al no saberlo todo, vivimos en constante actualización y aprendizaje. Esto logra que permanezcamos vigentes. Considerar la flexibilidad, replantearnos las cosas y cambiar de ruta son ingredientes necesarios para nuestro crecimiento. Isabel I logró incorporar esto de manera tal que a las cuatro décadas de su reinado las llaman la era de oro de Inglaterra.

▶ Al elegir debemos pensar qué sería lo más amoroso y beneficioso para ti y los que te rodean; así, si las cosas no salen como esperabas no te lamentarás, porque venían de una buena intención.

▶ Lograr una buena relación con tu voz interior es indispensable; si no conquistamos la mente, ésta nos lleva a su merced.

▶ Las conversaciones construyen o destruyen. La atención al poder del lenguaje es fundamental. Es la varita mágica para crearnos en cada momento. Establece el futuro y sana el pasado. Cada palabra crea acuerdos, promesas y compromisos que establecen lo que pretendemos vivir. No hay una persona de poder real que no honre su palabra como a sí mismo. Cuando la reina María I llevó a Isabel I a la Torre de Londres y amenazó con quitarle la vida, durante una conversación le ofreció su libertad y la corona a cambio de implementar el catolicismo. Isabel I, al ser protestante, no podía hacer esa promesa; de hacerlo, estaría acordando por miedo y cobardía y no cumpliría lo que ofrece. Con esto en mente, le contestó: "Si me das la posibilidad de vivir, reinaré de la mano de lo que mi conciencia me guíe". Los valerosos se apegan a su dignidad y respaldan su honra.

▶ La creatividad es la dimensión en la que rompemos esquemas y lo establecido. Isabel I la usa para crear discursos y propuestas, e implementar una imagen propia que rompió con lo esperado y extendió en otros el aliento de crear algo fresco y luminoso. Lo que urgía en ese momento. El llamado renacimiento isabelino se manifestó en la arquitectura, en la música y sobre todo en la literatura, con escritores como John Lyly, Christopher Marlowe y principalmente William Shakespeare, creadores de la lite-

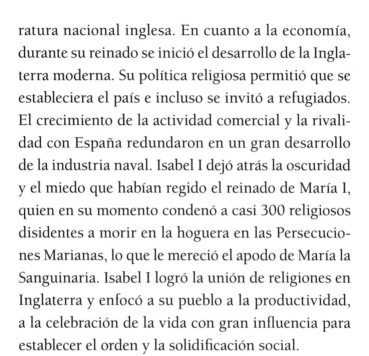

ratura nacional inglesa. En cuanto a la economía, durante su reinado se inició el desarrollo de la Inglaterra moderna. Su política religiosa permitió que se estableciera el país e incluso se invitó a refugiados. El crecimiento de la actividad comercial y la rivalidad con España redundaron en un gran desarrollo de la industria naval. Isabel I dejó atrás la oscuridad y el miedo que habían regido el reinado de María I, quien en su momento condenó a casi 300 religiosos disidentes a morir en la hoguera en las Persecuciones Marianas, lo que le mereció el apodo de María la Sanguinaria. Isabel I logró la unión de religiones en Inglaterra y enfocó a su pueblo a la productividad, a la celebración de la vida con gran influencia para establecer el orden y la solidificación social.

- ▶ Confió en ella y en su pueblo, pero también reconoció a aquéllos en quienes no podía confiar y los hizo a un lado sin reparo.
- ▶ No vivió la vida desde la postura de víctima, gracias a lo cual logró ser la gran protagonista de su vida.

Isabel I tenía 25 años cuando llegó al trono. Era hermosa e inteligente, y poseía una voluntad más firme que la de cualquiera de los hombres que estuvieron a sus órdenes. Sin duda fue una de las mejores, si no es que la mejor soberana de Inglaterra.

Por su edad fue inconcebible para la época que la reina no se casara y que no tuviera descendencia que asegurara la dinastía Tudor. Su soltería provocó inconformidades en la primera mitad de su reinado.

Existe una leyenda que cuenta que las personas encargadas del cuidado de Isabel I, en el pueblo de Cotswold Village of Bisley, en Gloucestershire, donde ella era criada, se enfrentaron a la muerte de la niña a los diez años de edad, debido a una enfermedad. Esto sucedió en vísperas de una visita de su padre el rey Enrique VIII, por lo que para encubrir la desgracia decidieron disfrazar a un niño pelirrojo parecido a Isabel I con ropajes de la princesa. Se dice que ya que enterraron a la princesa en el jardín, en un ataúd de piedra, la "reina" era en realidad un hombre impostor.

¿Qué hace que esta teoría siga en pie rondado como una especulación? Será la resistencia que tiene la humanidad de reconocer el poder, la inteligencia y lo asertivas que somos las mujeres. El no haber contraído matrimonio era una ofensa para muchos que creían que una mujer no valía nada sola. Otra leyenda cuenta que era hermafrodita (que había nacido con ambos sexos, femenino y masculino); que fue hasta la adolescencia que se percató de esto y que por esta razón era infértil. Hay un sinnúmero de rumores que circulan la vida de Isabel I, pero lo que sí es verídico es que ella floreció como una gran líder en la historia por su aplomo, a pesar de las limitaciones que le imponía su género de manera cultural.

Además de sus indudables motivaciones personales, hubo poderosas razones políticas que seguramente animaron a Isabel I a permanecer soltera o a jugar indefinidamente con su posible boda. Las negociaciones matrimoniales fueron un recurso esencial de la política exterior isabelina, encaminada a evitar la caída de su reino en la órbita de las potencias continentales: España y Francia. Su matrimonio con un príncipe de estas dinastías habría significado la relegación de Inglaterra al plano de los comparsas en la política europea. Las negociaciones con el duque de Alençon, hermano de Enrique III de Francia y uno de sus más pertinaces pretendientes, fueron, por ejemplo, una baza para garantizar los intereses ingleses en los Países Bajos españoles.

Más allá de ser una mujer faltante de un complemento era una mujer entera que desató polémica por su extraordinaria capacidad de gobierno. Ella se declaró en unión matrimonial con su nación y fue reconocida por su pueblo como la "Reina Virgen".

Isabel I, además de tener una inteligencia extraordinaria, construyó atributos de liderazgo que se consideran claves para tomar una posición de poder, éstos son algunos:

1) Carisma: Es mostrarte seguro, mirar a los ojos, hablar de frente, con un tono de voz apacible, y un lenguaje corporal íntegro y sólido. También toma en cuenta la imagen y la primera impresión que se transmite.

2) Claridad en los objetivos: Es saber lo que se quiere lograr y tomar acciones sostenidas en el futuro para conquistarlo. El tiempo se invierte con eficacia y te alejas de vagar, chismear, etcétera.

3) Los amigos son seleccionados con asertividad, idealmente personas que inspiren y que nos impulsen a lograr nuestros sueños. Un gran líder no pasa su vida en eventos sociales. Interactúan con calidad y sus relaciones son sinceras y cercanas.

4) Sus metas son altas, así el esfuerzo es remunerado con buenos frutos.

5) Usan su poder pero no abusan de él. La ética y los valores son ejemplo de honorabilidad. Vivir en su honor les da aún más poder.

6) Un buen líder está en forma y cuida su físico reconociendo que éste es el vehículo que requiere para conquistar su destino.

7) No comparten su intimidad vagamente. La información es poder, y no desean estar expuestos ni vulnerables frente a otros.

8) Son egocéntricos pero no egoístas. Se enfocan en sus vidas, intereses y pasiones, pero también en su crecimiento, aprendizaje y en fortalecer sus debilidades. Se mantienen humildes y sienten la necesidad de contribuir con el mundo.

9) No se interesan por lo superficial ni lo mundano, todo lo que hacen está pensado, diseñado, y tiene un fin para ellos.

10) Asumen posiciones de poder con su cuerpo. Piensan, actúan y se conducen como personas de poder.

Estas características se aprenden y se integran a un modo de vivir que enaltece lo que llevamos dentro.

Los pilares de Isabel I
Anatomía hipotética

Una cualidad que la reina conservó durante toda su vida fue un talento excepcional para hacer frente a sus problemas, de tal manera que salía airosa de las situaciones más comprometedoras. Isabel aprendió desde muy joven el arte del contraataque y el inteligente disimulo, esenciales para sobrevivir en tiempos turbios. Utilizó esta estrategia cuando fue juzgada por lo vivido con Seymour, y quizá esta experiencia contribuyó a su aversión por el matrimonio.

Isabel I se acostumbró a vivir con adversidades y se mantuvo alejada de las conjuras. Como reina de Inglaterra se mostró intransigente con todo lo que se relacionaba con la corona, pero al mismo tiempo fue prudente, calculadora y tolerante en su carácter. Isabel creía en la lealtad y los buenos amigos; uno de ellos fue el secretario de Estado sir William Cecil, un hombre procedente de la alta burguesía y que compartió los atributos de ser prudente y tolerante, mismos que ella poseía también. Cecil mantuvo la confianza de Isabel I durante cuarenta años; al morir, su puesto de consejero fue ocupado por su hijo. Éste era el perfil de eslabones que establecía Isabel I en sus relaciones cercanas.

Ahora exploremos a Isabel I desde el punto de vista de los pilares del Coaching MMK:

Pensamientos

Isabel I aprendió desde pequeña a conquistar su mente. La educación, la enseñanza privilegiada que tuvo, el acceso a dominar varios idiomas y gozar de una sed de curiosidad e interés por las artes, le ayudó a mantener su mente enfocada y superar lo vivido. Además, se preparó para sostenerse como una mujer capaz de embarcar su provenir. Sus pensamientos podrían haber sido así:

▸ Sé que soy dueña de un débil y frágil cuerpo de mujer, pero tengo el corazón y el estómago de un rey; más aún, del rey de Inglaterra.

▸ Me he conducido de tal modo que, después de Dios, mi fortaleza principal y mi seguridad descansan en los corazones leales y en la buena voluntad de mis súbditos.

▸ Ser rey y usar una corona es algo más glorioso para aquellos que lo contemplan, que placentero para aquellos que ostentan el cargo. Por mi parte nunca estuve tan seducida con el glorioso nombre de un rey o la autoridad real de una reina, como encantada de que Dios me haya convertido en su instrumento para mantener su verdad y su gloria, y defender mi reino del peligro, el deshonor, la tiranía y la opresión. Nunca habrá una Reina sentada en mí puesto con más celo por mi país, más preocupada por mis súbditos y con más voluntad a arriesgar su vida por el bienestar y la seguridad de mi nación. Por esto, no es mi deseo vivir o reinar más allá su bien. Y aunque ha habido y tal vez habrá reyes más sabios que se sienten en el trono, jamás existirá uno que los ame más que yo.

▸ Soy capaz, soy hija de mi padre y guiada por Dios; tengo todo lo necesario para abastecer a mi nación de lo que necesita para prosperar.

Cultura

Isabel I se crio aislada de su familia inmediata y alejada de la turbia problemática política y social. Aunque tuvo sus propios retos personales, contó con la distancia suficiente para conocerse, y establecer su propia identidad. Al entrar María I al poder, su vida osciló en amenazas constantes. Esto la fortaleció a pesar del miedo y la incertidumbre.

La crueldad, la separación y la miseria reinaban en la gran ciudad y esta energía pesaba en el ambiente político. Isabel I se vio cada vez más involucrada en esta compleja situación, hasta que fue nombrada reina, y tuvo el deber de desenredar odios, ignorancia, y traiciones entre los monarcas. Isabel I fue firme cuando lo consideró necesario. Al dar la orden de decapitar a María de Estuardo, observamos cómo la vena tajante con la que se conducían en la época también vivía en ella. Este hecho, se cuenta, la perturbó al final de su vida.

Creencias

Isabel I creía en sí misma (algo de lo que muchos carecemos). Ella creía, además:

▶ Que era inteligente y que lo que no sabía lo podía aprender; también entendió que la información es poder y se involucró de lleno en todos los aspectos del reino.

▶ Que la imagen es de gran importancia, y mostrarse con vestidos grandes, lujosos y exuberantes procuraba la impresión que quería sembrar. Su pasión por la ropa iba ligada con su cálculo político y con una aguda conciencia de lo que proyectaba. Intentó controlar los retratos que circulaban ampliamente por Europa y en el exterior. Sus apariciones en público estaban rodeadas de esplendor y riqueza. Se dice que tenía más de 2 000 pares de guantes.

▶ En hablar poco y ser precisa. Alentar con claridad a otros era una de sus grandes fuerzas.

▶ No creía que un hombre pudiera hacer mejor su trabajo.

▶ En las virtudes que construyen lo valeroso del ser humano. Era religiosa y seguía sus instintos; se respaldó en su sabiduría para gobernar.

▶ En la prosperidad, y sabía que las artes son un reflejo del bienestar de un pueblo.

Lenguaje

Isabel I usó su inteligencia para adornar su lenguaje y usar el poder de la palabra para reconstruir su nación; pronunciaba brillantes discursos para ejercer su autoridad. Con ello logró nuevos acuerdos y declaró lo que vislumbraba para el futuro de su pueblo. También alcanzó un dominio importante en su lenguaje interior que la construyó por dentro para enaltecer su gran personaje. Isabel I es una muestra más en este libro de cómo lo que nos decimos, lo que comunicamos a otros y al universo, es lo que nos eleva más allá de lo terrenal, lo que sana e inspira.

Emociones

La ira, como señaló su ahijado sir John Harington, era la emoción que traicionaba a la reina ("No deja duda de quién es hija"). Se manifestaba especialmente ante cualquier desafío a su prerrogativa, o para mantener su independencia. La atmósfera cortesana de vivacidad, ingenio y romance, se enfriaba súbitamente cuando la reina irrumpía en un estallido. Esta identificación de Isabel I con su padre, y particularmente su capacidad para la ira, es algo que ella misma reconoció con frecuencia. Fue su tendón de Aquiles, pero quizá un desplante que imponía para fortalecer la imagen de ser respetada y temida.

Declaraciones

Isabel I se declaró *capaz*. Ésa fue la lanza que desdibujó su destino. ¿Cuántos de nosotros nos sentimos aptos de tomar riesgos, de sentarnos en sillas de poder y de encabezar posiciones de liderazgo?

Ego

Un reinado es un invento de los seres humanos y poner en tronos a seres humanos nos desasocia de un equilibrio natural. El ego nos hace conscientes de nosotros mismos y de las pleitesías que deben rendirnos los demás. Poseer rangos de estatus artificial nos hace esclavos de ellos, y acaban poseyéndonos a nosotros. Este condicionamiento te enseña a competir y a compararte con los demás. Alienta la violencia y el contraataque. No importan los medios, sino el fin. El éxito es el objetivo. Nacemos con el instinto de amar, pero la sociedad desvía estos instintos y alimenta la idea de volvernos un producto social.

El éxito es relativo, como la fama. La idea de sobresalir imponiéndonos frente a otros significa que hay que sobajar y dominar, con el fin de mantenernos en la cima. Cambia la calidad de los actos y transforma el juicio de lo correcto. Nuestro nombre y la ilusión de poder desde el ego nos alejan de lo real. Un líder que se mantiene en integridad tiene claro con qué intención vive su vida.

El ego es un espejismo que nos invita a sentirnos superiores, merecedores por encima de otros y de mayor importancia. Nos separa de los demás y así perdemos empatía. Si estamos en una silla de liderazgo debemos estar alertas para vivir al servicio de otros y no caer en una postura de grandiosidad. No hay necesidad de intentar ser especiales, porque ya lo somos. Lo que se requiere es mantenernos cerca de nuestro lado humano.

El anhelo de dominar a otros o enriquecerse a costa del sufrimiento ajeno es una de las enfermedades que padecemos como sociedad, y que fomentamos de manera constante. Las personas con hambre de poder abren la puerta a un deseo en el que surge intempestivamente un vacío interior. La idea de ejercer nuestra voluntad sobre los demás puede arrebatarles su dignidad, destruir su individualidad y obligarlos a ser esclavos de nuestros mandatos.

Tú eres lo que tu deseo más profundo es. Como es tu deseo, es tu intención; como es tu intención, es tu voluntad; como es tu voluntad, son tus actos; como son tus actos, es tu destino.

Al ser líderes, si nos perdemos en la violencia no podremos encontrar la paz al mismo tiempo. Si se propaga el amor, desaparecerá la guerra, ya que no pueden coexistir.

Isabel I vivió en función de sus fines. Al final de su vida perdió su alegría; su ambiente se volvió un pequeño mundo cargado de nostalgia, de luchas psicológicas internas. El poder es un arma de dos filos; si no hubiera nada destructivo en un ser humano, no habría confusión de cómo usar el poder. Si no actuamos con sabiduría se expone nuestra oscuridad a la luz.

Debemos crear una nueva humanidad y un mundo unido en el que el amor sea el establecimiento para gobernar. Un líder con la fortaleza de Isabel I puede convertir los intercambios humanos en un lago de serenidad.

Si te sientes fuera de tu poder considera lo siguiente:

▶ Asume completa responsabilidad de tu vida: de tu realización, felicidad, sueños y reacciones. Si sientes que otros te han dañado, perdónalos, libérate y aduéñate de tu vida. Esto es un acto del corazón que permite que todo lo vivido se disuelva en el amor. Hace que dejemos de ser un obstáculo para nuestro propio bienestar.

▸ Expresa lo que sientes. Estar cerca de nuestras emociones en muchas ocasiones se ha relacionado con ser venerables. Expresarnos se ha censurado tanto en hombres como en mujeres. La tristeza y el llanto no se permiten en una cultura donde se relaciona el poder con las apariencias. Reconocer el dolor te tranquiliza para vivirlo desde la paz y sanarlo. Negar el dolor nos duerme ante nosotros y nuestra capacidad de sentirnos vivos.

▸ Saber vivir con nuestras emociones y permitir que caminen a través de nosotros nos hace libres de ellas y nos regresa nuestro poder.

Escribe hoy qué debes soltar y dejar ir. Ofrécelo a Dios; no trates de entenderlo, ríndete al misterio de la vida. Cuando hayas liberado todas tus emociones y explicaciones en una hoja de papel, quémalo y suelta esta carga.

La pasión

Sor Juana Inés de la Cruz

Claro honor de las mujeres
y del hombre docto ultraje,
vos probáis que no es el sexo
de la inteligencia parte.

SOR JUANA INÉS DE LA CRUZ

¿Quién es ella, la que en su juventud caminó alegre por los pasillos de la corte virreinal y usó vestimenta de seda de colores bordados con moños, listones y piedras? ¿Quién es aquélla que asomó cabello y rostro descubiertos por completo: cejas definidas y oscuras, ojos negros, mirada decidida, nariz recta, boca pequeña? ¿Quién es la que caminó enfundada en vestidos entallados del torso, con escote pronunciado y faldones amplios de la cintura a los pies sostenidos en forma de campana? ¿Quién es la mujer que después tomó los hábitos y se cubrió tras el velo y la túnica, y portó un gran medallón de carey casi como escudo? ¿Quién es? A simple vista no se le reconoce. Ella parecía saberlo. Sus virtudes más grandes fueron entender su deseo, su pasión, y lograr que ambos tomaran forma en el pensar, sentir y expresar dicha mezcla a través de la escritura.

Ella fue nombrada Juana Inés de Asbaje y Ramírez en el año de 1648, hacia mediados de la época virreinal, cuando nació en San Miguel Nepantla, en lo que hoy es Estado de

México, en medio de una sociedad dependiente, latifundista, ejidal y mercantilista, formada por castas (manifestación discriminatoria por un lado, y por otro tal vez herencia de las nomenclaturas de la Ilustración). La corte fue fundamental en el virreinato. Según Octavio Paz, sin ésta no se entendería dicha época, pues fue el modelo de la vida social, el centro de irradiación moral, literaria y estética.

La pequeña de tres años se encontró con hojas llenas de conocimiento y necesitaba entenderlas. Necesitaba saber mucho más de lo que una mujer aprendía en su época: cocinar, coser, bordar, tocar algún instrumento, mantener la boca cerrada y conseguir un buen marido para luego ser madre. Juana Inés miraba el mundo y deseaba participar en él. Tenía universos imaginarios que anhelaba convertir en realidades; en la clase de realidades que sólo la ficción consigue. No bastaba fijar su vista en el gran Popocatépetl (que se levantaba justamente en su lugar natal) ni en el cielo claro u oscuro, ni siquiera en las estrellas a lo lejos ni en los cometas que tanto temor han provocado en todo momento a la gente que poco se interesa en la ciencia. Ella tenía como don un cerebro brillante y debía utilizarlo.

Observó el mundo, creó a partir y a pesar de él. Su destino era no ser anónima, porque se encargó de que semejante cosa no sucediera. La pasión que le llevó a aprender latín en veinte lecciones le ayudó a comprenderse a sí misma: su inteligencia era poco común, así como su talento literario (a los ocho años escribió su primera loa): "Desde el principio la curiosidad intelectual fue su gran pasión. Mejor dicho: desde el principio la curiosidad intelectual fue la sublimación de la gran pasión".[1] Anhelaba recibir instrucción superior académica, pero había sólo dos espacios para lograrlo: la Iglesia o la universidad. A la última sólo asistían hombres. Pidió a su madre ser vestida como uno, pero la negativa era sospechada. Entonces, no tuvo más remedio que refugiarse apasionadamente en la biblioteca de su abuelo, en ese mundo considerado como masculino en su época: el de la razón.

Juana Inés tuvo un padre, el vizcaíno Pedro Manuel de Asbaje y Vargas Machuca, de quien casi nada se sabe. Fue una niña con un padre ausente, poco se dio a la tarea de remitirse a él a lo largo de su vida. Siempre utilizó el apellido materno: Ramírez. Siendo una adolescente se mudó a la Ciudad de México con su familia criolla, incluido su padrastro (en la Nueva España no estaba mal visto que una mujer volviera a casarse). Por razones que desconocemos, vivió por un tiempo con su hermana y su cuñado, quienes le ayudaron a conseguir un lugar en la corte, donde vivió bajo la protección de la virreina Leonor Carreto gracias a su encanto y sociabilidad, pero sobre todo a su erudición y letra. Sí, era una joven bella, vivaz y precoz. Juana era un prodigio. No podía quedarse encerrada entre cuatro paredes. Además, era probablemente una carga o demasiada responsabilidad para sus parientes.

De los dieciséis a los veinte años esa muchachita corrió entre palacio, sus tacones golpearon repetidamente los pisos de madera. Cuchicheó con los jóvenes de la corte; rio; besó

---

[1] Octavio Paz, *Sor Juana Inés de la Cruz o las trampas de la fe*, México, Fondo de Cultura Económica, 2008, pp. 108-109.

entre tapices porque utilizó el juego entre la discreción, la picardía y el ingenio (tal como lo hizo en su obra tan llena de juegos, de ideas e imágenes contrapuestas a través del signo escrito); se tumbó entre jardines reales; caminó por la Plaza Mayor acompañada de séquitos y carrozas traídas de Europa. Fue a misa en la Catedral y seguramente rio una que otra vez entre los sermones del padre, mientras se abanicaba en una mañana veraniega. Hablaba sobre los clásicos; se refería entonces a Heródoto, Platón y Virgilio. Antes y después de tomar esos respiros mundanos, leyó y escribió. Se definió a sí misma como la gran literata del mundo novohispano barroco, famosa en el viejo y nuevo continente. Ese mundo de la vida pública estaba reservado para hombres. Ellos creaban para el mundo entero, entre ellos se leían y comentaban. Juana rompió la regla. Su fama cruzó los mares.

Juana Inés se tenía a sí misma, a nadie más. No tenía padre, no tenía riqueza, no tenía apellido de abolengo. Era una situación difícil para conseguir marido. Pero lo que menos tenía era pena por sí misma. Con ser ella bastaba. Sabiéndose valiosa encontró amistades y amores valiosos también. Era una mujer de letras, de pensamiento, de vivencias profundas y poco explicables. Un personaje complejo. Su trabajo literario es una proyección de sus amores, pensamientos y deseos, así como de las ficciones de una época. Son experiencias en sí, aunque no todas hayan sido reales; la mente no hace diferencia entre unas y otras.

Cabe mencionar que entre ella y la virreina surgió un amor entrañable a través de la gratitud, la afinidad por las letras, la fuerza espiritual; la pasión, pues. Vínculos fortalecidos por las obras de la joven talento.

Bien dice Paz que no hubo ningún indicio de que Juana Inés se inclinara por una vocación religiosa. Simplemente lo tenía claro: no quería el matrimonio. Ante la bastardía, la falta de padre y la pobreza no había muchas posibilidades. El convento le permitiría seguir cultivando sus pasiones: leer, investigar, escribir, crear; continuar con esa vida terrenal que le daba placeres tan necesarios para enriquecerse en cuerpo y espíritu.

A los veinte años decidió internarse en el convento de las Carmelitas. Sin embargo, la rigidez de esta orden la decepcionó terriblemente. Se sentía asfixiada, rebasada por la ortodoxia, y volvió a palacio fingiendo mala salud. Poco después tomó los hábitos en el convento de las monjas jerónimas. No era un llamado de Dios, sino uno propio hacia la soledad, para permanecer entre ese mundo cortesano y el interior, su verdadera vocación: ser libre pensadora. Hay palabras que tienen eco: "Vivir sola; de no querer tener ocupación alguna obligatoria que embarazase la libertad de mi estudio, ni rumor de comunidad que impidiese el sosegado silencio de mis libros". Sor Juana no abandonó las formas elegantes ni la aristocracia; por el contrario, siguió rodeada del buen gusto para vivir, ataviada con telas finas, aunque fueran túnicas que recubrían de misterio a la monja terrena.

Las jerónimas eran monjas ricas. Muchas mujeres ingresaban a los conventos como una manera de sobrevivir dignamente, sin presiones económicas ni sociales. Sor Juana escribía desde su habitación de dos pisos. Se asomaba desde el ventanal enorme y miraba los volcanes nevados. Sus pensamientos corrían por la pluma, la tinta escurría entre sus dedos; su biblioteca (que según calculó Paz estaba compuesta por más de 400 libros de grandes proporciones, que albergaban conocimientos de filosofía, astronomía, jurisprudencia y teología, todos envueltos en cuero e ilustrados por letras doradas) fue testigo de esa mente imparable. Juana de San José, su esclava, la acompañó por cuatro años. ¡Qué no habrá visto esa mujer!

Sor Juana Inés de la Cruz aprovechó muy bien las oportunidades que se le presentaron en el camino. En vez de lamentar su historia, sacó ventaja de ella sin abandonar su esencia. Su vocación era cultivar un yo: ella era su ente supremo, su llamado divino. Necesitaba que los demás la reconocieran; le era fundamental completar su proceso creativo: su obra debía ser por sí sola. Lo logró.

El convento era un punto de reunión importante entre los dos poderes, el político y el eclesiástico, quienes a su vez fueron puntos de convergencia con los principales exponentes artísticos. Así, la celda de Sor Juana fue la sala que reunió a hombres de la talla de Carlos de Sigüenza y Góngora y al mismísimo virrey, Tomás Antonio de la Cerda, marqués de la Laguna, y a su bellísima esposa, Luisa Manrique de Lara, condesa de Paredes. Sor Juana Inés amó a esta última, y esta última amó a Juana Inés. Un amor profundo que no fue mal visto, pues esas cartas eróticas eran casi comunes en las formas morales de la época. ¿Qué puede separar la amistad y el enamoramiento que de una u otra manera ello conlleva? No un velo, no un hábito.

Sus aposentos encerraron el mundo interno de la escritora. Realizó escritos en prosa y poesía erótica, cortesana y religiosa, así como homenajes de gratitud, epístolas, elegías, teatro, opúsculos filosóficos, estudios y piezas musicales, además de experimentos científicos.

Las mujeres tenían prohibido pensar. Punto. Sor Juana fingió negarse como mujer con sexo; sin embargo, fue mujer completa. Su astucia la ayudó a jugar con la túnica: a quitarla y ponerla, a ser mundana, sexuada y divina.

Sor Juana habló por las mujeres al mismo tiempo que hablaba en defensa de sí misma. Su *Respuesta a Sor Filotea de la Cruz* es una novedad por ser una expresión de la conciencia femenina y sus derechos. Esta obra fue la contestación que la literata dedicó al obispo de Puebla, Manuel Fernández de Santa Cruz, gracias a que en el año de 1690 éste publicó la *Carta atenagórica* (una obra de la monja donde criticó duramente el "sermón del Mandato" realizado por el jesuita portugués Antonio Vieira sobre las "finezas de Cristo"). En semejante publicación el obispo añadió la *Carta de Sor Filotea de la Cruz*, escrita con su puño y letra bajo ese pseudónimo. En ella, a pesar de reconocer el talento de Sor Juana, la acusó de poner más atención a otras tareas que a las religiosas; por lo tanto, le recomendó dedicarse mucho menos a hacer reflexiones teológicas, lo cual era asunto de hombres, y más a abocarse a la vida monástica, según su condición de monja y mujer.

Sor Juana no se dejó intimidar por tremenda recomendación. Por el contrario, tomó pluma y fuerza. Respondió al clérigo de manera educada, con bellísima prosa y de manera brillante. A través de episodios autobiográficos defendió desde su posición de género el derecho de las mujeres a saber y pensar, como seres dotados de inteligencia y aptas para ser librepensadoras.

Así como tenía admiradores, Juana Inés también tuvo enemigos. Uno de ellos fue el eclesiástico Aguiar y Seijas, quien la acusó de escribir temas profanos. No se sabe con exactitud qué ocurrió, pero a pesar de su fuerza literaria, de la seguridad en sí misma y sus habilidades extraordinarias, tal vez Sor Juana no pudo contrarrestar el miedo. Si lo tuvo, lo cual es probable, su característica terrenal se manifestó en toda proporción. Según Paz, fue el miedo quien la venció hacia el final de su vida. La amenaza de ser castigada por la Santa Inquisición le arrebató la pasión para seguir escribiendo. Ya entrada en sus cuarenta años vendió su biblioteca y se dedicó a las tareas del convento, a orar, a meditar. Tal vez a llorar en silencio. En el año de 1695 Sor Juana enfermó. El convento que había sido escenario de fiesta, reunión y conversaciones doctas se convirtió en la tarima de la muerte. La epidemia de cólera atacó a las monjas, y Sor Juana se contagió mientras ayudaba a cuidar a sus compañeras.

Uno de sus grandes aciertos fue construirse un futuro a conciencia. Siendo mujer, sus posibilidades se reducían al matrimonio mal avenido o a una simple vida de monja (ser religiosa era una profesión común en la época colonial). Esa predicción fue rota sin duda por Sor Juana Inés de la Cruz: la escritora más famosa, la más talentosa de habla hispana. Barroca en sí misma, llena de claroscuros y contrastes, difícil de develar a simple vista. El misterio encierra la seducción, esa de la que Paz y tantos otros hemos sido víctimas.

Sor Juana fue y es palabra, pensamiento, mezcla de su tiempo y de la tradición poética de la época, así como de la experiencia social e individual. Fue la pasión hecha carne en la palabra. Mujer tendida, ataviada con largas telas, boca helada, manos sin pluma. La poeta ha muerto, su legado, nunca.

UNA MIRADA DESDE EL COACHING

Pasión por vivir, por encontrar ese sentido a existir, por permitirte ser la expresión que llevas dentro. Atreverte a despertar al sentimiento intenso que domina la voluntad y perturba la razón.

¿Cómo vivir sin pasión, con el riesgo latente de resbalar hacia una vida somnolienta, letárgica, sumergida en un apático aburrimiento mundano? ¿Cómo vivir sin pensar, sin explorar, sin conocer, sin curiosear? No sólo en esa época, también hoy, en muchas ocasiones nos prohibimos aspirar a nuestros íntimos anhelos, a sentir, a manifestar lo que somos.

¿Quién eres? Responder esta pregunta es imperioso, nos lleva a una vida de autodescubrimiento. Un reto que debe ser alentador, pero que requiere valentía y el corazón en la mano. Sor Juana parecía conocerse bien y tenía el tesón que se requiere para satisfacer la sed provocada por su llamado innato. Para comprenderse a sí misma echó mano de sus virtudes más grandes: entender sus deseos y ser fiel a su pasión. Una misteriosa combinación que establece el florecimiento del espíritu. Debemos estar dispuestos a proponer, a participar, a conectarnos con nuestros universos imaginarios que siempre nos invitan a soñar. Debemos convertir en

realidad lo que nos dará valor y un gran propósito. ¿Cuál es tu don, qué vienes a ofrecer al mundo?

Exprésate, en tu idioma personal, con tu talento, a tu manera; a pesar del mundo, de lo que te rodea, de lo que hoy parece ser un obstáculo. Disolvamos las cortinas de humo que nos tienen apaciguados, acartonados, esclavos de un mundo en el que somos una pieza más de una semblanza artificialmente creada.

El que se arriesga puede ser una amenaza para unos, pero un ejemplo para otros. El brillo acompaña los actos de voluntad, de disciplina, de honestidad, pero sobre todo de pasión. Esa que contagia a los que deseamos sentir la vida corriendo por las venas. Permite que tu pasión te ayude a adentrarte en ti mismo: rescata tu inteligencia, tus destrezas, lo que te hace único. Probablemente decidas vivir de tu pasión cuando entre el hartazgo de una densa rutina anheles tocar el cielo y escuchar el silbido que nace de forma natural en ti, casi de manera involuntaria; te sorprenderás cuando te des cuenta de que ése ser que canta eres tú, porque el espíritu está plácido de encarar el reto de vivir la vida que era para ti.

Defínete a ti mismo al ser fiel a tus anhelos. No permitas en ti la duda, las expectativas ni las limitantes de otros. Rompe las reglas. Permítete agitar el árbol de la rigidez y que los frutos deliciosos caigan para que otros saboreen lo que vienes a dar.

Juana Inés se tenía a sí misma, a nadie más. Ésa es nuestra gran verdad. Vivimos rodeados de gente, pero sólo nosotros escuchamos lo que pide la pasión propia, a lo que nos invita nuestro destino. Te tienes a ti. Sé cómplice de tus grandes anhelos y sin mayores explicaciones da el paso que habla de tu autenticidad. ¿Tendrás el valor, las ganas?

Sal de la pena. Si no estás dispuesto a hacer el ridículo, a ser cuestionado ni a salir de la atención que tienes puesta en otros, vivirás para complacer, y ahí nos perdemos. Al reconocer tu valor haces resonancia con amistades y amores valiosos también. Atrévete a vivir experiencias profundas, enrédate con la complejidad de tu ser. Irónicamente, ahí encontrarás claridad.

Comienza por soñar, por imaginar. Con el mayor detalle. La mente no hace diferencia entre lo real y lo imaginado, así se impregnan dentro de nosotros escenas nuevas cargadas de emociones que abren rutas que nos llevan a la satisfacción engranada con nuestra pasión. Dale vida al canto que llevas dentro.

Si no tienes claro qué quieres, sé firme con lo que ya *no* quieres, lo que te limita, lo que te frena. Del mismo modo Sor Juana tuvo clara su negativa al matrimonio y cultivó una vida que le dio salida a sus pasiones: leer, investigar, escribir, crear, aprender. Hábitos necesarios para enriquecerse en cuerpo y espíritu.

El universo nos habla constantemente, nos invita por medio de señales y a través de personas. A veces, cuando una relación termina o nos corren de un trabajo y reclamamos, entramos en conversaciones de autocompasión. Pero, ¿no será el universo pidiéndonos replantear nuestro camino? Si levantamos la mirada y nos sacudimos del berrinche, probablemente veamos con claridad. Al saber lo que deseamos vivir reconocemos dónde colocar nuestra mirada. Fijamos nuestra intención en remover el velo que nos ciega. Esto hace posible ver un paisaje que propone un sinfín de posibilidades.

Sor Juana Inés de la Cruz aprovechó bien sus oportunidades. Tomó lo que se le presentaba a su favor y potencializó sus destrezas. En vez de lamentarse, respondía con estrategia, elegancia e ingenio. En el mundo opresor de la época, religioso y masculino, Sor Juana trató de ser silenciada. Triunfó por su inteligencia y su mente brillante. Así como Sor Juana habló por las mujeres, al mismo tiempo habló en defensa de sí misma. Resguardaba un valor que abría veredas nuevas para ella y para otras.

Por ello, Sor Juana también es conocida como la primera escritora feminista del Nuevo Mundo; una activa figura de la época que defendió los derechos de la mujer. Retó a los hombres por criticar a las mujeres, por oprimirlas. Se alejó de la idea de encontrar una posición social usando su extrema belleza como anzuelo para el matrimonio. Reconocía que en su era las mujeres eran vistas como adornos incapaces de ser valoradas por su riqueza mental, por su sabiduría y su fuerza interior. Por ello su alternativa fue portar el hábito. Hace tantos años de esto, y hoy muchas nos preocupamos más por valorar cómo nos vemos que por dotar de un peso importante a nuestra mente, a nuestra voz. Cuántos hombres siguen suprimiendo a la mujer, y cuántas de nosotras seguimos callando.

Sor Juana fue mujer completa. Somos mujeres completas. Somos premios Nobel, científicas, poetas, artistas, presidentas, directoras, líderes, pero sólo si nos lo permitimos. No nos dejemos minimizar, Sor Juana no se dejó intimidar; por el contrario, vivamos dispuestas a tener enemigos, contrincantes, críticos. Ellos están en su derecho de amenazar y nosotros en nuestra obligación de tomar una postura de fuerza y orgullo frente a lo que somos.

Desde el siglo XVII Juana defendió el derecho de las mujeres a aprender a educarse. Invitó al mundo a vernos como seres dotados de virtudes y aptas para ser libres pensadoras. La voz de Juana es la nuestra haciendo eco en estas páginas, deseando que levantemos la pluma e imprimamos una historia de poder, aliento y esperanza.

Al no tomar las riendas de la vida, al no comprometernos con nuestra pasión, algo dentro de nosotros llora en silencio. Una luz se apaga. Seamos personas que cavan un gran sendero con nuestra vida como ejemplo. Inventemos vías alternas que nos inviten a crear un mundo en el que el intelecto y la sabiduría de la mujer se vean reflejados en cómo conducimos nuestra vida todos los seres del planeta.

Los pilares de Sor Juana Inés de la Cruz
Anatomía hipotética

Sor Juana Inés de la Cruz fue una mujer clara, fuerte, que apostó por su intelecto y por su habilidad con las palabras. Tenía todo en su contra. Pero qué importante fue para Sor Juana conocerse, saberse capaz, nunca negarse a ser el vehículo de los escritos que debían plasmarse, ser la esperanza de tantas. Valentía, misión, pasión, claridad, son palabras que definen a Sor Juana. Su historia inspira, conmueve, alienta a ser fiel a nuestro llamado, a seguir jugando con la fuerza que tiene la palabra. Reconoció que lo que se

pone en papel y se comparte tiene un valor que puede trascender más allá de los siglos. Mahatma Gandhi dijo: "Todo
lo que hagas en la vida será insignificante, pero es muy importante que lo hagas".

¿Qué pudo suceder en el interior de Sor Juana para pulir
el emblemático personaje que llevaba dentro desde el punto
de vista de los pilares del Coaching MMK?

Pensamientos

Me parece que la atención de Sor Juana atendía lo que sentía
más de lo que pensaba. Desde pequeña canalizó su atención
en el aprendizaje y el conocimiento, y en el entusiasmo e
inspiración que vienen con ello. Al alimentar la mente, al
desarrollar facultades, al comprometernos apasionadamente
con nuestros intereses, los pensamientos se alinean a nuestro bienestar. La energía se usa para crear y evolucionar.
Cuando existen vacíos o fastidio, cuando la vida es tediosa,
la mente se desencaja de sus habilidades y su potencial gira
del poder a la autodestrucción. En muchas ocasiones usamos este gran instrumento para crear pensamientos de ataque, depresión y angustia. Sor Juana mantuvo su mente en
uso y alineó sus pensamientos con el gran placer de crear
un mundo en que se podía perder y dar luz a su mayor ser.
Sor Juana se sentía libre dentro del convento porque su alma
viajaba por universos eternos.

Sus pensamientos podrían haber sido más o menos así:

> ▶ Requiero fomentar una vida que no aniquile la po-
> sibilidad de expresión.

- ▶ Aprender, investigar, conocer, dan sentido a la vida. Saber más me despierta a la vida. La ignorancia me duerme ante el mundo.
- ▶ Seré valiente para retar a mis opresores. Mi ingenio es mi escudo, mi pluma es mi artillería.
- ▶ Será vital adueñarme de un territorio para crear. No cederé mi espacio a ningún hombre. Necesito proteger mi mente, mi espíritu y mis intereses.
- ▶ Soy capaz. Creo en mí. Me manifiesto con la fuerza que llevo dentro. Expongo mi trabajo con el derecho que reclamo poseer.

Cultura

Sor Juana nació mujer, fuera de un vínculo matrimonial, sin apellido de abolengo, sin una posición económica resuelta. México era entonces la Nueva España. La corte, los vestidos, los matrimonios de alcurnia, las fiestas y los banquetes rondaron su vida, a la que accedió por sus encantos. Poseía una belleza sobresaliente y una mente que rebasaba lo que se apreciaba a simple vista.

¡Caray, Juana, qué apuesta la tuya! Resolver y "solucionar tu vida" mediante los encantos mundanos o desafiar lo aparente y adueñarte de la vida que trascendería más allá de tu entendimiento. Sin duda había que romper con todo. Menos con tu integridad, con la fidelidad a ti misma. Así te convertiste en Sor Juana. Tomaste el camino que te permitió tu *cultura* para crearte a ti misma. Te adaptaste pero no te confundiste. Te apoyaste pero no te perdiste. Sin duda a cada paso de tu camino te encontraste con la gran satisfacción de no haber renunciado a ser tú misma.

Creencias

Las creencias nos establecen, construyen nuestra identidad y nos generan el futuro que vamos a construir. No son la verdad, pero para cada uno se vuelven la plataforma de la que surgimos: se tornan en *nuestra verdad*. El gran contenedor de lo que damos valor y el filtro que crea el panorama de lo que apreciamos o desplazamos. Algunas de las creencias de Sor Juana se traducen así:

- El futuro es mío. De manera consciente daré cada paso, logrando firmeza en mi caminar.
- Seré reconocida, no necesariamente comprendida.
- El matrimonio extirparía mí ímpetu, mi entereza, el brío por vivir; lo sé.
- Ser mujer, barroca e indescifrable es mi aliento, no mi desgracia.
- Soy y seré palabra, pensamiento, entrelazada con poesía.
- Viviré abierta a experiencias, nada me define, no soy mujer, no soy un hábito. Soy compleja y no temo de ello.
- La pasión me guía, me embriaga, lo carnal pierde sentido cuando lo arraigado, lo sublime se crea a través de la palabra.

Lenguaje

El gran fuerte de Sor Juana fue el uso del lenguaje en todas sus dimensiones. Claridad interior. Usó su lenguaje con
maestría, sobre todo para crear la vida que necesitaba vivir
para satisfacer sus exigencias internas.

Pero Sor Juana usó el lenguaje más allá de la gran herramienta de creación que es. Su genialidad la demostró con la
habilidad para relatar lo que verdaderamente importa. Mostró, casi presumió, con enaltecida astucia el uso de las palabras. Lo que escribió impresiona porque delata que era una
mujer con una mente excepcional, una de esas que se convierten en una rareza para otros. Poseía capacidades tan poco comunes que desplazan lo ordinario. Su don le permitía
entender lo sublime del lenguaje.

Los escritos de Sor Juana denotaban su cultura y la riqueza de su aprendizaje; más aún, armaba rimas, bailes con
las palabras que sonaban como sonetos, como trabalenguas
divertidos, pero que al contemplarlos a profundidad gozaban
de mensajes atrevidos, de propuestas, de visión y aplomo.

Emociones

Vivir con pasión. Pasión por aquello que llama a tu puerta:
justicia, libertad, lealtad, ecuanimidad. Muchas veces, o la
mayoría de ellas, vivir de la mano de la pasión involucra a
otros, es un llamado de algo que compartimos. La pasión de
todas las emociones es la que rompe con todo. Va más allá
de los conceptos y la lógica, y sobre todo es lo que nutre el
trabajar para hacer una diferencia.

Hoy en día, tantos siglos después de Sor Juana, la mayor parte de las mujeres del planeta no son dueñas de su cuerpo, ni de su destino. Violencia y abuso es lo que reina para la mayoría de ellas. Irónicamente, llamarte "feminista" en este momento es un insulto para muchos. Pero ser feminista no es quien rechaza a los hombres, es quien tiene la sensibilidad de ser una voz para quienes no la tienen.

Una persona feminista se define como alguien que muestra interés y pasión para que la mujer alcance los mismos derechos en cuanto a posibilidades económicas, de poder, culturales, sociales, educativas y de empleo de las que goza un hombre.

Sor Juana entendió la necesidad de luchar por la injusticia y se atrevió a ser la portavoz de tantas. Sor Juana entendió que la mujer tenía el derecho de aprender, que las familias, las comunidades y el mundo entero se beneficiarían con la aportación de la sabiduría femenina. La pasión llevó a Sor Juana a proponer un mundo mejor.

Pero hoy, parece que no hemos avanzado mucho. Las mujeres más pobres del planeta hacen el 80 por ciento del trabajo duro en el mundo, pero sólo gastan el 1% de las ganancias mundiales. Siguen dependiendo económicamente del hombre. La mayoría están expuestas diariamente a violencia y abuso, y se les niega la posibilidad de educarse.

La pasión nos puede alentar hoy a crear un mundo bueno, sano, en el que las mujeres en verdad ya no necesiten de "feministas" porque todos habremos encontrado la manera de vivir en paz, en justicia y en ecuanimidad. Cuando nos integremos como humanidad, no haremos diferencias de género. Debemos reconocer que, en verdad, todos somos almas con un mismo fin: el amor y la felicidad.

Declaraciones

Como sabemos, un líder se construye de la combinación resultante entre la firmeza al hacer declaraciones y el vigor de ser fiel a su palabra. A esto se suma la inamovible voluntad de abrir camino a lo que se ha dicho. Cada declaración hecha a conciencia debe alinearse a nuestros profundos deseos. Empapados de pasión establecemos nuevas realidades con una imperiosa necesidad de materializar lo que hemos soñado. Sor Juana Inés declaró:

- ▶ Creo en mí. Me asombro de mi capacidad intelectual y ésta alimentará mi pasión, mi vida, mi trayecto.
- ▶ Una vida que no atiende la curiosidad y el conocer más allá de lo establecido no es para mí.
- ▶ Vivo para pertenecer al mundo.
- ▶ Las mujeres somos grandes pensadoras y es importante que se sepa.
- ▶ La estrategia es el arma del astuto. Por medio de ella lograré mis objetivos.
- ▶ Mi *no* al matrimonio es el *sí* a mi vida.
- ▶ La educación es vital para el establecimiento del ser humano.
- ▶ Me tengo a mí misma y eso es suficiente.

Ego

Dogen Zenji dijo: "Para conocerte es necesario olvidarte". Se refiere a estar dispuestos a disolver dogmas, paradigmas, esquemas e identidades para rescatar lo que somos en esencia.

Creo que este dicho representa a Sor Juana dispuesta a convertirse en hombre para saciar su pasión de aprender. Para ella esto significó dejar el físico, la vanidad, la preocupación efímera que nos separa de otros. Estuvo dispuesta a disolver preceptos propios y ajenos. Venció el miedo a conocer las partes que no se ven y no se aprecian a simple vista pero que son lo que realmente somos; ese espíritu que permanece joven, vivo y tenaz a lo largo de la vida. Muchos de nosotros, cuando reparamos, reconocemos, a veces tarde, que todo aquello que cuidamos y a lo que le dimos tanto valor se desvaneció, se perdió en arrugas, se hizo polvo y se perdió en pasados.

Con suerte, empeño, valentía y actitud, seguirá la pasión. Pero como Sor Juana, debemos estar dispuestos a olvidarnos para conocernos en cada paso a lo largo de la vida.

La pasión en el ser humano

La pasión es una de las emociones más intensas que sentimos, constituye la fuerza con la que se expresa nuestra alma. La sentimos cuando nos dedicamos a lo que amamos y consideramos importante.

Para saber si vivimos con pasión evalúa si disfrutas profundamente la vida. La pasión debe contagiar a tu círculo y se traduce en cambios positivos para tu familia, comunidad y, al final, es tu aportación al mundo. Pero ojo, la pasión nos rebasa si para saciarla dañamos a los demás. Si sientes que te has alejado de tus pasiones sigue estos pasos:

Rescata tus sueños

Puedes llenarte de explicaciones por las cuales no vives la vida que deseas. Cuando eres niño te permites soñar, vives fuera de limitaciones mentales, creencias y expectativas sociales. Pero con la edad muchos acartonan sus vidas y se alejan de los sueños que viven en su corazón. Si cuando miras de frente a tus deseos te duele por no tener la voluntad de conquistarlos... respira y recuerda que ellos siguen esperando a ser vividos. Hoy da un paso a una nueva dirección. Declara algo nuevo para tu vida.

Quita lo que roba energía

Es importante que detectes qué personas, situaciones o actividades son una fuga de energía. Para tener grandes alcances es necesario estar enfocado en lo que quieres y poner límites a personas negativas y situaciones complicadas. Probablemente no es un proceso de un día, pero es posible y necesario. En los próximos meses simplifica tu vida para que vivas en tu poder y elimines el drama.

Cuida tu cuerpo

Tu cuerpo es tu herramienta para vivir. Ama tu cuerpo y tu vida. Duerme suficiente, toma agua, apasiónate con alguna actividad física, algo que te conecte con la naturaleza. Dedica tiempo a practicar un *hobby* y a compartir momentos con personas amadas. Vivir estresados es una opción que nos lleva a enfermedades crónicas, presión, mala alimentación y a desatendernos. La pasión va de la mano de vivir en un cuerpo radiante, feliz y en equilibrio.

Contribuye

Si te sientes desconectado de tu vida espiritual, contribuye a la vida de otros. No se trata de dedicar tu vida a la beneficencia, sino de comenzar con detalles como sonreír, donar lo que ya no usas o dedicar tiempo a alguna causa que te mueva por dentro. Así te reconectarás con el propósito de tu alma y ampliarás la perspectiva de lo que es realmente importante de la vida.

Deja las quejas

Quejarse es un hábito. Se vuelve una actitud de crítica eterna, es una forma de vivir a la defensiva. Te vuelve pasivo, porque no genera opciones para resolver o mejorar lo que te molesta. Esta semana no te quejes de nada; cada vez que encuentres algo que te moleste, pregúntate si puedes hacer algo por modificarlo. Si está en tus manos, resuélvelo. Si no está en tus manos pero puedes ser parte de la solución, haz lo tuyo, pon tu ejemplo y deja de culpar. Eliminar la queja y enfocarnos en ser proactivos es de las transformaciones más poderosas que puede vivir un ser humano para lograr su felicidad.

Si quieres sentir pasión por lo que haces, sueñas o vives en tu día a día sigue este ejercicio:

1. Enlista con el mayor detalle posible cinco pasiones que tengas, no importa que hoy no sepas cómo las vas a conseguir, o si se escuchan fuera de tu alcance.

2. Escribe cómo te sentirás cuando vivas cada una de estas pasiones.

3. Anota los pensamientos negativos que te impiden hacer realidad y vivir estas pasiones y dales la vuelta. Por ejemplo: "Eso no es posible para mí", cámbialo por: "Eso sí es posible para mí", y luego da tres ejemplos de cómo esto podría ser posible para ti. Haz este ejercicio las veces que sea necesario hasta transformar tus pensamientos limitantes.

4. Piensa cómo puedes hacer de tus *hobbies* una forma de vida que te genere recursos o ingresos, teniendo en cuenta que pasión y éxito son ingredientes inseparables.

La lucha

Simón Bolívar, *el Libertador*

> El arte de vencer
> se aprende en las derrotas.
>
> SIMÓN BOLÍVAR

Si nos asomáramos por algún resquicio, miraríamos muebles realizados en cedro, de talla alta, pintados y dorados (a imitación del mobiliario con laca proveniente de China, unos, y otros muy similares al estilo rococó). Sentiríamos el poco aire que entra a través de las rendijas de hierro forjado que preceden puertas y ventanas, el cual silba poco entre corredores y patios centrales, más bien choca con el calor acumulado que tratan de mitigar los techos de madera sostenidos por vigas gruesas, fuertes; los ventanales permanecen abiertos para que el escaso viento vaya y venga entre rincones, para que los rayos lunares se refracten en los candiles de vidrio que cuelgan de muros y techumbres.

En una casa parecida nació el pequeño Simón José Antonio de la Santísima Trinidad Bolívar y Palacios Ponte y Blanco (como se le bautizó en la catedral de Caracas), la noche del 24 de julio de 1783. En este lugar solariego vino al mundo el futuro pensador, estratega y político, el Libertador de América, perteneciente a una de las familias de origen vasco más acaudaladas en Venezuela, entonces Capitanía General de la Nueva Granada.

La vida de Simón Bolívar, como se le conoce, está marcada por la lucha. ¿Cómo, si no, lograría liderar la independencia de Venezuela, Colombia, Perú y Ecuador, y además fundar Bolivia? Esa lucha fue la misma donde se conjuntaron pensamiento y deseo por conseguir un objetivo: la libertad americana frente a la corona española, no sin esquivar el enfrentamiento de elementos opositores.

Para sobrevivir hay que luchar y superar las adversidades. Cuando Simón nació su madre no pudo amamantarlo por estar delicada de salud, así que las queridas esclavas, Hipólita y Matea, lo hicieron por ella. Entre jardines y muros de abolengo creció un niño rodeado de amor. Sin embargo, las risas se escucharon por poco tiempo. El padre del pequeño, Juan Vicente Bolívar y Ponte, murió cuando éste tenía tres años de edad, y a los nueve lo siguió su madre, María de la Concepción Palacios y Blanco; ambos perecieron a causa de la tuberculosis. Simón tuvo latente dicha enfermedad (primoinfección tuberculosa) hasta que mucho tiempo después por fin se le manifestó.

Bolívar, huérfano, vivió con un par de tíos, sin llegar a tener una excelente relación con ellos. El muchacho recibió, en un principio, una educación deficiente. Asistía a la mediocre escuela pública de Caracas. Poco tiempo después se cruzó en la vida del joven el maestro Simón Rodríguez, quien contra la voluntad del alumno se encargó de su instrucción, hasta su exilio en 1797 por una conspiración contra la corona. Este hombre fue muy apreciado por el libertador tiempo después, ya que él le abrió las puertas a las ideas rebeldes independentistas y, en palabras de su pupilo, "formó su corazón para la libertad, para la justicia, para lo grande, para lo hermoso".

Este joven (de carácter fuerte, obstinado, cuya rebeldía se aunaba a la reflexión para contradecir con fundamentos), después de asistir a la Academia de Matemáticas, donde su educación mejoró notablemente, tuvo otro mentor: Andrés Bello (poeta, educador, filósofo, filólogo, gramático, ensayista, político, jurista), uno de los humanistas más importantes de América.

El mundo novohispano estaba listo para ser y manifestarse como una sociedad con características propias. Criollos, mestizos, negros y mulatos convivían entre sí, dando matices nuevos y distintos a ese imperio que todavía era el español. La cultura colonial tomaba fuerza con sus elementos identificativos, junto con los problemas de índole americana. La corona estaba lejos. La pobreza y la desigualdad crecían, y la madre patria no se hacía cargo de sus colonias una vez que terminaron de saquearlas. Era precisa la unión, la independencia, la autonomía.

Entre tanto, a los catorce años (como la época lo dictaba para un hombre de familia con prestigio) Bolívar ingresó al ejército, al Batallón de Milicias de Blancos de los Valles de Aragua. Se embarcó como subteniente en la Guaira rumbo a Madrid, España. Navegó el océano y miró el horizonte no sin soñar en futuros. Pasó por México (donde conoció a la bellísima María Ignacia Rodríguez, *la Güera Rodríguez*, con quien, se dice, tuvo amoríos). Y es que Simón nunca fue guapo; tenía rasgos criollos y el pecho angosto, no era alto ni fornido, sino más bien delgado, con orejas grandes, alertas, nariz larga y una gran distancia entre ésta y la boca, y cabello crespo oscuro. Se dice que no era precisamente simpático. Apacible a veces, era temible cuando montaba en cólera. Pero fue inteligente, resuelto, ilustrado, valiente y justo. La razón, el coraje y la pasión son combinaciones a las que pocas personas se resisten.

Gracias a los viajes, el mundo se abrió para el futuro libertador. Eso forjó su carácter. Aprendió de otras sociedades, ideas y costumbres. El joven Bolívar no se conformaba con bailes y esgrima, había en él un espíritu que debía ser alimentado. Su visión humanista se fortaleció a través de las tertulias literarias, de enriquecer su mundo interior con las artes plásticas, la ciencia, la filosofía y la política. Claro está que no dejó pasar las lecturas de los grandes pensadores (como Rousseau, Montesquieu y Voltaire, entre otros) y científicos; incluso conoció a algunos en persona, como a Alexander von Humboldt.

Ya con el grado de teniente, cuando casi cumplía veinte años, se enamoró y se casó. Era el año de 1802. Amó profundamente a María Teresa Rodríguez del Toro, una española dispuesta a dejar su mundo para viajar con él a Caracas, y poco después al ingenio de Bolívar en San Mateo. Pero otro episodio terrible marcó al joven militar: su esposa murió un año después de contraer nupcias a causa de fiebre amarilla. Él, hincado, vivió un intenso dolor por el amor perdido. Los cabellos negros de ella brillaron por última vez, sus mejillas estaban heladas, sus finas manos sostuvieron flores que morirían en su pecho. El viento calló por respeto. Él juró no volver a casarse. Los espíritus fuertes también lloran, también sufren.

Entonces el mundo era suyo. Bolívar no podía permanecer abatido. Se dedicó a recorrer tierras nuevas en Europa, donde se reencontró con su maestro Simón Rodríguez, con quien viajó por el viejo continente. Así pasó el tiempo también aprendiendo, leyendo, pensando. La libertad era su fuerza motora. Lograrla implicaba la lucha constante contra las adversidades, contra la terrible tristeza que le había provocado varias veces la muerte de quien amaba, contra el ancla de cuidar sus posesiones materiales, contra el deber ser. El cielo es ancho, enorme; no es justo mirarlo siempre desde un mismo punto. Las montañas le pertenecen a quien las escala, el mar a quien se atreve a navegarlo.

La Revolución francesa, que estalló cuando él tenía seis años, impactó al joven Bolívar con el tiempo. Fue un hecho sin precedentes. Sus preceptos (libertad, igualdad y fraternidad) fueron las piedras angulares de una nueva era, donde el sujeto que antes había sido explotado y subyugado como súbdito tomaba relevancia como miembro fundamental para una nueva sociedad digna, con poder de decisión, con posibilidades de ser y actuar. Este movimiento fue una lección sobre los cambios que la unión podía lograr.

El periplo de Simón Bolívar se bordó, muy probablemente, como una lucha interna contra su depresión. Fue fuente de vida, muestra de fortaleza. En sus andanzas presenció la coronación de Napoleón Bonaparte en la catedral de Notre Dame. Esa transformación del gran general en tirano trastocó seguramente a Bolívar. Nadie merecía un dueño. Nadie. Poco después, el 15 de agosto de 1805, de rodillas en el Monte Sacro de Roma, prometió: "Juro por el Dios de mis padres, juro por ellos, juro por mi honor y juro por mi patria que no daré descanso a mi brazo ni reposo a mi alma hasta que haya roto las cadenas que nos oprimen por voluntad del poder español".

Un año después, empapado de ideas liberales e iniciado en la masonería, volvió a Venezuela. Ahí, al mismo tiempo que administraba los negocios familiares, se unió a la causa independentista, iniciada por Francisco de Miranda. Los movimientos a favor de la independencia proliferaban en las regiones de Venezuela, México y Argentina. El imperio Español sufría un declive en los sectores políticos y económicos, así como en el tejido social; un fenómeno acentuado sin duda primero por la invasión napoleónica, y luego por la declaración de la Constitución de 1812 en las Cortes de Cádiz. Las colonias necesitaban desprenderse de España y éste era el momento oportuno para lograrlo. En un principio la manifestación rebelde era a favor del rey derrocado por Francia, más tarde la independencia se mostró imperante. Pero llegar a esto no fue fácil. El primer intento fue derrotado. Bolívar huyó del país en 1812, luego hizo un nuevo manifiesto y se lanzó a la batalla otra vez. Su historia es de muchos fracasos superados. Sólo en 1821 aseguró el triunfo a Venezuela.

El pensamiento de Bolívar no se conformaba con desprender un pedazo de tierra de la corona española. Creía fervientemente en la unión de América. Ésa fue su grandeza: extender las fronteras, fomentar la fuerza de la unión, la aceptación y la cohesión, mas no la disolución de distintas culturas. Todo ello se sintetizaba en la libertad de ser, jamás bajo ningún yugo tirano.

Bolívar continuó su lucha no sin dificultades, como seguir entre sangre y muerte a pesar del cansancio, dirigiendo un ejército formado en su mayoría por hombres mal alimentados, mal vestidos, quienes lo seguían sin ninguna o poca instrucción militar, armados rudimentariamente (muchos de ellos fueron esclavos pertenecientes a su familia que él mismo liberó). Pero Bolívar, además de ser un gran estratega, llevaba en sí la esperanza y la demostraba luchando con arrojo, cabalgando y blandiendo la espada a la par de los hombres y las mujeres que le seguían.

El cansancio de las batallas en territorios hostiles no lo venció; tampoco a sus acompañantes. La ideología libertaria brindaba la fuerza necesaria. No se puede luchar sin un pensamiento que respalde el deseo. En 1819 inauguró un congreso en Angostura; donde elaboró una constitución para la nueva República de Colombia. De tal suerte, enmarcó lo que hoy es el territorio de Colombia, Venezuela, Ecuador y Panamá. Entonces fue elegido presidente de la Gran Colombia. Más tarde, tras ganar la batalla de Pichincha, en 1822, liberó el territorio de Ecuador, que se llamaba la Audiencia de Quito. Pero su sueño no terminaba ahí. Simón Bolívar fue también la cabeza del movimiento independentista en Perú. En 1824 obtuvo el triunfo en una de sus batallas más famosas, la de Ayacucho, pues determinó el fin de la supremacía española en la región americana. Un año después se erigió la República de Bolívar, la actual Bolivia.

Entre tanto, el general conoció a otro amor: la peruana Manuelita Sáenz, una de las mujeres más destacadas en los movimientos de independencia de América Latina. Él cumplió su promesa. No se casó, pero la amó entrañablemente.

114 Esencia de líder

Fueron compañeros una del otro. Se protegieron y lucharon juntos hasta el día que Bolívar murió de tuberculosis el 17 de diciembre de 1830, a los cuarenta y siete años de edad. Manuela lo dijo: "Vivo adoré a Bolívar, muerto lo venero".

Bolívar fue presidente de un gran territorio que poco a poco buscó sus independencias regionales. Lo acusaron de dictador y, decepcionado, abandonó la política. Aunado a problemáticas de diversas índoles el sueño hispanoamericano sucumbió. Sin embargo, como leí alguna vez, uno de sus mayores legados fue la idea de edificar repúblicas sólidas a través de un sistema democrático liberal.

¿Por qué un muchacho de abolengo y riqueza se interesaría en asuntos humanos? ¿Por qué alguien de sus características lucharía por la libertad no de uno, sino de varios pueblos? ¿Qué fuerza extraña lo impulsaría a jugarse la vida? La lucha conlleva la congruencia, es la concatenación de la idea, la pasión y la acción. El espíritu rebelde, de lucha, muy posiblemente, fue el mismo que le hizo aferrarse a la vida y sentir amor por Matea e Hipólita, las esclavas negras que lo amamantaron como madres; el mismo espíritu que no lo derrotó ante la muerte de sus padres ni ante la de su primera esposa, y que hizo que su cuerpo doblegara la tuberculosis por varios años. Fue el mismo espíritu que lo impulsó hacia las pulsiones de vida, a volver a amar. Son misterios, quizá. Son maravillas de ciertas almas. La época ayudó, sin duda. La Ilustración, la era de la razón, fue fundamental para un joven ávido de conocimiento. Era preciso derribar la ignorancia en la humanidad para construir un mundo mejor, sin sumisión de unos sobre otros, y así lograr el pleno desarrollo del ser. Además, el espíritu se ensancha cuando se encuentra con el eco de otros hombres, de otras mujeres. Es hacerse uno con el entorno; es sentir la fuerza del infinito universo.

UNA MIRADA DESDE EL COACHING

Luchar. A lo largo de la vida, la gran mayoría de los seres humanos nos vamos a encontrar en un campo de batalla, peleando por grandes o pequeños objetivos o en una posición opuesta a otros. Ya sea en entornos familiares o sociales, lucharemos por elección propia, o por necesidad. Como todo, emprender una contienda tiene sus secretos, sus reglas y su propósito. Sobre todo, debemos establecerla desde nuestra sabiduría, conquistarla desde la humildad con la mayor claridad posible y alineados a nuestro espíritu. Ése es el gran desafío.

Entendemos que un líder se forja abriendo un camino que no se ha trazado antes. Su vida resalta porque plasma con ella algo nuevo. Si fuera alguien que siguiera pasos ya recorridos, se perdería en el anonimato. Si has decidido luchar por tu familia, comunidad o país, exploremos cómo hacerlo desde el honor, como nos enseña Simón Bolívar, pues no cabe duda de que fue grande desde su trinchera:

▶ Justo.
▶ Trabajó por un bien común.
▶ Dejó a un lado la ambición de poder o riquezas.
▶ Liberó esclavos y repartió recursos para lograr equidad entre los habitantes de los territorios que liberó.

▸ Soñaba con unidad, hermandad y libertad. Para ello utilizó complejas estrategias y el campo de batalla.

Nos demostró que cargaba con tres tesoros:

▸ *Compasión*: Al tener compasión por uno y por otros podemos ser valientes y justos.
▸ *Moderación*: Al moderarnos, somos generosos e invitamos otros puntos de vista.
▸ *Soltar el poder*: Al no querer el poder, podemos gobernar y trabajar en conjunto.

> Al ser valientes sin compasión,
> generosos sin moderación,
> y al gobernar queriendo el poder, todo muere.
> Al luchar con compasión encontramos la victoria real.
> Ante los que luchas estarán a salvo, y se brinda
> un encuentro justo.
>
> Tao

Al luchar no salgas en oposición a lo negativo, encuentra la manera de alinearte a lo positivo. Cuando te enfrentas en contra de algo, aunque ganes no habrá victoria. Lo que rechazas cobra fuerza. Como lo expresa Martin Luther King: "Regresar odio por odio multiplica el odio, añadiendo oscuridad a un cielo ya escaso de estrellas. Sólo la luz puede crear luz. El odio no nos puede saciar de nuestro propio odio. Sólo el amor puede hacer eso".

El verdadero progreso de un conflicto se logra cuando lo trascendemos, cuando nos elevamos de las circunstancias actuales y con nuestro esfuerzo creamos una nueva realidad. En lugar de reaccionar a problemas viejos, el verdadero guerrero reconoce que lo óptimo se vincula al innovar. Es acercar a otros a una visión nueva, una que unifica y arroja esperanza. Es un proceso creativo, que requiere poner estrategias en marcha, para lo que Bolívar era un genio: operaba desde la imaginación, su mente era brillante y ágil, y su energía, tenaz. Entendía que no era sólo salir a pelear. Su sueño era establecer una nueva cultura.

Para partir desde la fuerza, enmarca tus retos y tu esfuerzo en una luz positiva. Haz de cada circunstancia una oportunidad y no un obstáculo. Es cuestión de implementar una actitud y un enfoque adecuado en cada momento. Por cada situación negativa que crees que te apremia, que te invita a un pleito sucio, hay un giro para convertirla en una misión válida. Observa con diligencia, comprométete a actuar desde la conciencia y encontrarás nuevos caminos. Los esfuerzos deben ser dirigidos a inspirar, a reformar, y no a estancarnos en hostilidad y conflicto. Destruir algo se logra en un día, sin embargo construir es una tarea de una vida entera, o incluso de varias vidas.

La finalidad es hacer una diferencia provechosa para la gran mayoría. Ése es el mayor reto de una persona como Bolívar. Nos enseña a conquistar de manera majestuosa, a brindar un nuevo entendimiento de la humanidad. Como líder vislumbró nuevas realidades y así su percepción única pudo guiar a otros. Al elegir ser guerreros en la vida, indudablemente las derrotas se vuelven parte del camino. Y tener éxito o no muchas veces no está bajo nuestro control. También lo que suceda con el desenlace de nuestras acciones puede ser sólo evaluado como éxito o fracaso en un espacio mucho más profundo, fuera de la mente analítica, que tiene una percepción superficial de lo que realmente significa una victoria. A lo largo de la humanidad, lo que hoy puede parecer una ganancia, en un futuro se puede apreciar como una pérdida o viceversa.

Cuando se espera un resultado específico, desenfocamos nuestra atención. Ésta debe mantenerse en nuestra manera de actuar, una que nos honre. Debemos evaluar siempre todo lo que está en juego, manteniendo el equilibrio entre el ser y el hacer. Durante la virtuosa y compleja vida de Simón Bolívar, en la que se hizo un maestro de las derrotas, entendió que el deseo de actuar y el fruto de las acciones tienen que mantenerse separados. Para la mente es muy fácil enredarse en los resultados y ahí nos perdemos entre dolor y felicidad. Esta oscilación crea una vida perturbada, distraída y enfocada en lo exterior. Cuanto más miramos hacia fuera, los sentidos se pierden en donde no tenemos poder ni decir; y entre más nos dejamos ir, más deseos y apegos nos aprisionan. La mente debe mantenerse sólida frente a los vientos de pérdida y ganancia o el ciclo de dolor estará tocando la puerta permanentemente.

Otra trampa común de la lucha es que puede alejarte del presente, y lejos del hoy perdemos nuestra fuerza. Dejamos de vivir en el momento cuando los esfuerzos se llevan a cabo sólo para cumplir o conseguir algo con vistas a un futuro. Ahí se nos pierde la brújula, la paz. Algo similar le sucedió a Simón Bolívar al final de su vida: al no soltar la idea de lo que para él significaba la victoria, al vivir apegado

a un resultado específico, se deprimió y menospreció sus aciertos, sus victorias.

Bolívar vio cómo sus estrategias y levantamientos posibilitaban la independencia de naciones; sin embargo, constató que el pensamiento de los habitantes y sus deseos estaban radicalmente divididos. Fue testigo de la separación de estas naciones cuando su sueño siempre fue la unión de América. Pese a que no logró su último cometido, *una sola nación*, su influencia ha sido inmensa para Latinoamérica. El pensamiento y la promesa que traía Simón Bolívar a los pueblos sirvió como un pilar de fe e inspiración para muchos que vivían en condiciones inhumanas en su propia tierra a manos de los conquistadores.

Para convertirnos en lanzas de esperanza debemos integrar nuestro cuerpo, alma y mente. Es necesario eliminar los conflictos internos. No es válido salir a la guerra con un corazón cargado de ira, o con sed de venganza y con ganas de sobajar a otros. Lo único válido es luchar con el alma en paz. Nuestros "enemigos" deberían quedar en la mejor posición posible con nuestro actuar. Se habla de una manera de ser que busca la justicia y un bienestar holístico, reconociendo que dicha "justicia" no está basada en una percepción personal. El paso del tiempo es el único dueño del equilibrio. La humildad y la discreción son las virtudes del más fuerte. Es imprescindible evaluar en todo momento que nuestros juicios no sean plataformas para discriminar a otros. Debemos eliminar posturas de soberbia y ataque, o la necesidad de destacar las fallas de los demás con el fin de ocupar sillas antagónicas. Ésta no es una manera honrada de actuar.

Reflexiona. Piensas que si hoy consigues determinado objetivo, ¿estarás en paz? Contempla con curiosidad qué te mueve a la batalla, ¿nace del amor o del miedo?, ¿del ego o del espíritu? ¿Buscas poder o bienestar?, ¿ataque o calma interior? ¿Cómo dejas a la otra persona con tus actos? ¿Tu intervención construye o destruye a los demás? ¿Por qué luchar y para qué?

Como seres humanos todos pasamos por estados de tristeza, ansiedad, desánimo o frustración. A veces somos capaces de aceptar lo que vivimos, pero otras somos incapaces de adaptarnos a una situación o a un medio ambiente, aunque sabemos que debemos hacer una diferencia. Entonces es cuando entendemos que un guerrero tiene que luchar: su espíritu lo llama. Existe una inconformidad que debe ser saciada. Así como en un hospital un médico tiene que curar, en cada lugar de la vida hay un papel definido al que nos debemos enlistar, que se conoce como el *dharma*. En sánscrito esta palabra significa "propósito de la vida", y esta ley dice que nos hemos manifestado en forma física para cumplir un fin determinado. El campo de la potencialidad pura es la divinidad en su esencia, y la divinidad adopta la forma humana para cumplir un propósito en uno y con otros.

Según esta ley ancestral, cada uno de nosotros tiene un talento único y una manera personal de expresarlo. Contamos con cualidades específicas que vinimos a manifestar para contribuir al bien común. Podemos vivir esquivando nuestro *dharma*, pero la vida a nivel más profundo te pide que te comprometas con él y esto estabiliza tu energía para vivir desde la integridad.

Si somos conscientes de nuestro *dharma*, que se descubre cuando sentimos que nuestra vida se conduce por un sendero de bienestar, de la necesidad de nuestra alma de manifestarnos, tratamos de hacer lo mejor posible. Así este *dharma* nos libera de comportamientos o estados de ánimo negativos que nos pueden atar. Las enseñanzas dictadas desde la antigüedad a los guerreros afirman que para ser un buen soldado, como Simón Bolívar, la mente es lo primero que debemos entrenar.

Hay tres cosas que se deben tomar en cuenta para conquistar el comportamiento mental:

- El apego
- El miedo
- La ira

El *apego* representa una conexión, asociación, o relación con otro o con algún objeto que nos aleja de la individualidad y la fuerza. Por sentir dependencia en algo exterior, desalineamos nuestro *dharma*. Nos distraemos de nuestro propósito personal al pensar que necesitamos de alguien o algo para sentirnos realizados. Los sentidos son fuente de nuestros apegos, tanto físicos como internos: los internos son los *vrittis* mentales (la corriente de pensamientos que nos llevan a su merced). Es necesario cultivar el desapego de los sentidos, tanto físicos como internos, para lograr serenidad y objetividad.

El *miedo* representa la inseguridad, ya sea financiera, personal, familiar o social. Se manifiesta en conversaciones como: "¿Estará segura mi familia?", "¿Tengo recursos financieros para comprar mi comida hoy o tal vez en un mes?", "¿Moriré hoy o mañana?", "¿Seré capaz?" Pensamientos como estos indican alteración mental y emocional. Lejos de llevarnos a acciones efectivas nos paralizan y nos achican frente a lo que vivimos. Son pensamientos cuyo mayor propósito es robarnos la paz.

La *ira,* es enojo, agresión o ansiedad. Nos invita a la reactividad y las ganas de atacar. Cuando el guerrero se pierde en la ira, la batalla se vuelve personal y acerca del ego. Es importante liberarnos de las garras de las emociones fuertes y de los patrones negativos de la mente.

La escucha y los espacios de silencio son vitales para el que lucha. Sin embargo, aislarse no significa salirte del mundo, sino involucrarse más en él. Te ayuda a extender el conocimiento de cada situación, te aclara tu deber, equilibra el estado de ánimo para no empañar la verdadera intención de tus acciones. El silencio se utiliza para aumentar la conciencia de ti mismo, de cómo te comportas en diferentes momentos y situaciones. Escuchar te hace estar siempre abierto a la retroalimentación, a otros puntos de vista, pero también a invitar opiniones de otros para indagar lo que es válido dentro de cada situación. Es fácil que te pierdas en tu diálogo interno (ése que tiene que ver con los pensamientos, con el ruido mental), que nos ceguemos, y que sean otros los que funjan como nuestros espejos y los que nos mantengan en un carril legítimo.

Al hablar de guerra y de enfrentamientos mortales para mí surgen muchas preguntas, aunque tus ideales sean nobles:

- ▶ ¿Cuándo se justifica ensuciarse las manos de sangre?
- ▶ ¿Es benevolente conquistar un objetivo, olvidando la hermandad que nos une a todos como seres humanos y comenzar a vernos como enemigos?
- ▶ ¿Se justifican las matanzas por conquistar una libertad, aunque muchos inocentes se vean perjudicados?
- ▶ ¿Podríamos conquistar los mismos objetivos sin tener que acudir a la guerra?

Se dice que lo que marca la gran diferencia en la vida de los seres humanos son las preguntas que nos hacemos. Cuestionarnos cambia cómo vemos las situaciones, sin necesariamente esperar respuestas. Así, vivimos en cuestionamientos abiertos a múltiples respuestas; cada quien tendrá su opinión, pero lo interesante es tener a la mano alternativas que nos permitan evaluar antes de ponernos en acción. Es necesario indagar para qué queremos usar nuestra vida y sobre todo las consecuencias de nuestro legado en futuras generaciones.

Los pilares de Simón Bolívar
Anatomía hipotética

Simón Bolívar fue estadista, político, guerrero, pensador, lector, escritor y libertador de América. Es inevitable mencionar el enorme legado que dejó en su camino. Fue un hombre adelantado a su tiempo, con defectos y virtudes como tenemos todos los seres humanos, pero que tuvo un sueño, como cualquier persona, y lo llevó a cabo con valentía y aplomo. Se puso de pie ante la vida, y para mí eso ya es una gran inspiración. Se educó, leyó, aprendió y fue una luz de libertad. Se necesita un gran espíritu para querer hacer una diferencia en la vida de tantos. Y sobre todo seguir en contienda cuando en largas temporadas los vientos no parecían ir a su favor.

Exploremos a Simón Bolívar desde el punto de vista de los pilares del Coaching MMK.

Pensamientos

La mente de Simón Bolívar era ágil, rápida y con capacidades superdotadas. Me imagino que tenía esa inusual capacidad que tienen pocos de comprender tanto lo analítico como lo profundo y lo filosófico. Era de esas mentes lúcidas que pueden vislumbrar muchas más posibilidades de las que se aprecian a simple vista. Dicen que el Libertador podía hacer de tres a cuatro dictados a la vez con un castellano elegante y complejo, por lo que creo que sus pensamientos eran de muchas índoles. Muchos de sus pensamientos los puso en voz fuerte y nos arrojan reflexión aun en estos tiempos; los que creo que enmarcan su complejo personaje son así.

- ▶ La moral y las luces son nuestras primeras necesidades.
- ▶ Un hombre sin estudios es un ser incompleto.
- ▶ Un pueblo ignorante es un instrumento ciego de su propia destrucción.

► Las naciones marchan hacia el término de su grandeza con el mismo paso con el que camina la educación.

► La mejor política es la rectitud.

► Saber y honradez, no dinero, es lo que requiere el ejercicio del poder público.

► El modo de hacerse popular y de gobernar es el empleo de hombres honrados, aunque sean enemigos.

► Son los hombres, no los principios, los que forman los gobiernos.

► Los códigos, sistemas y estatutos, por sabios que sean, son obras muertas. Hombres virtuosos, patriotas e ilustrados constituyen las repúblicas.

► Los hombres públicos están sujetos a la censura de todos los ciudadanos.

► La primera de todas las fuerzas es la opinión pública. En todo gobierno democrático se debe consultar y oír a los prudentes.

► Quizá el grito de un ciudadano pueda advertir la presencia de un peligro encubierto o desconocido.

► Una protesta a tiempo destruye el efecto de concesiones simuladas.

► El que manda debe oír aunque sean las más duras verdades.

► La gloria no es mandar, sino ejercitar grandes virtudes.

► Más cuesta mantener el equilibrio de la libertad que soportar el peso de la tiranía.

- La soberanía del pueblo es la única autoridad legítima de las naciones.
- El sistema de gobierno más perfecto es aquel que produce la mayor suma de felicidad posible, de seguridad social y de estabilidad política.
- La necesidad no conoce leyes.
- Nada es tan peligroso como dejar permanecer el poder por un largo tiempo en un mismo ciudadano.
- Quienes se creen hombres de Estado deben preverlo todo, obrar como tales y probar con resultados que efectivamente son lo que se creen.
- No caben en el estadista la improvisación, el fracaso ni la imprevisión.
- Para formar un legislador se necesita educarlo en una escuela de moral, de justicia y de leyes.
- Necesitamos trabajar mucho para regenerar un país y darle consistencia; por lo mismo, paciencia y más paciencia, constancia y más constancia, trabajo y más trabajo, son necesarios para tener patria.
- El ejercicio de la justicia es el ejercicio de la libertad.
- El arte de vencer se aprende en las derrotas.
- La corrupción de los pueblos nace de la indulgencia de los tribunales y de la impunidad de los delitos.
- El valor, la habilidad y la constancia corrigen la mala fortuna.
- Para juzgar las revoluciones y a sus actores es menester observarlos muy de cerca y juzgarlos muy de lejos.
- Dios concede la victoria a la constancia.

Cultura

Simón Bolívar nació en una cuna de privilegio, en un momento histórico en que se establecía un orden geográfico en el mundo. América era un territorio tierno, había mucha historia pero también muchas posibilidades de cambio y transformación. El tiempo que pasó Bolívar en Europa lo llenó de sueños; su pecho se llenó de ganas, quiso implementar cambios y reformas nuevas para América. Leyó a los grandes filósofos y estudió para llenar su espíritu de aires de libertad. Soñaba con que América se volviera fuerte frente al mundo, que tuviera su propia identidad. El mundo para Bolívar era grande, pero a su vez se volvió pequeño porque se adueñó de lo que quería lograr. Parecía galopar por él con la certeza de lograr sus objetivos. Fue un momento clave de la historia en el que las circunstancias coincidieron para que un fenómeno como Simón Bolívar se llevara a cabo.

Creencias

Una persona como Bolívar debió anclarse en creencias sólidas que no lo rompieran en las caídas. Me parece que el haberse quedado huérfano y viudo tan joven le hizo enmarcar su vida en creencias que fueron propulsoras del hombre que se volvió. Sus creencias fueron:

▶ Puedo hacer de mi vida un instrumento de cambio. Lucharé sin fin, nada me ancla.

▸ Con la fuerza de mi visión guiaré e inspiraré a otros para que luchen conmigo; es más fuerte nuestra sed de libertad que sus armas.

▸ La justicia es mi prioridad, no deseo lujos, títulos, ni ataduras. Quiero seguir mi sueño de libertad y unión.

▸ Mi alma volará a donde se necesite mi tesón de lucha.

Lenguaje

Simón Bolívar logró un lenguaje complejo, multicultural y privilegiado. La gran influencia que tuvo tanto de maestros como de los lugares en los que pudo estudiar lograron que estuviera lleno de conocimientos e ideales; su visión del mundo se volvió vasta y futurista. Cuando regresó a América, el poder de su lenguaje, tanto interno como externo, movió a personas a generar un nuevo establecimiento social. Se dice que "tu lenguaje crea tu realidad", y Simón Bolívar compartió la riqueza de toda una nueva conversación para modificar la realidad de otros al implementar un nuevo lenguaje cultural para esa época en América.

Emociones

Simón Bolívar, como muchos de los líderes que hemos conocido en este libro, coincide en el común denominador de una fuerza emocional sólida. No sé si nació con ella o si las circunstancias de su vida lo forjaron. Tuvo la invitación a hacerse víctima de sus circunstancias y llorar su soledad o establecerse según sus vivencias y usar eso para fortalecerse y afrontar las muchas derrotas que vivió a lo largo de la vida. Parece que se hizo de una piel gruesa que protegía su vulnerabilidad, una que se fue desvaneciendo a lo largo de la vida hasta que su alma quedó a flor de piel al morir. La tristeza de verse fuera de sus sueños y su patria lo minó.

Declaraciones

En este caso es clarísimo cómo una declaración hecha en comunión con el corazón, nuestras emociones y una total convicción hacen que algo suceda dentro y fuera de nosotros. Todo cambió después de haber manifestado esas palabras. Lo dicho se volvió la guía, el destino, y el camino a recorrer. Ese poder tienen las declaraciones. Ese poder tiene lo que decimos. Simón Bolívar declaró: "Juro por el Dios de mis padres, juro por ellos, juro por mi honor y juro por mi patria que no daré descanso a mi brazo ni reposo a mi alma hasta que haya roto las cadenas que nos oprimen por voluntad del poder español".

Ego

Sin duda el ego de Simón Bolívar fue algo con lo que tuvo que lidiar, y probablemente mucha de su valía la puso en conquistar sus sueños. A veces a muchos seres humanos nos pasa algo similar: nos proponemos un sueño y comenzamos a vivir por él. Éste nos alimenta la vida y nos da un propósito. Cuando el sueño comienza a materializarse nos sentimos plenos y satisfechos, pero si las cosas no van a nuestro favor nos sentimos sin identidad; hemos creado tanto apego a los sueños que sentimos que si no triunfamos no valemos o que no merece la pena vivir. El equilibrio se vive cuando actuamos en función de nuestro propósito, pero no nos aprisiona. Podemos sentirnos plenos y satisfechos también por sólo ser.

El guerrero en la lucha

Exploremos las siete virtudes o principios que establecen a un guerrero. Luego evalúa cuales viven en ti:

- *Rectitud*: Se siembra en la verdad del ser. Sigue normas de ética y espirituales como la integridad, la honestidad y una moral firme. Es derecho en sus actos.
- *Valentía*: Es la cualidad de una persona de carácter seguro que no es intimidada ni limitada por el miedo. Tiene la habilidad de hacer hazañas que la mayoría de las personas temerían. Como dijo Mark Twain: "La valentía no es la ausencia de miedo, es actuar a pesar de él".
- *Benevolencia*: Es la disposición de hacer el bien, de dar a otros, de actuar con generosidad.
- *Respeto*: Es una actitud de considerar una alta opinión de uno y de otros. Honrar y admirar.
- *Honestidad*: Es el acto, cualidad y condición de ser transparente y alineado a la verdad.
- *Honor*: Ver en alto algo o a alguien, honrarlo.

▶ *Lealtad*: Ser fiel a una causa, costumbre, persona, etcétera. Es estar alineado con su bienestar total.

Adoptar estos siete principios establece la fortaleza de cualquier ser humano; permite la paz en la serenidad y eficacia en la acción.

La perseverancia

Marie Curie

La vida no es fácil para ninguno de nosotros. ¿Pero qué hay con eso? Tenemos que tener perseverancia y, sobre todo, confianza en nosotros mismos.

Marie Curie

Manya Sklodowska cuando nació, Marie en París, Madame Curie al casarse con su amor Pierre Curie. Poseedora de una inteligencia y un tesón únicos. Heredera de su tiempo: la modernidad, puerta al siglo xx que todo lo envolvía con sus preceptos de progreso, ciencia y tecnología. Portadora de la luz, del rayo, de la luminosidad de una nueva era: la de la radiactividad, resplandor divino e infernal. Una científica convencida de los aportes de la química y la física para el bien de una humanidad tan frágil. Ella en medio de una época difícil para ser mujer porque la razón y la inteligencia les estaban negadas. Aun así fue la primera en ganarse un Nobel; después, la primera persona en ganarlo dos veces, además de la primera mujer en licenciarse en ciencias en la Sorbona y doctorarse en Francia y tener ahí una cátedra. Fue reconocida no sólo como mujer de ciencia, sino como un ser que tuvo las mismas capacidades que los hombres; mejor dicho, mejores que la mayoría de ambos sexos, como bien lo anotó Rosa Montero.

Manya nació en Varsovia el 7 de noviembre de 1867, en una Polonia reprimida por Rusia. Con mirada dura, penetrante, miró ese mundo difícil de transformar, pero no imposible. Su lengua estaba prohibida, silenciada, no así su espíritu. Desde muy joven consolidó ideas nacionalistas y humanistas, metáforas de ella misma: defender Polonia (tierra dividida entre Rusia, Austria y Prusia), sostenerla en alto, como se sostuvo a ella misma, a veces de manera casi imposible.

Llegó al mundo en el seno de una familia grande, siendo la menor de cuatro hermanas y un varón. Su inteligencia y perseverancia no fueron casualidad, pues sus progenitores fueron personas cultas y trabajadoras. Su padre era profesor de matemáticas y física en una escuela secundaria, y su madre directora de un colegio prestigioso para señoritas. Sin embargo, el conocimiento y la preparación académica no bastaban para evadir las dificultades económicas. Manya tuvo que lidiar con carencias materiales durante casi toda su vida, lo cual, por supuesto, no le impidió ninguno de su logros.

Su niñez fue triste. Tal vez su mirada inquisitiva se convirtió en la muralla que resguardaba esa pena tan honda, y en el arma para enfrentarse al mundo. Cuando tenía nueve años su hermana mayor murió de tifus; dos años después le siguió su madre por tuberculosis (aunque la tragedia comenzara desde antes, desde que ésta no la tocara más por miedo a contagiar a la pequeña; ella no entendió la razón y se sintió rechazada). Le quedaban su padre, su hermano y sus otras hermanas, en especial Bronya. Le sobraba su inteligencia, lo sabía.

En 1883, cuando terminó la secundaria, Manya sufrió una depresión profunda. Imaginó cómo las cobijas la cubrían completa; tras el ventanal no miraba siquiera la luz que tanto le gustaba; el frío era su cómplice junto a la oscuridad. El tiempo se detuvo. Escuchaba su respiración sin saber si era de día o de noche. A veces parecía asfixiarse, jadeaba, respiraba como una manecilla cuya cuerda fuera excesiva. El llanto no liberó los ríos de tristeza y desesperanza. No era sólo la ausencia materna. Era un alma sensible, rodeada de una situación desoladora. Su inteligencia debía ser sofocada por una sociedad que le brindaba pocas opciones: esposa, madre, maestra de escuela, enfermera, institutriz (lo cual era denigrante: una mujer instruida dando clases a las hijas de los ricos para convertirse más tarde en un objeto casi ornamental para algún esposo). En Polonia no había manera de estudiar una carrera universitaria, pues estaba prohibido para las mujeres. Punto. Cualquier profesión que siguiera sería insultante, siempre al servicio de varones que lograran tareas importantísimas para la sociedad. ¿Qué oportunidades eran ésas para un cerebro de su grandeza, que así como entendía ecuaciones matemáticas y fórmulas químicas, también escribía maravillosamente? El campo, las flores y los árboles le encantaban. Su cuerpo alto y fuerte gozaba de largas caminatas entre vientos, lluvias y rayos solares, de hacer ejercicio, de andar en bicicleta. Entonces, en la casa campirana de unos parientes se recuperó de la melancolía que la arrancó de la realidad a lo largo de un año.

Era 1884 cuando volvió a Varsovia llena de sí misma, de convicciones, de ideas. Se volvió estudiosa de las teorías de Comte, fue una positivista completa, excepto cuando las pasiones la enamoraban sin explicación (porque Manya se enamoró, y no sólo una vez). La posición económica de la familia Skłodowska obligó a la joven a trabajar como institutriz para dos de las hijas de los acaudalados Zorawski, en Szczuki, al norte de Varsovia. Su mente no se agotaba con dar esas clases de rutina. Le sobraba ímpetu para organizar una escuela que enseñaba a leer y escribir en polaco, no en ruso, a los hijos e hijas de obreros y campesinos. Sus horas libres no se desperdiciaron en añorar vestidos elegantes ni labios pintados ni bailes ni fiestas de la clase burguesa (por el contrario, siempre se preocupó por vestirse lo más austera posible, era parte de su personalidad, tal vez una distinción consciente para hacer notar sus intereses por ir en contra del estereotipo tradicional femenino).[1] Después de despedir al último alumno, se dedicaba a estudiar lo que le gustaba: física y matemáticas. También escribía, y muy bien, sobre todo cartas a su padre y hermanas.

En esa vida llena de números y letras hubo tiempo para el amor. Se enamoró del joven Kazimiers Zorawski, y él de ella. Manya tenía debilidad por las mentes brillantes. Él, bien parecido, poseía una inteligencia privilegiada, casi como la de su novia. Sin embargo, este amor no pudo continuar. La inteligencia de Kazimiers fue menor que su ambición, y cuando sus padres amenazaron con desheredarlo si se casaba con la institutriz él obedeció el mandato familiar. Manya tuvo que soportar la humillación y continuar dos años más trabajando para la familia como lo indicaba

---

[1] Rosa Montero, *La ridícula idea de no volver a verte*, Barcelona, Seix Barral, 2013, p. 43.

el contrato. Estaba destrozada. El amor interrumpido casi la aniquilaba. Pero había una tristeza más profunda, una impotencia diría yo: la desesperanza de no desarrollar sus plenas capacidades. Cada vez que deseaba algo, lo veía frustrado. Su futuro era un abismo. Era mujer, y las mujeres no tenían vidas profesionales exitosas; era mujer y debía casarse, pero el hombre que amaba estaba fuera de sus posibilidades.

Los impulsos de Manya le dictaban continuar. Estaba convencida de que debía seguir sus estudios científicos. La perseverancia la ayudó a no caer por completo en la tristeza y la amargura, que por momentos parecía que la arrastraban hacia la cueva más honda en las montañas más lejanas. En el verano de 1889, por fin regresó a Varsovia, pero sin deshacerse de la melancolía. No abandonó el trabajo como institutriz, no podía hacerlo. Estudió en una universidad clandestina, Uniwersytet Lataj cy, que permitía la entrada a mujeres. Pero su tristeza no cesó. El camino se miraba corto, era más que un camino, una zanja en donde no cabían las ilusiones.

Hay amores profundos que te mantienen a flote. Manya y su hermana Bronya mantuvieron un pacto: las dos vivirían en París para lograr su sueño. La universidad era posible. Manya trabajaría mientras su hermana estudiaba medicina, y cuando la segunda lograra terminar sería el turno de que Manya entrara a la carrera de física. El acuerdo se sostuvo. La solidaridad fue otro valor intrínseco en esta joven. El año de 1893 fue testigo de una mujer licenciada como física en la Sorbona, y un año más tarde, gracias a una beca por sus excelentes calificaciones, obtuvo también la licenciatura en matemáticas. El trabajo la sacó a flote. Casi no comía; estudiaba, trabajaba duro, se alimentaba de rábanos, cerezas, a veces chocolate y algún huevo. Anotaba. Se sentaba en la primera banca. Escuchaba. El silencio la convertía en figura enigmática. El frío europeo era casi insoportable, pero ese cuerpo genéticamente dotado para demostrar voluntad la ayudó a sobrellevarlo. La melancolía quedó atrás, era parte de un pasado reciente guardado bajo llave. Fue entonces cuando el corazón estuvo listo. Marie (en París se cambió el nombre, quizá para que fuera un nombre de fácil pronunciación o para mostrar un ser renovado) conoció a un físico parisino, Pierre, y a su cerebro luminoso, interesado en lo que después se llamaría la piezoelectricidad. Un amigo en común los presentó. Ella tardó en enamorarse, pero lo hizo y se casaron en París (aunque esto significó no volver a Polonia con su padre y sacrificar el deseo de acompañarlo en su vejez). Se entregó a él y con él a una vida acorde a ella o viceversa. Era un amor dedicado a la ciencia; dos cerebros dedicados al amor; un corazón abierto al conocimiento, a la generosidad y a la solidaridad. Dos seres que se convirtieron en uno solo, en apoyo, en comprensión. La pasión transformada en perseverancia, la reunión de todas las virtudes, actuó al servicio de la ciencia, de la humanidad. En esa unión nacieron no sólo Irene y Eva, sus hijas, sino también el polonio y el radio.

Los recursos económicos no mejoraban. Su fuerza interior era la que la guiaba hacia un objetivo del que bien a bien no se sabía el resultado. Marie y Pierre desarrollaban sus estudios en un cobertizo que había servido como almacén en la Escuela de Física y Química Industrial, donde él trabajaba. Los vidrios estaban rotos, el frío a veces era casi insoportable. Ahí tenían pipetas, ollas, estufas, mecheros, recipientes, botellitas cristalinas. Marie estaba decidida a terminar su doctorado con un tema virgen: la energía emitida del uranio, la radioactividad. Ella iba y venía entre fuegos y humo cargando kilos de pecblenda[2] de un lado a otro. Mezclaba, calentaba, utilizaba el electrómetro (inventado por su marido y el hermano de éste), observaba, anotaba. Sus neuronas se movían a velocidades maravillosas, chispeantes. Su cuerpo resistía. Mordisqueaba una salchicha a lo largo del día, nada más. Pierre se unió a las investigaciones de su mujer. No podía dejar pasar esas ráfagas de luminosidad. Era la seducción pura.

El logro llegó: había algo más radiactivo que el uranio. En 1898 descubrieron el polonio y poco después el radio. Más tarde, sus conclusiones fueron que la radiación provenía del átomo. Nadie pudo advertirles del peligro que la radioactividad causaba. Marie y Pierre continuaron agotados sus estudios; sobre todo ella, que además de trabajar en el laboratorio y dar clases, atendía a las niñas y el hogar (parece que ésas no eran labores compartidas en el matrimonio Curie). Las manos quemadas y los dolores en los huesos se agudizaban, igual que el agotamiento. Sin embargo, el trabajo era primero. Es probable que la radiactividad embelesara a esta mujer, aun siendo advertida de que su salud corría peligro (posiblemente lo intuía). De noche el laboratorio era un universo diminuto donde resplandecían lucecitas

---

[2] Mineral de uranio en cuya compleja estructura química se encuentran varios metales raros, entre ellos el radio. (Nota del editor.)

fosforescentes, como hadas, como estrellas, como espíritus.[3] Rayos adictivos. Una estética imposible de abandonar. Sus investigaciones le valieron a la pareja el premio Nobel de física en 1903. Un premio compartido que querían otorgarle sólo a él, algo que ella no permitió. Pierre levantó la voz porque Marie debía recibirlo también. Sí, una mujer atea y polaca.

La salud de Pierre era endeble. Marie había sufrido un aborto antes del nacimiento de Eva y se sentía triste otra vez. El trabajo siguió y logró evadirla de su vieja enemiga, la melancolía.

La generosidad era otra característica de los Curie. El dinero del Nobel no lo atesoraron, lo regalaron a familiares y a instituciones de beneficencia, además de acondicionar un laboratorio y pagar un asistente. La ciencia debía servir a la sociedad. Sus descubrimientos estaban pensados para curar el cáncer. El dinero recaudado por ello debía volver a quienes lo necesitaban.

En 1906 otra tragedia ocurrió: Pierre Curie murió atropellado por un carruaje. Semejante hecho desbastó a Marie. Durante un año ella le escribió en su diario; le dedicó cada línea, cada silencio en la vida aislada que decidió llevar por un tiempo. Su trabajo mantenía ese cuerpo largo erguido, yendo y viniendo, exponiéndolo al elemento que podía prolongar la vida o aniquilarla lentamente. Madame Curie suplió a su marido en la cátedra que éste daba en la Sorbona, y que le fue ofrecida después del gran premio. No sin obstáculos, fue la primera mujer de Francia en ser docente en enseñanza superior.

---

[3] *Op. cit.* Rosa Montero.

Por las noches, posiblemente cuando la tristeza era terrible y parecía ahogarla, levantaba la vista hacia la cabecera de su cama para admirar el resplandor que descansaba en un tubito transparente. Dormía con ella la fuerza del universo, una estrella terrestre, fuerza contenida por poco tiempo.

Madame Curie nunca dejó de usar el apellido de Pierre. ¿Eran usanzas de la época sexista o tal vez un gesto de amor por su memoria? ¿Quizá ambas?

Física, matemática y química, Marie Curie jugaba con las fuerzas creadoras en su laboratorio. Cuatro años más tarde se enamoró otra vez. Se enamoró como sabía enamorarse, arrebatadoramente. El elegido fue el físico eminente Paul Langevin. Marie dejó a un lado sus vestidos oscuros y sobrios para vestir de blanco y adornar su cintura con una flor; su mirada se iluminó como sus luces preciadas. La pasión se encendía tras las puertas de hoteles, rodeada de sábanas satinadas. Los cabellos rubios electrizados se suspendían durante horas en la energía de dos seres llenos de vida. Sus neuronas se manifestaban por cada poro, por cada gota, por cada sonido nacido del placer. Sólo había un problema, como nos dijo Montero: Paul era casado y nunca se divorció. Peor aún, Curie se vio envuelta en escándalos y humillaciones gracias a que la esposa de éste los descubrió. Quisieron negarle el segundo Nobel usando como pretexto estos episodios de su vida personal. Seguramente era la herida por donde supuraba envidia y coraje, pues en una mujer premiada de esta manera era inaudito. Pero Madame Curie no lo permitió. Su trabajo la respaldaba. Ella misma se defendió alegando que una cosa no tenía que ver con la otra. El Nobel de Química llegó en 1911.

Marie siguió con su trabajo y sus convicciones. La ciencia era la explicación a todo y debía estar al servicio de la sociedad. Su hija Irene trabajó muy cercana a ella (en 1935 un Nobel llegaría para ella y su esposo, por el descubrimiento de la radiactividad artificial). Luego la Primera Guerra Mundial estalló. Había que poner a salvo la reserva de radio en Francia para alejarla de los alemanes. Ella sola lo trasladó de París al lugar en donde se había trasladado el gobierno francés, Burdeos, en una maleta con la cual durmió, una a merced de la otra.

Pero su tarea heroica no terminó ahí. Las bombas irrumpían en los campos de batalla; los heridos se cuantificaban por centenas. Marie no podía refugiarse en su laboratorio. No era el momento. Decidió aprender a manejar. Conduciría las "pequeñas Curies", unidades móviles motorizadas cargadas de equipos de rayos x para detectar los proyectiles en los soldados caídos en el frente. Capacitó al personal necesario y salió a recorrer las trincheras. No era Polonia, era Francia. Era un sentido de humanidad, de solidaridad, de generosidad.

Su carácter fuerte, apasionado, amoroso a su manera, y sus ideas firmes la condujeron en la vida. Ganó múltiples premios y reconocimientos después de los Nobel. Sin embargo, el poder que otorga el conocimiento, y la fama, nunca cambiaron su esencia. Su amigo Albert Einstein afirmó: "Madame Curie es, de todos los personajes célebres, el único al que la gloria no ha corrompido".

Manya, Marie, Madame Curie, murió a los sesenta y siete años de edad. Su deceso fue causado por la radiactividad. Año tras año su cuerpo envejeció prematuramente.

Sus huesos y entrañas resentían la luz incandescente en silencio. Fue una mujer que nunca se quejó de su situación. Enmudecía por momentos. La melancolía la envolvía, pero jamás tuvo una sola queja ante los momentos difíciles. Trabajó sin cesar, porque ahí fue donde se realizó como ser. Su cuerpo fue un vehículo para irradiar conocimiento. El bien está hecho.

Y ahora que la miro de frente en uno de sus retratos (con el cabello rubio cenizo recogido, casi electrizado, sin una sonrisa ni por asomo, con labios sellados, delgados) su mirada me parece melancólica, como si fuera un alma cuya esperanza es inquebrantable a pesar del largo camino que hay que recorrer. La luz es su guía.

UNA MIRADA DESDE EL COACHING

Al transportarnos al entorno nebuloso, reprimido, y hasta sofocado en el que propone proyectarse una vida como la de Marie, nos acercamos a comprender lo que el coaching propone como uno de sus principios: "No somos nuestras circunstancias". En dónde nace alguien, cómo nace, y los recursos que tiene en un determinado momento no deben frenar a una persona que carga el tesón de manifestar su inquietante destino. Marie nos demuestra que a pesar de lo establecido, el ingenio, la confianza en uno mismo y echar mano de nuestro ímpetu logran abrir un camino más allá de lo predeterminado a nivel terrenal.

Lo que conocemos como la "realidad" no es más que acuerdos de lenguaje. Los seres humanos establecemos de manera lingüística cómo funciona el mundo para nosotros. Muchos nacimos dentro de acuerdos preestablecidos por nuestros antepasados, por nuestra cultura o familia. Sin cuestionar, reforzamos una "realidad" que a muchos nos consume y condiciona. Por ejemplo, la política: una organización que comprueba su falla social y el objetivo por el que fue creada. Lo palpamos una y otra vez, pero no proponemos nuevas maneras de organizarnos, sin necesidad de depender de cuerpos gubernamentales. Los hospitales y la manera mecánica de sanar olvidan el espíritu y la sanación holística. El dinero es sólo un acuerdo creado hace más de 150 años. Algunos reconocemos ahora que el sistema económico que nos rige, propuesto en primera instancia por Adam Smith en 1776, se ha establecido hasta el punto de apreciarlo como la única opción para distribuir bienes y recursos. La mitad de la población del mundo vive sin poder cubrir sus necesidades básicas y tres billones de personas viven en pobreza extrema. De la riqueza mundial 51% por ciento pertenece a corporaciones, entidades creadas para arrasar con la distribución de la misma. Las guerras son acuerdos o desacuerdos de lenguaje. A través del lenguaje creamos el futuro y vivimos. Muchos accedimos a estos acuerdos sin siquiera cuestionar su origen, funcionalidad o consecuencias. Nos dormimos cuando nos volvemos una pieza más de sistemas preconcebidos que alimentan los intereses de pocos.

Necesitamos más personas como Marie, que ven más allá de los límites convencionales, que invitan a una nueva conversación. Desde que nacemos el universo nos habla, se nos presentan señales que debemos vislumbrar, unas que

inquietan en gustos, talentos y misiones. Se establecen conexiones, como pistas para que salgamos de la vida auto-
mática en la que podemos caer. En el caso de Marie todo
comenzó con su padre. En su mundo cargado de represión,
la vida le dio un padre que la expuso a la ciencia de manera
clandestina. Así es como reconoció en ella la fascinación
por el tema, pero también una sorpresiva facilidad en su
comprensión.

¿Cómo saber de tus grandes talentos si no te atreves a
exponerte a ellos? Nos vamos conociendo a partir de nuestras experiencias, somos a partir de lo que vivimos y en re-
ferencia a lo que hacemos. ¿Cómo llegar a ser grande en algo
si no nos arriesgamos a vivir? ¿Cómo proponer algo nuevo, si ni siquiera sabemos que todos tenemos ese derecho,
ese poder?

El poder de reinventarnos

Qué bien lo hizo Marie. Reinventarse es necesario para
llegar hasta donde nuestra alma sueña, para conquistar
nuestra vida. Debemos ir quitando disfraces, ideas y personalidades que vamos adoptando en el camino, o nos podemos perder al pensar que ya somos de determinada manera
con angostas posibilidades. A veces compramos la idea de
que aparentemente nuestras características nos definen. Si
no soltamos lo que en verdad nos encasilla, lo que hacemos
es reforzar en el día a día la conversación del acuerdo personal que ya hicimos de quienes somos. Una vez más el lenguaje nos puede aprisionar. Nos volvemos lo que decimos
que somos. Para bien o para mal. Marie pasó de ser polaca a

ser francesa. De ser una mujer con el destino marcado como institutriz a ganadora de dos premios Nobel. Esto reafirma la importancia de dejar de ser lo que hemos creído.

Una vez que nos permitimos soltar, cuando conocemos mayores dimensiones de poder en nosotros, nos damos permiso de explorar quiénes somos realmente en cada momento. Qué importante será en nuestra transformación no sentirnos impostores o no merecedores del éxito o los regalos que nos traiga la vida. El síndrome del impostor ataca a personas que aun con la evidencia de sus logros continúan desmereciéndolos internamente, bajo el pensamiento de que en realidad están engañando a todos; por lo tanto, corren el riesgo de ser desenmascarados, pues no pueden internalizar su grandeza. Este tipo de personas le atribuye su éxito a factores ajenos, como la buena suerte. No fue el caso de Marie, que logró apropiarse de su trabajo y su reconocimiento, reclamando sus dos premios Nobel a pesar de que en ambas ocasiones hubo resistencia para ofrecérselos. Sabía bien el mérito de sus descubrimientos y el arduo esfuerzo que invertía cada día. Nos enseñó a adueñarnos de nuestro trabajo, capacidades y reconocimientos. Sobre todo como mujeres, quienes representamos el porcentaje más alto de personas que viven con el síndrome del impostor, lo que nos frena a sentir paz y compromiso pleno por lo que hacemos, e incluso a valorar y cuidar los recursos que ganamos producto de nuestro esfuerzo y talentos.

¿En dónde sientes el ansia que te lleva a insistir en trabajar por tus sueños y por tus convicciones? ¿Será que lo que vamos a vivir ya está trazado para nosotros? ¿Cómo se conecta lo que llevamos dentro con lo que se presenta para nosotros? ¿Será que muchos nunca nos encaminamos a nuestra gran vida? El hambre de conquistar aquello que debemos manifestar te pide su encuentro. El deber se vuelve obligación, que a ojos ajenos es difícil de explicar. Sobre todo cuando no se ha conquistado el éxito y nuestras decisiones y acciones aparentan sin sentido.

¿Será que al final, como en la vida de Marie, cuando vemos hacia atrás todo se conecta, todo hace sentido? Pero cuando la caminata es de frente a la vida de lo único que hay que echar mano es de la pasión por crear, inventar, manifestar o transformar para conquistar algo que en muchas ocasiones no se puede poner en palabras. ¿Cuántos de nosotros nos perderemos en el camino tomando decisiones por miedo; extendiendo trabajos que nos alejan de nosotros mismos; entregados a relaciones que nos hacen diminutos; siendo fieles al temor, a la duda; comprometidos con conversaciones pobres: chismes, televisión, redes sociales, crítica y quejas; perdidos en un lenguaje repetitivo, superficial y nocivo para el espíritu?

Marie vivía en su silencio, se refugiaba en sus escritos y en una profunda conexión con ella misma, con su mundo. Escribía para mantener lazos con sus seres amados, pero también para sanar y buscar orden en su interior, en ese espacio interno que crea la vida y de donde emigran nuestros logros. El silencio personal es el vacío necesario para escuchar a la vida, para crear algo nuevo.

Se habla cuando es necesario, cuando nuestra conversación se vuelve breve y precisa, al reconocer que cada palabra es energía. Cuando aprendemos a alinear nuestros deseos con nuestra conversación podemos cumplir promesas, ser solidarios y crear con acuerdos poderosos. Claro ejemplo nos manifiestan Marie y su hermana Bronya, al crear la posibilidad de su educación, al hacer uso del poder del compromiso. Se apoyaron con el fin de estudiar una carrera: una trabajó para pagar los estudios de la hermana y al terminar la otra hizo lo mismo. No se quedaron limitadas por no contar con los recursos de manera directa. En coaching decimos que todos los recursos están ahí para nosotros, es cuestión de abrir nuestra visión del mundo y generar alcances para acceder a lo que necesitamos, como lo hicieron ellas.

Regla de oro
No te quejes y no uses palabras negativas, porque se produce un campo energético alrededor de ti que baja tu vibración y aminora las posibilidades de acceder a mejores oportunidades.

Una vez más reconocemos en la vida de Marie que lo que vivimos es una manifestación externa del diálogo interno. Marie aprendió a ser como el Universo; a escuchar y reflejar la energía sin rendirse a emociones densas, sin prejuicios, siendo como un espejo sin una identificación permanente con las emociones. Así se aprende a estar de otra manera, con el poder mental tranquilo y en silencio.

Así nos damos la oportunidad de retraernos de opiniones y evitar reacciones emocionales excesivas, simplemente permitir una comunicación sincera y fluida con tu imaginación, creatividad e ingenio.

> Produce una inmensa tristeza pensar que la naturaleza nos habla mientras que el género humano no la escucha.
>
> MARIE CURIE

Grandes lecciones que nos muestra Marie

No le des importancia al ego, sé humilde. Al tener la necesidad de aparecer superior, inteligente o prepotente, te vuelves prisionero de tu propia imagen y creas un mundo de tensión e ilusiones.

Al ser discreto y preservar tu vida íntima, te liberas de opiniones de otros y abres la posibilidad de una vida en tranquilidad. Al disolverte de tu propia imagen accedes a lo invisible, lo misterioso, lo indefinible y lo insondable.

No compitas con los demás, vuélvete como la tierra que te nutre, que te da lo que necesitas. Ayuda a otros a percibir sus cualidades y sus virtudes, a brillar. El espíritu competitivo hace que crezca el ego y crea conflictos internos. Ten confianza en ti mismo, preserva tu paz interna, evita entrar en la provocación o en trampas del ego.

No te comprometas fácilmente. Si actúas de manera precipitada sin tomar conciencia profunda de las situaciones, puedes desalinearte de los deseos de tu corazón y de lo que honra tu camino.

Inventa momentos de silencio interno para evaluar lo que se presenta ante ti y toma tus decisiones pausadas involucrando a tu sabiduría, a tu intuición.

Aprende a vivir en la mente que no sabe, reconoce que el ser humano vive en el territorio en el que "no sabemos lo que no sabemos" de casi todo lo que nos rodea. El hecho de no saber algo es muy incómodo para el ego, porque aparenta dominar todo, tener razón y dar su opinión. Pero en realidad el ego no sabe nada, sólo nos hace creer que sabe. Al soltar la necesidad del saber, cultivamos la mente curiosa, la que descubre, la que revela novedades. En ella se apoyó Marie para establecer su trabajo.

Podemos vivir de dos maneras: juzgar y criticar como hace mucha de la humanidad y se ahoga en esta manera de vivir, o la que eligen los que despiertan a su potencial, claros en las acciones que deben tomar para hacer una diferencia. Si te pierdes en tus juicios lo único que haces es expresar tu opinión personal; es una pérdida de energía, es ruido. Juzgar es una manera de perdernos en nuestras propias debilidades.

Concentra tu energía en tu vida. Ocúpate de ti, no te defiendas. "El primer acto de guerra es la defensa", escribió Byron Katie. Defendernos le da fuerza a la agresión de otros. Abre dinámicas de guerra. Gandhi nos enseñó este principio: conquistó la independencia de la India bajo el principio de la no violencia. Sin defendernos podemos conquistar nuestras batallas desde la claridad. Si aceptas el no defenderte estás demostrando que las palabras de los demás no te afectan, que son simplemente opiniones y que no necesitas convencer o agradar a otros para ser feliz. Al mismo tiempo puedes abrirte camino alineado a la verdad, aquella que busca el beneficio y la unión. Desde ese espacio se crean estrategias y claridad en nuestras peticiones.

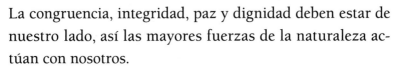

La congruencia, integridad, paz y dignidad deben estar de nuestro lado, así las mayores fuerzas de la naturaleza actúan con nosotros.

Estos principios se manifiestan en el episodio de la vida de Marie cuando está pasando por la invalidación de su trabajo en un ataque de medios y civiles por poner al descubierto el romance con Paul Langevin. En relación con este tema, resulta interesante revisar una carta que Albert Einstein le escribió a Marie Curie:

Muy apreciada madame Curie:

No se ría de mí por escribirle sin tener nada sensato que decir, pero estoy tan enfadado por el modo vil en que actualmente la opinión pública se atreve a meterse con usted que necesito absolutamente airear este sentimiento. Siento la necesidad de decirle lo mucho que admiro su intelecto, su energía y su honradez. Me considero afortunado por haberla conocido en Bruselas hace unos meses en la Conferencia Solvay. Siempre agradeceré que tengamos entre nosotros gente como usted y Paul Langevin, genuinos seres humanos, de cuya compañía uno puede congratularse. Si la chusma sigue ocupándose de usted, deje sencillamente de leer esas tonterías. Que se queden para las víboras para las que han sido fabricadas.

ALBERT EINSTEIN

Era el escándalo del momento porque la mujer de Langevin publicó cartas comprometedoras que entregó a la prensa.

A Einstein todo este furor le parecía ridículo. Tal era el escándalo que Marie Curie recibió un escrito de la Academia sueca en el que se le sugería que no fuera a recoger el premio Nobel. Era una nota cruel, un texto brutal que mencionaba las cartas de amor publicadas.

La respuesta de Marie Curie fue grandiosa: "Señores, lo que me proponen sería un grave error de mi parte. En realidad el premio ha sido concedido por el descubrimiento del radio y el polonio. Creo que no hay relación alguna entre mi trabajo científico y los hechos de mi vida privada". En palabras directas, claras y fuera de la reacción emocional, pasa su mensaje con fuerza y consigue con ella "la verdad". Desde esta claridad se abre camino para recibir el premio Nobel.

Tu precisión te vuelve impasible. Practica el arte de la discreción. Conéctate con la dimensión del universo, es un ejercicio para conocer y aprender lo ilimitado, para jugar con la vida y elevarte más allá de las circunstancias. Remplaza tu personalidad artificial para florecer la luz de tu corazón y el poder de la sabiduría que nos regala el silencio. Esta fuerza atrae lo que necesitas para realizarte y liberarte de obstáculos.

Quédate en silencio, cultiva tu propio ser interno. Respeta la vida de los demás y de todo lo que existe en el mundo. No trates de forzar, manipular y controlar a los otros. Conviértete en tu propio maestro y deja a los demás ser lo que son, o lo que tienen la capacidad de ser.

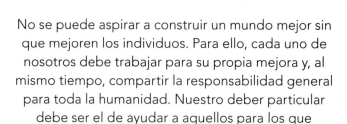

> No se puede aspirar a construir un mundo mejor sin que mejoren los individuos. Para ello, cada uno de nosotros debe trabajar para su propia mejora y, al mismo tiempo, compartir la responsabilidad general para toda la humanidad. Nuestro deber particular debe ser el de ayudar a aquellos para los que creemos que podemos ser útiles.
>
> MARIE CURIE

Los pilares de Marie Curie
Anatomía hipotética

Marie Curie aparentaba tener una brújula interior que la guiaba; parecía entender su camino y decisiones de antemano. Era una mujer retraída, enfocada, reservada, asertiva y fiel a sus mayores deseos; fue una apasionada por la ciencia, pero también logró establecer un gran sentido humano. Nos lo demostró cuando durante la guerra aprendió a manejar para llevar apoyo a las trincheras con las unidades móviles de rayos x. Apoyó en la tregua a un país que no era su patria natal. No nos deja de sorprender en ella esa fijación por lograr un objetivo planteado y trabajar hasta conquistarlo.

En lo personal, Marie me despierta admiración profunda. Se disolvió de las cadenas de ser mujer que le impuso la cultura. Se alejó de las vanidades. Construyó una imagen sobria. En un mundo rodeado de hombres tuvo que trabajar lo doble, o lo triple, que cualquier otra persona para establecer un reconocimiento, para "ganarse una silla". Me parece alentador. ¿Cuántas de nosotras hemos tratado de ganar reconocimiento por nuestro trabajo y nuestro intelecto, sólo para toparnos con la discriminación; para que a la menor provocación aquel interés que creíamos era por nuestras capacidades tome un giro y se traduzca en un interés sexual? Es un gran reto ser reconocida sólo por nuestras capacidades intelectuales.

Aplaudo a Marie por ser una de las primeras mujeres que sentaron un antecedente para todas nosotras quienes queremos ser reconocidas por nuestro trabajo independientemente de nuestro género.

Explorémosla desde el punto de vista de los pilares del Coaching MMK:

Pensamientos

Marie era una líder en la ciencia; su pensamiento vivía dotado de curiosidad y posibilidades. Quien hace descubrimientos vive con una mente juguetona, su mente está en mundos ajenos para muchos de nosotros. Probablemente al verla, su mirada estaría perdida en la pasión que genera el imaginar, explorar fórmulas químicas y el sinfín de manifestaciones mágicas en las que vivía cada día en su laboratorio.

Sus pensamientos podrían haber sido así:

> ► Mi vida es la ciencia, mi mente es mi gran tesoro. Procuraré una vida que alimente mi hambre de conocimientos.

- ▶ Trabajaré por la ciencia; si lo que descubro apoya la medicina será una extensión gratificante de mi trabajo.
- ▶ Mi trabajo, mis convicciones y mi pasión serán mi gran motor. El dinero y las ganancias de esto serán una extensión y un apoyo para mi trabajo.
- ▶ La vanidad puede distraerme, mi sobriedad será un símbolo de mi interés por la ciencia.
- ▶ No me asusta tomar una silla de poder con mi trabajo.
- ▶ Cada uno de nosotros debe trabajar para ser mejor a lo largo de la vida.
- ▶ "Con frecuencia me han preguntado, sobre todo las mujeres, cómo podía conciliar la vida familiar con una carrera científica. Bueno, no ha sido fácil."
- ▶ "Yo soy de las que piensan que la ciencia tiene una gran belleza. Un científico en su laboratorio no es solamente un técnico: es también un niño colocado ante los fenómenos naturales que lo impresionan como un cuento de hadas."

Cultura

Marie nació en un mundo reprimido, donde incluso su lengua natal se prohibió. Su gran interés por la ciencia debía ser olvidado y estudiar era negado para ella. No tenía los medios y era mujer. Además, la Polonia donde creció estaba acallada por Rusia. No se veían muchas posibilidades para su destino. Hacer una vida que fuera reflejo de sus circunstancias parecía lo evidente. Pero su alma pedía otra cosa, otra vida. Marie atendió lo que era posible más allá de lo que aparentaba inevitable. Ella nos demuestra que la vida abre caminos para nosotros si tenemos las ganas, la perseverancia y la disciplina: si creemos que somos capaces.

Creencias

Me parece que Marie Curie no fijó su vida en creencias fijas. Creo que fue una mujer que se dejó llevar por el silencio y creaba a partir de él. Seguía lo que su espíritu pedía sin poner atención en complacencias culturales, sociales ni de género. No necesitó vivir con dogmas mentales que la contuvieran. Ni siquiera quiso apegarse a una religión, pues se declaró atea desde muy joven. Algunas de las creencias que pudieron rondarla son:

- ► Soy un vehículo para la ciencia, mi vida es sencilla y la perseverancia mi aliada.
- ► No deseo creer nada que me limite. Quiero ser libre para comunicarme con el universo y sus misterios.
- ► Seré fiel a mis amores. Mis lazos serán de lealtad y solidaridad.
- ► Me sobra inteligencia y haré uso de ella.
- ► Trabajaré sin cesar aun si no se logra algo firme con ello; lo haré por el bien de la ciencia, no por el halago personal.
- ► Yo abriré mi camino. Aunque ninguna mujer lo haya caminado, no quiere decir que no exista para nosotras.

Lenguaje

Su lenguaje debió haber sido como su personalidad: discreto, sobrio, claro y preciso. Pero a la vez vasto y generoso para cimentar su vida. Parece que vivía en un diálogo interno que la alejó de ser dura con ella en cuestiones físicas, como hacemos muchas mujeres; no se distrajo en criticarse o exigirse verse de determinada manera para agradar. Su lenguaje se alineó con su verdadera fuerza interna y la alejó de lo superficial y efímero.

Emociones

Marie pasó por algunas depresiones en su vida. Pienso que éstas tenían que ver con perder la esperanza, pero también demostraban la increíble capacidad de amar que tenía una mujer que parecía tan sobria. Lejos de frenarla, esos tiempos de nostalgia la llevaron a conectarse con espacios más profundos en ella y a replanteamientos importantes en su vida. Marie no desperdiciaba lo vivido, echaba mano de ello para crear alquimias, tomaba lo que parecía negativo y lograba darle un vuelco; se impulsaba apoyada en sus penas y salía adelante con más fuerza y determinación.

Declaraciones

Marie Curie hizo declaraciones que moldearon una manera de apreciar el mundo muy diferente a la de muchos de nosotros. Sus declaraciones esculpieron en ella el personaje único en el que se convirtió. No las copió de nadie, las inventó para tener referencias de cómo quería ser. Éstas son algunas declaraciones literales que hizo Marie Curie:

- "Uno nunca se da cuenta de lo que se ha hecho; uno sólo puede ver lo que queda por hacer."
- "La vida no es fácil para ninguno de nosotros. Pero ¿y qué? Tenemos que tener perseverancia y, sobre todo, la confianza en nosotros mismos. Debemos creer que estamos dotados para algo y que esto debe alcanzarse."
- "Nada en la vida es de temer, es sólo para ser entendido. Ahora es el tiempo para entender más y temer menos."
- "Menos curiosidad por la gente y más curiosidad por las ideas."
- "Me enseñaron que el camino del progreso no es ni rápido ni fácil."

Ego

El ego es una parte en nosotros que nos frena de golpe, que nos cuestiona, que nos hace dudar. Me gustaría que hoy cuestiones si tu ego es tu gran obstáculo, lo que sucede si te habla así:

- ¿Cómo te atreves a hacer esto o aquello?
- No te lo mereces.
- Vas a hacer el ridículo.
- Nada de lo que haces vale la pena.
- Tu trabajo será un fracaso.

- ▶ ¿Cuál es el fin de tanto esfuerzo?
- ▶ Vas a fracasar.
- ▶ ¿Quién te crees?
- ▶ Nada de lo que ofreces le interesa a otros.
- ▶ Cualquiera lo haría mejor que tú.

¿A cuántos de nosotros nos han asaltado pensamientos así cuando queremos apostar por nuestros sueños y convicciones? Marie parece haber pasado por alto cada una de estas amenazas que llevamos dentro, se liberó de esta conversación tóxica y logró trascenderla. Sólo superar esta conversación interna es una gran enseñanza de este gran ser humano.

Reconoce hoy que todos los líderes de este libro han librado una batalla con el ego y pudieron destacar más allá de él. La gran pregunta es: ¿a quién le rindes hoy el poder de tu mente, tus emociones y tu diálogo interno: a tu ego o a tu espíritu?

La espiritualidad

Mohandas Karamchand Gandhi

Mahatma (*Gran Alma*) Gandhi

No hay camino para la paz,
la paz es el camino.
MAHATMA GANDHI

Va en calma. La sagrada agua oscura sigue su camino en paz. Inicia su recorrido en el norte de la India, desde el Himalaya occidental, y descansa en Bangladesh. Espacio para el ritual, orilla de peregrinación para purificar alma y cuerpo (aun cuando su grado de contaminantes sea altísimo); albergue de vida cuando hombres, mujeres, niños, muchachas, ancianas, viejos, se bañan ahí para limpiar su espíritu. Lugar de muerte cuando, después de ser incinerados, los cadáveres o sus restos flotan para cerrar ciclos terrenales y evitar la pena de la reencarnación. Río flanqueado por enormes escalinatas, nichos, templos y otros edificios antiguos; en muros y telas, colores amarillos, dorados, rojos, ocres, verdes, azules. Calor, humedad que carcome resquicios antiquísimos, ruido, una cantidad incontable de gente de piel café brillante y ojos oscuros de proporciones enormes (el universo cabe en ellos) va y viene entre el bullicio, la pobreza, la tierra como barro, carretas, vacas, olores, curry, más especias, flores, flujos humanos y animales. Agua revestida de mito, llena de fe que es lo que sostiene a su pueblo.

El río Ganges, personificado por la diosa Ganga, ha sido testigo de una larga historia del pueblo hindú: de sus antiguas dinastías, de sus diversas religiones y costumbres, de su organización social patriarcal, con el famoso sistema de castas; y por supuesto, ha sido testigo de cuando fue colonia saqueada y explotada por el Imperio Británico. Entre tanto, es también declarante y cuna de un hombre que guio a los indios, a la humanidad entera, no sólo a la independencia, sino a valorar la grandeza humana: ese líder que fue Mahatma Gandhi.

Seguramente tenemos una imagen de él: un hombre moreno, extremadamente delgado, rapado, con bigote, orejas prominentes, carente de algunos dientes, vestido con el *dhoti* (pedazo de tela de algodón rectangular, enrollado en el cuerpo, que es la ropa típica de los hombres hindúes para soportar el clima del subcontinente), calzado con unas modestas sandalias; miraba a través de sus gafas redondas, se ayudaba en el paso con una vara y se hacía consciente del tiempo gracias a un reloj de bolsillo. No tuvo más pertenencias; parece que también algunos platos, ruecas y alguna otra cosa útil de uso cotidiano. No más. Su riqueza estaba en el espíritu, en el sentir, pensar y actuar. En la congruencia.

Pocas veces la espiritualidad ha tenido un ejemplo en carne y hueso como en este hombre. Pero, ¿qué es la espiritualidad? Michel Foucault la resuelve más o menos así: es el método que un sujeto utiliza para transformarse a sí mismo con el objetivo de conocer la verdad. Es además una práctica de la virtud para lograr la salvación y la liberación. Gandhi experimentó y predicó la transformación guiado por el amor y la búsqueda de la verdad última con el fin de mostrar el poder humano, su grandeza, su movimiento, su infinitud, la unión con un poder supremo.

Bajo los cielos naranjas de Porbandar, una ciudad antigua y costera situada en la región de Gujarat, en el noreste de la India, conquistada por los británicos, se escuchó el primer llanto y la primera risa de Mohandas Karamchand Gandhi, quien nació el 2 de octubre de 1869. En cierta medida tenía la vida resuelta. Era el cuarto y último hijo de Karamchand Gandhi, primer ministro de Porbandar y miembro de la casta de los *banias* (mercaderes) y Putlibai, mujer dedicada a la oración y perteneciente a la secta religiosa de los *pranamis*, quienes mezclaban los preceptos del hinduismo con las enseñanzas del Corán. Era una familia de clase media acomodada en la que madre y padre fueron pilares para el pequeño Gandhi. Años después, de él tomaría la capacidad amorosa y de ella la disciplina religiosa de ofrendar el cuerpo para protestas y hacer peticiones mediante ayunos prolongados, además de no dañar a ningún ser viviente.

Gandhi no nació siendo santo ni carismático; tampoco se dedicó desde niño a alcanzar la verdad a través del amor. Fue un muchacho sin brillo que desobedecía de vez en vez sin llegar a faltas graves. Por ejemplo, siendo adolescente robó cigarrillos y comió carne cuando su religión lo prohibía. Tampoco era un maravilloso estudiante. No predicó la igualdad de las mujeres desde su juventud, como lo hizo después; mucho menos prometió votos de celibato, por el contrario: a los trece años consolidó el matrimonio arreglado por su familia (conforme a las costumbres de su cultura) y desposó a Kasturba Makhanji o Ba, como llamaba cariñosamente a esa mujer que se convirtió en su apoyo y compañera el resto de su vida, con quien se portó celoso y posesivo en un principio. Ella, de quien se enamoró desde el primer segundo de haberla visto, lo atraía profundamente, con lo que llegó a pasar noches enteras en la alcoba; así tuvieron cuatro hijos. Uno de los episodios que marcaron a Mahatma fue haber abandonado por un momento a su padre enfermo para tener relaciones sexuales con su esposa. Durante esa ausencia su padre murió. Gandhi cargó consigo ese evento doloroso por el resto de su vida; esa lucha entre el deber y el deseo, así como, de una u otra manera, la muerte del ser amado como el castigo terrible por haberse dejado llevar por lo segundo. Así, la pasión alejada de la razón no era un fin en sí, sino una distracción. Desde ese suceso, el deber y la responsabilidad frente al otro se convirtieron en valores fortísimos para él.

Cuando el joven tenía diecisiete años, vestido de traje inglés, con zapatos boleados aunque le lastimaban y peinado con gomina, se le presentó la oportunidad de ir a estudiar leyes a Londres, la capital del imperio, donde las exigencias eran menores que en las universidades hindúes. Con pena se separó de Kasturba. La gran urbe, donde viviría por tres años, era muy distinta a su tierra: atrás quedaron las muestras evidentes de franca pobreza; no había mujeres cubiertas por sus llamativos saris; las calles se regían por tiempos diferentes, más veloces; la revolución industrial hacía mella en la producción y conoció nuevas máquinas, como los elevadores. El muchacho silencioso, inseguro, que cargaba su timidez a cuestas, quiso ser uno de ellos, vestir, hablar, pensar y ser como un caballero inglés con sombrero de copa y bastón. Tenía poca confianza en él mismo, y prueba de ello fue que en su primer caso como abogado no pudo hablar frente al juez, simplemente permaneció sin pronunciar palabra. Este hecho lo derrotó.

Hay que decir que su estancia en Europa tuvo importantes logros. Poco a poco, tal vez sin darse cuenta, inició su búsqueda interior, primero a través de contactarse con sus raíces (leyó el primer clásico indio, el *Bhagavad Gita,* al cual consideró "el libro por excelencia para el conocimiento de la verdad"), y después conoció las bases del cristianismo, religión por la cual sentía especial admiración; se acercó también al budismo, al islamismo y, con mayor profundidad, al hinduismo. Leyó a Leon Tolstoi, uno de sus principales guías intelectuales. Deseaba unificar todo lo aprendido. Entonces, regresó a la India no sólo con un título de abogado, sino con la semilla del aprendizaje y la firme intención de experimentar para encontrar su verdadero yo y su propósito.

De vuelta a Porbandar encontró tristeza: su madre había muerto y su familia ya no tenía influencia en la corte principesca. El futuro se miraba incierto, poco alentador gracias a la humillación que sufrió en su primer caso profesional, pues ¿quién podría confiar en él? Pasó algún tiempo y en 1893 llegó una oferta de trabajo en Sudáfrica que lo salvó de sentirse inútil. Necesitaba encontrar sus capacidades o de otra manera desaparecería en vida. Allá fue a encontrarse con su destino, esta vez acompañado de su esposa.

En territorio africano, la noche clara y fría de invierno acompañaba el movimiento del tren. El joven Gandhi, vestido de manera impecable a la usanza occidental, descansaba en su vagón de primera clase. Leía, y miraba por la ventana tratando de descubrir alguna estrella que quizá le prometiera buen augurio. Era un hombre instruido, letrado, sabía de los problemas de discriminación entre ingleses e indios, pero no le habían afectado de manera directa. De pronto, un pasajero blanco pidió que lo movieran de lugar y lo colocaran en tercera clase, pues él era indio y no podía pertenecer ahí, la ley lo impedía. Gandhi se resistió. Entre jalones y golpes fue humillado y lanzado del vehículo como un baúl viejo. En ese camino desconocido esperó en soledad a que el sol saliera. Pensó durante horas. Semejante hecho fue un parteaguas, el momento clave en que sufrió en carne propia la desigualdad, la injusticia y la discriminación que compartía con la comunidad india que trabajaba en el territorio en calidad casi de esclava. Decidió que la situación debía cambiar. La justicia llegaría. Seguiría con su misión, nada lo intimidaría, no volvería a la India. No era cobarde. Atisbos de él emergían y le dictaban revelarse ante el sometimiento. Reunió fuerzas para enfrentarse al mundo. A sus veinticuatro años convocó a una reunión con los inmigrantes indios. La transformación se vislumbró: la búsqueda de sí mismo y la intención de ser quien no era se difuminó. Se unió a una causa mayor, a un propósito que sobrepasaba la individualidad: ser junto con otros similares a él. La espiritualidad se hacía latente en él mientras la transformación actuaba. El espíritu se ensanchaba con el universo.

Eran épocas en donde la supremacía blanca, especialmente la inglesa, se mostraba abiertamente y estaba cobijada por el apoyo de sus leyes. Los africanos e indios no tenían derecho a posesiones ni a mezclarse con los occidentales ni a gozar de los privilegios de los últimos; es más, estaban por negarles el derecho al voto (propuesta que le quitó una venda de los ojos a Gandhi y le hizo saber que no había posibilidad alguna de ser tratados como iguales por el imperio). Eran concebidos para servir, para ser explotados y maltratados. Gandhi creyó en un principio que el cambio provendría desde los tribunales, haciendo leyes nuevas y cambiando otras, pues hindúes y africanos también eran miembros de la corona y debían ser tratados con igualdad. Claro que esto no sucedió; el poder inglés estaba fuertemente cimentado, así que la discriminación continuó.

Mientras Gandhi mostraba lealtad a la Gran Bretaña, sirvió a su patria como camillero en las tropas británicas durante la guerra de los bóeres y en el levantamiento de los zulúes. En la guerra vio a hombres en desventaja defendidos con lanzas, heridos, unos agonizantes y otros entregados a la muerte, y conoció a otros que mataban por placer. Entonces Gandhi se convenció de que la violencia no llevaba a nada bueno, sino al odio y la destrucción. La dominación en sí le comenzó a parecer absurda, dañina. Experimentó una introspección importante: pensó en sí mismo y en el poder que su cultura le confería sobre su esposa, lo cual no tenía ninguna base justa ni coherente.

Día a día, Gandhi experimentó una metamorfosis al mismo tiempo que manifestaba su interés por los otros. Adoptó una manera distinta de vivir. Uno de sus preceptos era dominar las pasiones propias para servir a la humanidad, no mirarse como individuo sino como parte de un todo. A los treinta y siete años hizo el voto de celibato y Kasturba lo apoyó, sin estar completamente de acuerdo en un principio. En ocasiones, hacia el final de su vida, dormía con varias jóvenes indias para ponerse a prueba. Debía alejar el deseo a pesar de sentir pieles tersas, pechos con vida y bocas respirando cerca de él. Estaba convencido de que el deseo provocaba impureza, lo cual desembocaba en violencia.

Leía sobre distintas disciplinas de las ciencias sociales, sobre otras religiones y la propia; observaba su mundo y los comportamientos de sus semejantes, escuchaba. Su mente estaba abierta al cambio. Desde 1904, después de leer la crítica del capitalismo de John Ruskin, experimentó otro cambio. Dejó de vestir con ropa europea y su vida transcurrió sin lujos en una comuna de nombre Tolstoi ubicada en las afueras de Johannesburgo. En esa época fortaleció la teoría del activismo no violento.

En 1906 se concretó el gran paso hacia su transformación. En Sudáfrica se decretó una ley que dictaba que cualquier hindú debía registrarse y que sus cuerpos debían ser marcados con el número asignado. Era una cosificación de un grado de humillación descomunal, así que tres mil indios se reunieron en Johannesburgo para comenzar una protesta. Ahí estuvo Gandhi a la cabeza. Fue cuando se propuso resistir lo que fuera necesario, ir a la cárcel si era preciso (como fue su caso en varias ocasiones), con tal de revocar dicha ley. La desobediencia civil tuvo lugar. Se quemaron los documentos obligatorios indios, comerciaron sin permiso alguno en las calles y lograron una marcha enorme sin precedentes. Los participantes fueron golpeados, heridos brutalmente y hasta encarcelados. Pero la orden de los manifestantes era desobedecer sin violentar, aguantar. El cuerpo sería castigado, mas no el espíritu.

La no violencia, precepto ya antiguo, fue adoptado por Gandhi como el antídoto para el odio, como el camino hacia la liberación. Se dio cuenta de que ante una fuerza que no entendía razones no existía la posibilidad del diálogo ni del cambio. Había que lograr los propósitos con otros métodos. Así surgió el concepto revolucionario *Satyagraha* (combinación de dos palabras en sánscrito que significan "verdad" e "ir detrás de"): "la vindicación de la fidelidad, no mediante la imposición del sufrimiento al opositor, sino a uno mismo". Después se decretó otra ley diciendo que los matrimonios hindúes eran ilegales. Gandhi invitó a una revuelta más grande. Llamó también a las mujeres para que abandonaran su papel de esposas sumisas y compartieran las responsabilidades públicas. Los trabajadores hicieron huelga y la ley fracasó. Poco a poco hubo triunfos importantes, por ejemplo en Natal, donde los trabajadores se consideraron libres.

Gandhi fue además fundador del periódico *The Indian Opinion*. El propósito era unir a la comunidad india por medio de la palabra y usarla como arma en pro de los derechos humanos. Con el mismo propósito creó el Congreso Indio de Natal. Ya en 1915, después de más de veinte años fuera, Gandhi y su familia debían volver a la India, pues ahí sufrían sus propios avatares con el imperio. Frente a dos siglos de dominación, el pueblo indio estaba saqueado, empobrecido, con los recursos naturales monopolizados y sus industrias locales mermadas. Para esa época nacía una resistencia nacional independentista india. El destino se tejía con la vida de Gandhi. Llegó a su tierra para continuar un propósito libertario. Después de los triunfos en Sudáfrica fue recibido con gran admiración y amor por su pueblo. Era una figura paterna ante los hijos alejados de la justicia. Mahatma dio los pilares espirituales de donde surgió la fuerza para debilitar yugos. La enseñanza del Mahatma (cuyo significado es "gran alma") fue antes que otra cosa liberarse de uno mismo, dejar de actuar como esclavos y pensar como hombres libres.

Al paso del tiempo, su timidez desapareció para hablar frente a millones de personas y transmitir el amor por ellos, por el mundo que les rodeaba. Fue un hombre analítico y culto, de vez en vez ingenuo, poseedor de una simpatía y una empatía naturales y un sentido del humor sarcástico y alegre, pero sobre todo un hombre humilde. Para él había una esencia suprema que todo lo transformaba, un dios que era vida, verdad, luz, un bien omnipotente. Sus palabras tocaban el corazón de cada persona. Son misterios que se confunden con magia.

Otras leyes en contra del bienestar hindú se propusieron en 1919 y Gandhi convocó desde Bombay una marcha descomunal y una huelga nacional. El precio fue muy alto. Fue aprehendido una vez más. Para impedir concentraciones de gente, sijes, hinduistas y musulmanes desarmados fueron ametrallados en la plaza de Amritsar por órdenes del general inglés Reginald Dyer. Trecientos setenta y nueve personas murieron y miles fueron heridas. Había niños también, niños que esperaban mirar la luna al día siguiente. Los disparos pararon porque no había más municiones, no por piedad ni sensatez. Era una lección contra la desobediencia. Sin duda esta partida pudo haber desembocado en una matanza terrible entre unos y otros, pues el pueblo hindú exigía venganza. Sin embargo, Gandhi se negó. La gente india no tenía armas, estaba en total desventaja; su fe, su fuerza de voluntad, su espiritualidad, debían conducirle a la salvación, a la liberación. Mahatma explicaba que los ingleses no eran enemigos, sino que debían liberarse tanto como los indios. Cada vez había menos control sobre la enorme población india a manos británicas. La no violencia funcionaba.

Mahatma Gandhi transformó el odio en unión. Hindúes y musulmanes, obreros y mercaderes, lograron estar juntos por un tiempo por la misma causa: la libertad. Gandhi se hizo uno más de la comunidad: vistió la ropa tradicional, trabajó el hilado en la rueca para movilizar el autosustento y comió poco, sin excesos, como si hubiera nacido en una cuna pobre al lado del río. Quería fortalecer la confianza en su pueblo, tal como alguna vez tuvo que hacerlo con él mismo. Les exhortó a hilar su propia ropa y vestir al uso tradicional. El cuerpo servía como una conexión con el espíritu. La vestimenta occidental fue lanzada a piras enormes. El fuego limpiaba ese pasado encadenado, la dependencia que jugaba a aniquilar su esencia día con día.

Gandhi enseñaba la importancia de las victorias morales. Era en ese terreno donde estaba lo verdadero, la esencia de la humanidad. Fue un líder durante un cuarto de siglo y llegó a ser presidente del Congreso Nacional Indio. Los grandes movimientos de desobediencia civil tuvieron éxito; por ejemplo, se negaron a pagar impuestos y organizaron un boicot a las autoridades.

Mahatma se transformó en guía, en padre, en un protector que enseñó a los indios a defenderse de sí mismos y de otros. No sólo se trataba de luchar por la independencia, sino de luchar en contra de la discriminación, la pobreza, el analfabetismo y toda clase de injusticias que imperaban en el propio pueblo hindú. Por ejemplo, decidió pugnar por incorporar a los intocables y admitirlos como miembros de la comunidad. En su camino fue apresado repetidas veces; nunca se opuso por la fuerza, como en el año de 1922. En el juicio en su contra él mismo se declaró culpable y el fin de la sesión fue una reverencia mutua entre juez y acusado. Usó los ayunos como le había enseñado su madre: para protestar, para lograr objetivos; éstos eran un instrumento de presión frente a quienes gobernaban o bien ante los seguidores cuando abogaban por la violencia.

Al salir de prisión, en 1924, las cosas habían cambiado: la unidad entre hindúes y musulmanes desapareció. Años más tarde presenció la separación entre Pakistán y la India, vio con profunda tristeza la desunión por el odio y la sangre. Ante semejante panorama se retiró a su *ashram* en absoluta pobreza y silencio para meditar. Fue una época de recogimiento religioso, en la que se erigió como el gran jefe espiritual. Su fama cruzó fronteras. Se convirtió en un hombre respetado, amado. El amor que predicaba, que daba a sus seguidores, lo recibía multiplicado. Se dedicó a la gente. Esto tuvo un precio también. Su familia se diluyó en esa gente y no recibía trato especial. Su hijo mayor lo resintió;

semejante sentimiento de desamor lo manifestó en el alco-
holismo y se convirtió en prostituto como una manera de
protesta ante su padre.

Su destino no era permanecer lejos de la política y la
injusticia. En 1930 rompió su retiro y organizó entonces
la Marcha de la Sal. Caminó durante días cuatrocientos kilómetros desde su comuna hasta su punto final: el mar en
la costa de Guyarat. Era una protesta contra los impuestos y el monopolio del mineral. Sin duda se traducía en un
apoyo a los más pobres para que pudieran evitar pagar impuestos y elaborar sal propia con las aguas marinas. Cientos de personas siguieron sus pisadas. A partir de entonces
la desobediencia civil fue imparable. Los impuestos fueron
abolidos y se liberaron a cien mil presos detenidos durante
las manifestaciones.

El respeto y el amor hacia Mahatma crecían día con
día tanto en Europa (aun cuando era el enemigo) como en
Asia, donde era casi un dios, y América. Sus recorridos por
la India mostraron miles de personas esperándolo en los an-
denes del tren para recibir su bendición, estrechar su mano,
estar cerca de él por instantes. Con este papel protector, a
lo largo de varios años y no pocas vicisitudes, Mahatma
estuvo encargado de las negociaciones entre británicos e
indios. En 1942, tras su discurso de abandonar la India fue
arrestado. Estuvo preso junto con miembros del congreso,
pero desde la cárcel dirigió el movimiento independentista.
Tenía setenta y tres años y su salud era precaria, pero su
espíritu no. El año de 1944 fue el más triste de su vida:
Kasturba murió en sus brazos. Por fin, paso a paso, tras
un complicado proceso en el que estaba dispuesto a dar la

vida se vislumbró una Gran Bretaña debilitada, y con ello el triunfo independentista llegó en el año de 1947.

Contradictoriamente al efecto que tuvo con sus hijos, fue un hombre que predicó la paz, el amor y la verdad durante casi tres décadas. Fue un líder revolucionario único y novedoso, que vivió para abolir estructuras sociales anquilosadas en la desigualdad y el maltrato propiciadas dentro y fuera de India. La palabra y el ejemplo encerraban el poder de la transformación. Esta última era el proceso para llegar a lo verdadero por medio del amor: al ser, a la comunión con el poder supremo, con el bien, con la luz. No sólo logró la independencia de la India, sino que fue más lejos aún: enseñó a hombres y mujeres sobre humanidad, espiritualidad y el camino a la liberación física y mental.

Él sabía que moriría asesinado, alguna vez lo dijo. Dijo también que cuando ese momento llegara, aceptaría la bala con valor y con el nombre de Dios en los labios. Sólo entonces creería ser un auténtico Mahatma. Su muerte seguiría la misión que no pudo completar: el amor entre los pueblos, la no violencia, la erradicación del odio, la liberación. Su último día sobre la tierra fue un 30 de enero de 1948. Caminaba a paso lento, iba a rezar en Birla Bhavan, Nueva Delhi. Tenía setenta y ocho años de edad. Un hombre se acercó aparentemente para pedir su bendición y el Mahatma quiso dársela. El hombre, relacionado con grupos de ultraderecha en India, disparó tres veces. Antes de respirar por última vez, Gandhi pronunció: *Rama*, la palabra india que remite a dios, a la espiritualidad comprimida, donde radica la fuerza. Su pueblo lloró, el mundo entero lloró. El Ganges lo guía en su descanso. La diosa Ganga lo escolta.

UNA MIRADA DESDE EL COACHING

Gandhi se volvió la espiritualidad misma: sensible, amoroso, generoso y sencillo. La espiritualidad no existe fuera de nosotros, no es algo que salimos a conquistar, a comprar, o a buscarla en un viaje a la India. Somos seres espirituales siempre. Es la conciencia la que nos hace presentes cuando despertamos de lo mundano, de nuestras miopías, conflictos y personalidades. La palpamos cuando nos observamos en un plano más profundo, cuando cultivamos amor, conexión, empatía y compasión por uno, por otros y por la divinidad. Es reconocer que lo que vemos a simple vista no es la "realidad". Todo se lleva a cabo en dimensiones más profundas que sólo comprendemos cuando vivimos en equilibrio con la forma y el espacio. Para ello el ser humano establece prácticas diarias que fortalecen los lazos con el alma y nos alejan del ego y lo material.

Mahatma Gandhi fue el padre de la libertad de la India, el santo guía nacional del pueblo. Su vida se convirtió en una personificación de las enseñanzas del libro sagrado *Bhagavad Gita*, y una fuerte convicción de hacer una diferencia frente a lo que consideraba injusto actuando desde la paz. Estudiar el *Gita* fue para él luz en la oscuridad y una solución para los problemas de la vida humana; reflexionaba en sus enseñanzas todos los días. Solía ir a caminar por las tardes y después un grupo de personas se sentaba en el *ashram* a leer con él pasajes del *Gita*. Aunque es un libro que se podría leer en una hora y media, lo que propone lleva toda la vida comprenderlo.

El *Bhagavad Gita* (o el Canto del Señor, traducido del sánscrito) es una extracción del libro *Mahabharata*, una epopeya antigua de la India que describe acontecimientos que sucedieron hace más de cinco mil años. Es una obra filosófica que enseña el Amor (*Bhakti*) como la base del desarrollo espiritual del hombre. También muestra una concepción integral de cuestionamientos filosóficos como: ¿qué es el hombre?, ¿qué es Dios?, ¿en qué consiste el significado de la vida humana? y ¿cuáles son los principios de la evolución?

Los personajes principales del *Bhagavad Gita* son: Arjuna, un guerrero a punto de salir a batalla y Krishna, el ser divino. Las verdades filosóficas se cuentan en forma de diálogo entre los dos y se transmiten a los que lo estudian relevantes bases espirituales. El *Gita* muestra el camino hacia la integración espiritual a través de la vida diaria. Nos enseña cómo *ser* ante nuestras acciones para purificarnos y llevarnos a la iluminación. El término *Gita* significa "Canto" y *Bhagavad* es la Suprema Realidad.

El poema respira un profundo misticismo, con fórmulas poéticas que reflejan la esencia mística y religiosa de la India. En el hinduismo, el propósito de la vida es ofrecer servicio a la humanidad. Nos muestra que las personas somos una encarnación de Dios y plantea que el hombre no está en paz consigo mismo hasta que llega a asemejarse a su esencia divina. El esfuerzo por alcanzar este estado debe ser nuestra mayor ambición. La autorrealización es el objetivo del *Gita* y nos guía en el camino para conquistarla.

Según el *Gita*, un devoto es el que no siente celos, el que es una fuente de compasión, el que no tiene egoísmo, el que recibe igual el frío que el calor, la felicidad o la desgracia, el que perdona, el que está contento, aquel cuyas resoluciones son firmes, el que dedica su mente y su alma a Dios, el que no causa temor, el que no teme a los demás, el que está libre de regocijo exagerado, de penas y de miedos, el que es puro, el que se entrega a la acción pero no es afectado por ella, el que renuncia a todos los frutos buenos o malos, el que trata igual a amigos y enemigos, el que no se deprime si la gente habla mal de él, el que ama el silencio y la soledad, el que tiene una mente disciplinada.

Ser un verdadero devoto es conquistarte a ti mismo. La salvación del *Gita* es la paz. Dice: "Haz el trabajo que te corresponde pero renuncia a sus frutos, sé desapegado y trabaja, no tengas deseos de recompensa". Pero la renuncia a los frutos no significa indiferencia por el resultado; renunciación significa ausencia de ansia por los frutos. El que renuncia recibe mil veces más. Ésta es la dura prueba de la fe.

Al tratar de poner en práctica en nuestra vida las enseñanzas del *Gita*, uno está obligado a seguir la verdad y la no violencia. Cuando no hay deseos por los frutos, no hay tentación por lo falso o lo violento.

El conocimiento en estas enseñanzas va más allá del intelecto, está dirigido al corazón y debe ser comprendido con el alma. Para lograr este recorrido de enseñanzas que propone el *Gita*, Gandhi comienza a cultivar votos personales para alcanzar *su* autorrealización:

- *Satya:* Vivir en la verdad en unión con Dios.
- *Ahimsa:* No violencia en pensamiento, palabra y acción.

- *Sarvodaya:* Vivir en busca del bienestar de todos, trabajar por la evolución humana.
- *Satyagraha:* Fuerza de la verdad, fuerza interior. Resistencia pacífica en asuntos políticos.
- *Swaraj:* Autodeterminación, autogobierno e independencia.
- *Swadeshi:* Este voto exige el uso de prendas de vestir simples, fabricadas en sencillos telares de mano y cosidas con un estilo humilde, evitando botones importados, etcétera. Por consiguiente, la persona que ha hecho este voto no usa artículos ni ropa importada que en principio impliquen la violación de la verdad en su manufactura o por parte de quienes los fabrican. El mismo razonamiento se puede aplicar a todos los demás artículos personales.

Estas seis palabras se vuelven una constante en los discursos y escritos de Gandhi, y se convierten en los ejes de su construcción personal. Estudiar la filosofía gandhiana, específicamente la *Verdad*, su forma de entenderla y cómo la aplicó en la resolución pacífica se vuelve necesario en la investigación para alcanzar la paz y para comprender a Gandhi. *Satya*, verdad, se refiere a una verdad ontológica, porque deriva de *Sat* que significa, ser, esencia, absoluto, real; por tanto *Satya* es lo más parecido a la Verdad, lo Absoluto, el Amor, la Luz, la Guía, o Dios. Para Gandhi, la Verdad se identifica con Dios. Gandhi lo expresó así: Dios es los mil nombres […] Dios tiene tantos nombres como criaturas hay […] así como Dios tiene muchas formas […] lo mismo que Dios habla a través de muchas lenguas […] Dios es amor […]

pero por encima de todo Dios es Verdad. Los nombres de Dios son innumerables; pero si tuviéramos que elegir uno, sería *Sat Satya*, la Verdad. Donde está Dios, está la Verdad, y donde está la Verdad, está Dios.

La práctica no se trata sólo de hablar con la verdad sino tiene que ver con: Verdad en el Pensamiento, Verdad en la Palabra y Verdad en la Acción.

> Qué hermoso sería que todos nosotros, jóvenes y ancianos, varones y mujeres, nos entregáramos por entero a la Verdad en todo, en lo que hacemos mientras estamos despiertos, al trabajar, comer, beber o jugar, hasta que la disolución del cuerpo nos haga uno con la Verdad. Dios como Verdad ha sido para mí un tesoro inestimable. Que lo sea también para cada uno de ustedes.
>
> MAHATMA GANDHI

Gandhi también habla de *Satyagraha*, "aferrarse a la Verdad" o "fuerza de la Verdad"; es también conocido como "fuerza del Amor" o "fuerza del Alma". En las primeras etapas de la aplicación del *Satyagraha*, descubrió que la búsqueda de la Verdad no admite la violencia; ésta tiene que ser sustituida por paciencia, simpatía y amor. En palabras de Mahatma:

- ▶ "Lo que parece verdad para uno puede ser error para otro, la Verdad no la encuentra quien no tiene un sentido abundante de humildad."
- ▶ "El que busca la Verdad debe ser más humilde que el polvo."

▶ "Los instrumentos para la búsqueda de la Verdad pueden ser simples o difíciles. Pueden parecer imposibles a una persona arrogante, y posibles a un niño inocente."

▶ "Mi dedicación a la Verdad me ha dibujado dentro del campo de la política; y puedo decir sin vacilación, pero con toda humildad, que los que dicen que la religión no tiene nada que hacer con política no saben lo que significa la religión. La mayoría de los hombres religiosos con los que me encontré son políticos disfrazados de religiosidad. En cambio yo, que parezco disfrazado de político, soy un hombre íntimamente religioso."

▶ "La no violencia es el medio, y la Verdad es el fin."

La visión espiritual de Gandhi se encendió a través de escucharse a sí mismo. La capacidad de respuesta a nuestra voz interior nos va aclarando la acción correcta y cómo cumplir con nuestros deberes. Gandhi habló de purificarnos, lo que quiere decir limpiar en nosotros las reacciones e ilusiones mentales para lograr el silencio interior con el fin de ser la conciencia misma y volvernos uno con la energía divina. Es a través de sus votos, sus prácticas y las enseñanzas del Gita que lo consiguió. También reconoció que nos conocemos al observar *cómo* nos relacionamos con las actividades mundanas.

Cada acto debe ser purificado en la verdad y en la armonía con los principios de la no violencia. Así el patrón de la no violencia de Gandhi es doble: en primer lugar una purificación hacia el interior, y en segundo lugar una purificación hacia el exterior.

El enfoque de Gandhi de nuestra relación con la voz interior es descrito como un filtro espiritual que mejora el sentido de la discriminación entre el bien y el mal. Así como cuando se debe tomar acción o cuando debemos mantenernos *sin acción* (lo cual también es una acción valiosa). Gandhi abogó para que la voz interior no fuese representada sólo por palabras sino también por sensaciones, corazonadas y mensajes. Es la conciencia misma, la fuerza de la verdad o del alma, y tiene el poder de conectarnos con lo Divino dentro de nosotros. Generalmente se abren dos caminos: o seguimos la voz interior o nos ponemos a merced de la de la civilización moderna.

La más vívida descripción de la voz interior que hizo Gandhi se dio en relación con su decisión de emprender su ayuno de 1933:

> Para mí, la voz de Dios, de la conciencia, de la Verdad, de la voz interior, o el silbo apacible significan una y la misma cosa. No vi ninguna forma [...] lo que hice fue oír una voz de lejos y sin embargo de muy cerca. Era tan inconfundible como una voz humana y definitivamente, hablándome a mí, irresistible. No estaba soñando en el momento que oí la voz [...] La determinación se realizó en consecuencia, la fecha y la hora del ayuno se fijaron.

Gandhi tomó la responsabilidad de estar al servicio de su pueblo, se exigió un fuerte sentido de conciencia (moral), valor (audacia, iniciativa) y de carácter (integridad). Fue sinónimo de claridad y valentía. "Dios mismo busca, para asentarse en él, el corazón de aquel que sirve a su prójimo", dijo Gandhi en 1928. Creía que el servicio forma parte de la práctica espiritual y la presencia del corazón debe estar presente al ayudar a otros.

Para Gandhi el silencio ayuda a quien procura la verdad. En un estado de silencio, el alma encuentra un sendero iluminado por la luz más clara. Lo que parece confuso y engañoso es resuelto por una precisión inminente. Nuestra vida es una prolongada y ardua búsqueda de la verdad y, para alcanzar la cima más elevada, el alma requiere reposo interior. Afirmaba que el servicio sincero a los demás es a través de la oración, lo que quiere decir que el servicio efectivo sólo puede realizarse a partir de la propia purificación que llega a través de la meditación (servir como una meditación activa). Ningún servicio es digno de ese nombre si no proviene como extensión de una práctica espiritual.

Para quien busca la paz, el silencio se vuelve una necesidad física. Al principio, el silencio ayuda a superar sensaciones negativas. Después de practicar las jornadas de silencio durante un tiempo, Gandhi entendió su valor espiritual: "En esos momentos era cuando podía tener una mejor comunicación con Dios. Ahora siento como si estuviera naturalmente configurado para el silencio".

No se es silencioso por el hecho de no hablar. Podemos taparnos la boca, sin que por ello hayamos conocido el silencio verdadero. El hombre silencioso es el que teniendo la posibilidad de hablar, jamás pronuncia una palabra de más. Al respecto, Gandhi declaró: "La experiencia me enseñó que el silencio forma parte de la disciplina espiritual del devoto de la verdad. La propensión a exagerar, a suprimir o modificar la verdad, sea o no de manera consciente es una debilidad natural del ser humano".

Para ser conscientes de esta debilidad es necesario el silencio. El hombre de pocas palabras raramente será descuidado de su habla, pues mide sin falta cada sílaba que pronuncia. Así su discurso se hace poderoso.

Religión y espiritualidad

Gandhi desconfió de quienes proclamaban su fe a los otros, en especial cuando pretendían convertirlos. La fe no existe para ser predicada, sino para ser *vivida*. Es cuando se difunde por sí misma. Las escrituras no deben sostenerse como teorías, existen precisamente para nuestra transformación y para iluminar la verdad.

En los seres humanos, el sentido de las palabras no representa lo mismo para cada persona. Por ejemplo, la palabra Dios no tiene el mismo significado para todos los hombres. Todo depende de la experiencia de cada quien.

Lo que deseamos aprender lo tenemos que vivir y esto es imposible sin la autopurificación, por ejemplo, la ley de la no violencia es un sueño sin contenido si nosotros mismos no la vivimos. Por lo tanto, la autopurificación habla de convertirnos en aquello que veneramos y debemos aplicarla en todas las áreas de la vida. Es altamente contagiosa, y conduce a la purificación de lo que nos rodea.

La prueba de que experimentamos dentro de nosotros una conexión con la energía divina no viene de algo exterior, sino de una transformación de nuestra conducta, nuestro carácter y nuestro sentir. Al vivir conectados al espíritu de la verdad somos capaces de amar hasta a la criatura más insignificante como si se tratara de nosotros mismos. Si tuviéramos una visión plena de la verdad ya no buscaríamos a Dios, sino que seríamos uno con él, porque la verdad *es* Dios. Ya lo dijo Gandhi: "Dios no se encuentra en el cielo ni en el infierno, sino en cada uno de nosotros. En consecuencia, podré ver algún día a Dios, si me consagro al servicio de la humanidad. Así como un árbol tiene un único tronco pero muchas ramas y hojas, así hay una sola religión —la humana— pero cualquier cantidad de expresiones de fe."

Gandhi fue el ser más feliz viviendo como los pobres, sin posesiones personales excepto, como dejó escrito, "seis ruecas, unos platos de la prisión, una lata de leche de cabra, seis taparrabos tejidos en casa, unas toallas y mi reputación, que no debe valer demasiado." En esta sociedad de consumo desaforado en la que se acumulan bienes por prestigio y en la que la propiedad toma el lugar de la personalidad, Gandhi escribió: "La civilización, en el sentido auténtico de éste término, no consiste en la multiplicación, sino en la reducción deliberada y voluntaria de los deseos". Declaró también: "Quiero identificarme con los seres que se arrastran por el suelo, pues si reivindicamos que descendemos del mismo Dios, lo cual es cierto, toda vida, sea cual sea la forma en que se manifiesta, debe ser esencialmente la misma".

Su creencia de que toda vida era sagrada y su modestia respecto a su propia santidad aparecen repetidamente en sus escritos e impregnan su pensamiento: "Creo que es posible para todo ser humano conseguir ser perfecto como Dios mismo es perfecto".

Declaraba que: "Es necesario que todos nosotros aspiremos a la perfección, pero cuando se alcanza ese estado, se convierte en indescriptible, en inefable. Y, por tanto, admito con toda humildad que incluso los Vedas, el Corán y la Biblia son imperfectos como palabra de Dios, y que para nosotros, seres imperfectos agitados por multitud de pasiones, es totalmente imposible entender esta palabra de Dios en su plenitud."

Su método de luchar contra el mal haciendo el bien y ayunando a menudo, casi hasta el punto de morir de hambre, produjo el mayor levantamiento masivo sin armas de la historia; uno en el que "millones de indios silenciosos", marcha tras marcha, huelga tras huelga, protesta tras protesta, se alzaron oponiéndose al gobierno colonial británico. Acusaba además a sus compatriotas indios tanto como a los británicos, por sus abusos y por cómo explotaban a su propio país. En un manifiesto general en el que se refería a las miserias de la humanidad entera, sin distinción de raza, credo o nacionalidad, expresó: "Los corazones totalmente endurecidos y la crudelísima ignorancia deberán desaparecer antes de que amanezca el sol del sufrimiento sin ira y sin animadversión".

Su ascetismo era tal que se volvió un vegetariano estricto, hasta que sus médicos lo obligaron a incluir leche en su dieta. Lo aceptó como medida práctica, al ser necesario para que pudiera mantener una vida saludable y productiva, porque no creía en la mortificación de la carne como sistema espiritual. "Mis privaciones, mi ayuno y mis oraciones —decía— sé que no tienen ningún valor si confío en ellas para reformarme. Pero tienen un valor inestimable si representan, como espero que lo hagan, el ansia de un alma que se esfuerza por reposar su cansada cabeza en el regazo de su Creador".

Al final, aunque le habían advertido en 1947 del riesgo de un posible intento de asesinato, caminaba entre la multitud sin miedo: "Conozco el arte de vivir y de morir sin violencia".

Mahatma Gandhi dejó al mundo un importante legado, una huella imborrable, con su excepcional ejemplo, en todos y cada uno de los hombres y mujeres.

"No existe el 'gandhismo' —escribió—. No quiero dejar ninguna secta tras de mí. No pretendo haber originado ningún principio ni nuevas doctrinas. Simplemente he intentado a mi modo aplicar las verdades eternas a nuestra vida diaria y a sus problemas."

Las siguientes palabras constituyen la definición que mejor tipifica la relación entre su activismo político y su meditación: "Habiendo dejado de lado a la espada, sólo me queda la copa del amor para ofrecer a mis adversarios". Esto nos abre la puerta para hablar de los seis principios de la no violencia.

Ahimsa (no violencia) es estar libre de malos deseos hacia cualquier ser viviente, está motivada por la abnegación y el esfuerzo de estar en concordancia con la voluntad de Dios. En ella uno no ofrece simplemente la otra mejilla cuando es golpeado, sino que devuelve afecto digno.

Gandhi creía que *Ahimsa* es una fuerza real, poderosa y positiva, capaz de llevar a la humanidad hacia más nobles versiones de nosotros mismos; la relacionaba con el Amor. Decía que si el amor no está presente, entonces la violencia

vive. La no violencia, desde la perspectiva de Gandhi, es
una estrategia para que la humanidad sane la demencia colectiva: "Donde hay No violencia, hay Verdad, y la Verdad
es Dios. No puedo decir cómo se manifiesta Dios. Todo lo
que sé es que Dios está en todas partes, y donde está Dios
todo está bien. Donde reina la Verdad y la No violencia hay
paz y felicidad".

Los seis principios para seguir la no violencia

1. La no violencia es para personas de valentía espiritual, que se resisten al ego y sus agresiones a las
emociones, al alma y la mente.
2. La no violencia busca hermandad y comprensión. Su
propósito es despertar lo divino en la comunidad.
3. La no violencia trata de erradicar injusticias, mas no
a personas. Reconoce que nuestros adversarios son
también víctimas y no son el demonio. La no violencia trata de erradicar el mal, no a las personas.
4. Sostiene que el sufrimiento puede educarnos y trans-
formarnos.
5. La no violencia elige amor y no odio en cualquier
situación, se resiste a la violencia del espíritu y del
cuerpo. El amor en este estado es espontáneo, sin
motivación, generoso y creativo.
6. La no violencia se sostiene en la creencia de que el
universo está del lado de la justicia. El que se resiste
a la violencia tiene la fe de que la justicia triunfará.
La no violencia cree que nuestro Dios es justo.

Los pilares de Mahatma Gandhi
Anatomía hipotética

Gandhi fue un hombre maravilloso. La más conocida estampa de él es una que lo representa desdentado y calvo, con el escuálido torso semidesnudo bajo los pliegues de su blanco *dhoti*. Mansamente tendida a sus pies está la cabra Nirmala, acariciando el aro de una rueca. *Dhoti*, la cabra y la rueca eran para Gandhi tres símbolos: el *dhoti* era el retorno a la genuina tradición hindú; la cabra, cuya leche le alimentaba, su frugalidad ascética y primaria; y la rueca, el arma invencible con la que un pueblo de labriegos y pastores acabaría triunfando sobre todo un imperio universal. Así fue Gandhi, quien demostró una gran habilidad al eliminar lo innecesario, y representar lo fundamental, lo que lo alineó a la verdad por dentro y por fuera. Él destacó por usar la fuerza que emana de la congruencia en pensamiento, palabra y acción.

Ahora exploremos a Mahatma Gandhi desde el punto de vista de los pilares del Coaching MMK:

Pensamientos

Mahatma Gandhi estaba lleno de pensamientos que sonaban idealistas y fuera de la realidad. Sus palabras eran bien elegidas, sensatas y cargadas de sabiduría. Pasaba mucho de su tiempo reflexionando y logró conquistar su mente para que ésta actuara a su favor y alineada a sus objetivos. Algunos de sus pensamientos relevantes fueron:

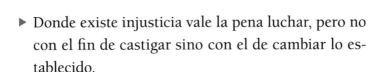

- Donde existe injusticia vale la pena luchar, pero no con el fin de castigar sino con el de cambiar lo establecido.

- Si lo que deseamos es el cambio siempre hay mejores maneras de lograrlo que usar una espada.

- He tratado de vivir como hindú, pero es irónico que en nuestro país los ingleses nos digan cómo vivir, qué es justicia y cuáles son nuestros derechos.

- No hay belleza en la ropa más hermosa si está hecha con el hambre y la infelicidad de otros. (Por ello le pidió a su pueblo que quemara la ropa que no fue fabricada por ellos.)

- Cuando desespero pienso que a lo largo de la historia ha habido tiranos que en su momento parecen ganar la batalla, pero al final la verdad triunfa.

- Tengo amigos que me dicen que les sale muy caro que yo sea pobre.

- La pobreza es la peor expresión de la violencia. Si no apoyamos a otros con sus talentos locales, los matamos de hambre.

- El único demonio real que existe es el que ronda el corazón de los hombres, y es ahí donde deben ser conquistados.

Cultura

Gandhi se vió rodeado de la fuerza de un imperio contra la debilidad de un pueblo sin recursos económicos. Él sentía el deber de hacer visibles las injusticias en las que vivía su pueblo y hacer algo por remediarlas. Los hindúes estaban desesperados, en una pobreza extrema. El alma de su gente estaba muriendo a manos de un gobierno que no comprendían y que no trabajaba en su bienestar. La fuerza de Gandhi dentro de esta desesperada situación fue luchar con el arma de la justicia. Incluso su vida la usó como su gran recurso para establecer orden y claridad por medio de sus ayunos. Me parece fascinante cómo, sostenido por la Verdad, Gandhi conquistó un imperio construido en el poder material.

Creencias

Las creencias de Mahatma Gandhi fueron muy apegadas a las enseñanzas del *Gita*. La claridad que le ofreció esta filosofía lo hizo respaldarse en un cuerpo de conocimientos que le dieron respuestas a lo largo de la vida.

- Creo en luchar por la injusticia, pero el castigo no le pertenece al ser humano, sólo a Dios. Todos los hombres somos pecadores.
- Aunque actuamos desde la no violencia, la resistencia debe ser activa y con el fin de provocar el cambio.
- Ojo por ojo hace un mundo de ciegos.
- La fuerza de la resistencia civil es provocar, así el que no ataca ni defiende tiene el control.
- La felicidad profunda no viene de las cosas sino del trabajo y del tener orgullo de lo que hacemos.
- Cualquier injusticia debe ser confrontada y debemos estar dispuestos a morir para hacer una diferencia, pero nunca a matar por la causa.

Lenguaje

Una vez se le preguntó a la secretaria de Gandhi qué era lo que admiraba tanto de él. Ésta dijo: "Muchas cosas, pero lo que nunca he visto en ningún otro ser humano es que lo que piensa, lo que dice y lo que hace siempre está en perfecta congruencia".

Emociones

El cuerpo emocional de Gandhi se vió alterado ante los abusos perpetrados contra su pueblo, o cuando entre hindúes y musulmanes comenzó la violencia incontrolada. Se sentía desesperado cuando creía que todo el esfuerzo de su vida se perdía en rabia y ataques. Gandhi prefería morir a sentir que él era la razón o el pretexto de cualquier expresión de violencia.

Declaraciones

Gandhi declaró en un momento dado la posibilidad de liberar a su pueblo fincado en la filosofía de la no violencia. Lo majestuoso fue que nunca se había hecho tal proeza y seguramente se cuestionó una y otra vez si esto daría resultado, pero él iba a ser fiel a lo que declaró y no concebía otra alternativa que actuar desde la paz. Hoy en día lo que Gandhi vio posible y lo que manifestó es un ejemplo para cualquiera que quiera hacer una diferencia o generar un cambio desde la paz en cualquier ámbito de la vida.

Ego

Gandhi creía que la negación del ego mediante el servicio desinteresado es vital para que alguien se acerque a Dios. El ego queda aniquilado sólo si actuamos y vivimos la voluntad de Dios. La conciencia de Dios llega a través de la negación del ego. Al respecto, afirmó: "Me siento más cerca de Dios sintiéndole a través de la tierra. Cuando me prosterno en la tierra, me doy cuenta al instante de todo lo que le debo; y si soy un digno hijo de esa Madre, debo convertirme en polvo y regocijarme por mi hermandad no sólo con los seres humanos más humildes, sino también con las formas más insignificantes de la creación, cuyo destino es reducirse en polvo. Tengo que compartirlo con ellos".

Gandhi escribió también: "Mientras no nos reduzcamos a la nada, no podremos vencer al demonio que se halla en nosotros. Dios nos pide nada menos que la rendición total del ego como precio para la única libertad verdadera que merece la pena poseer."

Cuando negamos el gobierno del ego en nosotros es cuando Dios llega a realizarse de forma completa en nuestra conciencia y trabaja a través de nosotros para lograr la realización y la experiencia del amor en todas sus dimensiones.

Nuestra conexión espiritual

¿Qué es en realidad la espiritualidad? No debemos confundir la espiritualidad con encontrar un maestro espiritual y emprender un camino de búsqueda sin fin, ni con tratar de descifrar cuál es el profundo significado de la vida. Tampoco significa vivir como si buscáramos la solución a un acertijo que quizá no era algo a comprender en primer lugar. A lo mejor al final sólo debemos descubrir que la misión es vivir al máximo y entregarnos al misterio de la vida.

El poder de la conexión

Todos y todo proceden de la misma fuente. Por lo tanto, cuanto más nos alejamos de la energía del Universo y sus distintas expresiones, nos alejamos también de estar *en contacto* con lo que realmente somos, ese *todo* del que en verdad somos parte. Al reconectarnos también lo hacemos con partes de nosotros mismos, con otros o con el entorno. Así que dichas conexiones son lo más espiritual de la vida. El "espíritu" es aquello que todos compartimos, lo que nos une.

Reflexiona sobre estos trece pasos que te pueden ayudar a desarrollar niveles más profundos de conexión y, por lo tanto, llevar una vida más espiritual:

1. *Aprender a convivir con emociones que reprimimos o evitamos.* Durante nuestra vida, ya sea por educación o por experiencias que vivimos, tendemos a etiquetar algunas emociones como "negativas". Esto hace que cuando por alguna razón afloren en nuestra vida, luchemos contra ellas o nos sintamos culpables por experimentar determinada emoción. No hay emociones "malas", por muy *oscuras* que nos parezcan. Son sólo grados de intensidad. Toda emoción tiene su razón de ser. El primer paso es la aceptación. Observa

tu cuerpo y mente con curiosidad, sin juicio. Recuerda que aunque estén ahí no significa que te controlen o te definan. Las emociones son pasajeras y puedes liberarlas si no las rechazas.

2. *Muchos de los hábitos y actividades que hacemos a lo largo del día pueden bloquear nuevas conexiones.* Y de hecho no sólo pueden, sino que aprendemos a hacerlas justamente para eso. Hacemos cosas para *distraernos*, sobre todo de nosotros mismos. La acción es imprescindible en esta vida para crear, disfrutar o ser productivo. Aun así muchas de las actividades y hábitos que llevamos a cabo en el día a día esconden partes de nosotros que no queremos ver, y nos alejamos de nuevas posibilidades. Así evitamos sorprendernos con nuevos aspectos que pueden ofrecernos profundidad en nuestra experiencia humana. Todo esto también viene normalmente por represiones pasadas de partes de nosotros mismos que llegamos a considerar malas.

Estas actividades y hábitos con los que te distraes pueden ser el alcohol, el tabaco, las drogas, el consumismo, etcétera. Pero también pueden ser el trabajo, el exceso de ejercicio físico, la música, la lectura, el constante aprendizaje (acompañado de inacción), la televisión, encerrarte horas en una habitación, comer, salir de noche, etcétera. Considera cuando algo de esto te saca de balance. Si crees que algo te aleja de tu conexión con otros y con el todo, prueba estar una semana sin ello.

3. *Aprende de las personas que generan una emoción que te incomoda.* A veces es la misma persona o el mismo carácter bajo distinta piel. Ahí existe una lección escondida. Estas personas tienen algún rasgo o emoción que tiendes a

reprimir. Observa qué emociones te despiertan, qué características en ellos te molestan. Esto ayuda mucho a conocerte a ti mismo. Si alguien simplemente no te aporta nada positivo y te sientes en paz con esa persona, siéntete libre de alejarla de tu vida. Esto también es sabio.

4. *Empatía.* Ponerte en la piel del otro, tratar de comprender sus procesos mentales, ser curioso por sus emociones y preguntarte por qué actúa como actúa. Si te encuentras en la vida con gente que no se comporta como tú quisieras, hazte estas preguntas:

- ▶ ¿Qué lo lleva a comportase así?
- ▶ ¿Cómo se debe sentir para actuar así?
- ▶ ¿En el fondo deseará obtener otra cosa?
- ▶ ¿Qué es lo que realmente puede querer esta persona? ¿Sufre dolor?
- ▶ ¿A lo mejor los dos buscamos algo similar?

5. *Compasión y servicio.* Una de las cosas que nos sirven para atravesar situaciones difíciles en nuestra vida es comprender y tener compasión por aquellos que después pasan por algo similar. Servir y ayudar a los demás conecta, es una de las mejores maneras de generar recursos y sentirte realizado en la vida.

6. *Inventa una labor alineada a tus pasiones, talentos y valores.* Muchos pasamos tanto de nuestro tiempo trabajando que debemos estar alertas de que este trabajo no sea una fuente de desconexión, sino lo contrario. Cuanto más nos "enganche" a un nivel profundo, más conectados nos sentiremos y por tanto más felices.

7. *El arte, la música, el teatro, la pintura, el cine, la danza y toda forma de creación artística abre una conexión directa con nuestro lado irracional.* Todos los días conéctate con tu lado creativo: escribe un poema, compón una canción, dibuja... haz algo nuevo para mantener viva esa parte tan importante del ser humano.

8. *Ejercicio físico.* Intenso o relajado, el ejercicio te ayuda a reconectarte con partes de tu cuerpo que a veces tienes fuera de tu conciencia. Escucha el ritmo de tu corazón, pon atención a la tensión y distensión de tus músculos, el oxígeno que entra y sale de tus pulmones, el sudor, tus movimientos, y lo que tu cuerpo te comunica. Ésta es una conexión íntima que debes tener contigo.

9. *Meditación.* No sólo te conecta con la energía más pura, sino que te vuelve consciente de la nube de pensamientos y emociones que sólo sirven para distraerte y desconectarte.

10. *Contacto con la naturaleza.* Es nuestro hábitat y entorno natural, de ahí venimos. El ser humano es fruto de la naturaleza que nos rodea. Alejarnos de ella es una de las desconexiones más brutales que llevamos a cabo. Es como desenchufar un aparato de la toma de corriente y pretender que la batería dure para siempre. Cuidémosla, visitémosla, conectémonos con el sol, los árboles, la tierra y los animales.

11. *Conéctate con la tierra.* Pisa la tierra, la hierba, la arena de mar. Lo más que puedas. Poner en contacto directo con ella tus pies desnudos desinflama tu cuerpo, lo carga y lo estabiliza.

12. *Aliméntate naturalmente.* Permite que tu comida sea lo más natural, limpia y pura que puedas. Evita los alimentos procesados, los cocinados de más y los microondas. Abraza

los alimentos de huerta y los ecológicos, y elige alimentos que provengan de procedimientos naturales y dignos.

13. Relaciones, juego, sexo. Cultiva buenas relaciones, pasa buenos momentos. Jugar con otros te aligera. Reírte, conocer personas nuevas, platicar... todo esto te conecta. Y por supuesto, el sexo es una conexión profunda y vulnerable que te hará sentirte en unión total. Vive en amor por ti y por otros; ésta es la máxima misión y la máxima expresión que conquistarás en este plano humano.

La confianza

Eleanor Roosevelt

El futuro le pertenece a quienes
creen en la belleza de sus sueños.

ELEANOR ROOSEVELT

Los aplausos retumbaron en el salón. El símbolo de la Organización de las Naciones Unidas coronaba el escenario. Ella fue bienvenida a la sala. Los aplausos continuaron. Llegó enorme, con sus brazos cargados sin resistencia por el propio cuerpo; subió presurosa al podio y saludó sin demora. Silencio. La voz aguda y femenina irrumpió con un sonido característico de cuando la lengua choca accidentalmente con los dientes, produciendo un silbido casi imperceptible:

Señor presidente y señores delegados:

Esta Declaración Universal de Derechos Humanos refleja las variadas opiniones de muchos hombres y gobiernos que han contribuido a su formulación y es el resultado de largos y meticulosos estudios y debates.

Ningún hombre ni gobierno en particular, sin embargo, puede tener lo que él quiere en un documento de esta clase. Desde luego que hay previsiones particulares en la Declaración con las que nosotros no podemos estar totalmente satisfechos. Esta indudable verdad lo es también para los otros miembros de la Comisión, y todavía continuaría siendo una verdad si nosotros continuáramos nuestro trabajo durante muchos años.

Ésas fueron las primeras palabras de Eleanor Roosevelt en la presentación de la Declaración Universal de los Derechos Humanos ante la Asamblea General de las Naciones Unidas (ONU). Este hecho fue la suma de su trabajo durante toda una vida: la lucha por la justicia, por la voz de los desvalidos en momentos difíciles donde reinaba la crisis económica y donde tuvieron lugar dos grandes guerras, el racismo y la inequidad de género y social en general. Es la síntesis del pensamiento de una mujer que rompió las reglas establecidas, es el cúmulo de sus valores (trabajar en equipo por la sociedad que avanza hacia mejores condiciones, exponer las ideas, encontrar eco en las reflexiones, trabajar por la libertad, que es casi siempre una labor inacabada).

Pero, ¿cómo logró esta mujer tímida desde el origen levantarse entre tanta gente que la observaba? ¿Cómo habló sin titubear frente a cientos de personas, no una sino cientos de veces? Confianza. Ésa fue la clave: confianza en sí misma.

Anna Eleanor Roosevelt, quien nació en la ciudad de Nueva York el 11 de octubre de 1884, fue una niña retraída, de mirada triste y labios caídos, difíciles de levantar para lograr una sonrisa. Su madre era hermosa, sus hermanas también, pero ella no lo era ante los ojos de los demás. Más bien se caracterizaba por ser de poca belleza, cohibida, insegura, muy inteligente (tal vez por ello fue la sobrina predilecta de su tío, el presidente Theodore Roosevelt).

La tristeza se agudizó en los ojos de esta pequeña cuando sus padres y hermano murieron en un lapso de tan sólo tres años. Entonces, con cinco años de edad fue desarraigada de un mundo que poco la protegía y enviada por su abuela a un internado en Londres, la Academia Allenwood. Inviernos fríos sucedieron ahí. La introspección y el silencio pudieron haber sido sus eternos compañeros, pero poco a poco su corazón se encendió. La directora del plantel, Marie Souvestre, la ayudó a seguir su futuro de una manera valiente. Le enseñó a confiar en sí misma. Al paso del tiempo, Eleanor logró hablar en público, expresar sus ideas, mirar al frente, dirigir sus largos pasos hacia algún objetivo justo. Primero fue líder en su escuela, luego no sólo primera dama de Estados Unidos sino un adalid del mundo occidental. El sentimiento de una niña desvalida se transformó al acercarse hacia otras personas con características similares. Era empatía y entendimiento, no desde una postura de víctima, sino desde un lugar de fortaleza, desde la posibilidad de crear cimientos para construir con ellos un mejor porvenir.

La maestra Souvestre la educó para ser líder, no para ser una doncella casadera. La instruyó bajo preceptos sufragistas de una época en donde las mujeres peleaban por sus derechos al voto, por ser ciudadanas, porque su voz fuera escuchada y sus derechos otorgados y respetados. Eleanor nació y creció en el tiempo en que la primera ola feminista hizo estruendo en la sociedad (llevaban ya más de medio siglo en la lucha sin ser ésta nada fácil; costó heridas, encarcelamientos, violencia constante proveniente del mundo que deseaba silenciarlas). La confianza, el valor y la inteligencia (virtudes que antes se precisaban para varones solamente) se hicieron valer por y para ellas en las sociedades europeas, primero, y luego en América. Las mujeres se autonombraron sujetos, no objetos; no eran máquinas reproductoras lejanas del placer o el deseo, tampoco madres ni esposas ni hermanas ni hijas, sino mujeres.

Eleanor cruzó el mar de vuelta a la ciudad que la vio nacer. Tenía 17 años. El destino la llamaba de regreso a casa: el mundo. Fue cuando conoció a Franklin Delano Roosevelt (futuro presidente de los Estados Unidos), un primo lejano, y se enamoró de ese joven alto, inteligente como ella, de sonrisa amable y honesta. La madre de éste se opuso rotundamente al matrimonio. Sin embargo, tras llevar una relación en secreto, el compromiso se firmó en una boda (a la que le sucedieron seis hijos). Eleanor llegó al altar con un vestido blanco de grandes hombreras y largas mangas, además de un encaje que cubría su cuello, que parecía torre amarfilada; una capa enorme descendía de su espalda, un velo bajaba cual cascada transparente y un ramo de flores descomunal le protegía en el frente como barrera entre ella y los demás.

Luego la Gran Guerra sacudió al mundo. Las mujeres y su entorno doméstico se resquebrajaron. Los hombres luchaban en trincheras las batallas masculinas y ellas peleaban por ser tomadas en cuenta en la esfera pública, una arena nueva que les abrió las puertas para trabajar como obreras, ferrocarrileras o campesinas. Sin duda estuvieron en la guerra también como enfermeras, hasta en los frentes de batalla como municioneras, en fin, y resultó que el mundo era lo suficientemente grande para todos, para todas. En los años venideros había intenciones de que los recuerdos fueran sólo para los héroes caídos en el campo bélico, y que para las mujeres se aplaudieran las referencias alegóricas: la Victoria, la viuda desconsolada y, en forma excepcional, la madre que maldice la guerra.[1] Eleanor, junto con muchas otras, logró derribar estas ideas. Durante los años veinte, en Estados Unidos, se reconoció el voto femenino. Por fin, después de una larga y pesada lucha, ellas existían. A partir de entonces, Eleanor Roosevelt se introdujo en la vida pública no nada más apoyando a su marido en la carrera política, sino participando en la Liga de las Mujeres Votantes, en la Liga de Mujeres de la Unión de Comercio y en la División de Mujeres del Partido Demócrata. Era el surgimiento de las mujeres modernas, de quienes alzaban la voz ante la sociedad para construir un mundo mejor para ellas y ellos, en conjunto.

Entre tanto su matrimonio, como todos, tuvo crisis, decepciones y tristezas. Lucy Mercer, secretaria particular de Eleanor, se involucró sentimentalmente con Franklin Delano cuando éste era senador por el estado de Nueva York. Una vez más, la suegra de Eleanor se entrometió, pero esta vez de manera eficaz. A cambio de que la pareja no se divorciara, le ofreció ayudarla con sus campañas sociales. Eleanor aceptó. Era un trato atractivo: lograr sus propósitos y ayudar a quienes lo necesitaban. Ese ambiente era

---

[1] Georges Duby (coord.), *Historia de las mujeres. El siglo xx,* Madrid, Taurus, 2001.

próspero para conseguir sus actividades altruistas. No era preciso alejarse de sus objetivos, la dignidad era parte de su estructura. Además de la ayuda económica y política, pactó dormir en cuartos separados. Poco a poco, los Roosevelt se convirtieron en compañeros de lucha, en apoyos uno de la otra y viceversa. En el año de 1933 Franklin Delano Roosevelt fue electo presidente de los Estados Unidos (no sin la ayuda en campaña de su inteligente y carismática esposa).

Es importante decirlo: en el periodo de entreguerras la figura de la mujer surgió como un sujeto emancipado, pero fue un deseo masculino regresarla al hogar cuando los hombres volvieron del frente, pues exigían sus puestos otra vez. Sin embargo, la mujer no podía volver al hogar, a la prisión, tan fácilmente. Un ejemplo de este no retorno era Eleanor. Cuando se manifiesta el ser, no hay poder que lo encierre de nueva cuenta.

Justamente fue el momento cuando nació la figura de la mujer moderna, la que usaba falda hasta las rodillas y vestidos amplios que permitían respirar sin los apretones del corsé; una mujer de cabellos cortos, con mascadas que volaban con el viento mientras paseaba en convertible con ella al volante y fumaba de una larga boquilla. Esas mujeres que bailaban charlestón, las *flappers*, moviendo las caderas, agitando los flecos de sus vestidos de una manera sugestiva, mostrando las pantorrillas y golpeando los tacones de sus zapatos al ritmo de la música para demostrar que ahí estaban. Las nuevas mujeres eran las que se atrevían a vivir la vida. No obstante, fueron objetos de comercio. Se jugó con esta idea de mujer nueva para hacerla blanco como sujeto e imagen de consumo: ropa, perfumes, cosméticos, revistas y aparatos electrodomésticos que prometían la libertad. Pero para todo mal hay un remedio.

Eleanor también gozaba de esta nueva forma de vida, y no sólo eran caprichos adquiridos del protocolo capitalista, eran también maneras de romper moldes, como lo dijo J. William T. Youngs:

> En el verano de 1933 Eleanor puso a prueba los límites de su libertad, como para determinar qué porcentaje de su vida privada podía conservar en su nuevo puesto. Primero compró un coche: no un Lincoln negro y formal o un Cadillac, como podría resultar apropiado para la primera dama del país, sino un Buick azul claro, un descapotable deportivo con los asientos traseros descubiertos. El coche era un capricho, otra señal de que Eleanor se negaba a dejarse llevar por el personaje formal que representaba la mujer del presidente. Como para proclamar su libertad respecto a las convenciones, Eleanor se concedió otros caprichos.[2]

La primera dama estadounidense, me parece, se mostró ante el mundo como un nuevo modelo femenino: ya no como la mujer tímida, delicada o sumisa, como aquella niña indefensa, sino como una persona vigorosa y sociable. El volante era un símbolo de que ella tenía el control de su vida. Su dirección era inspirar a otros, guiarlos, contagiarles la

---

[2] J. William T. Youngs, "Los amores de Eleanor Roosevelt"; disponible en línea en <http://www.magazinedigital.com/historias/reportajes/avance-editorial-los-amores-eleanor-roosevelt>; consultado el 7 de septiembre de 2015.

212 (🐑) Esencia de líder

fortaleza, la confianza, tal cual, sobre todo después de la depresión de 1929.

Es verdad, esta época se vislumbra engañosa. La libertad que tanto se pregonaba para ellas (mujeres blancas, porque la libertad para las mujeres afroamericanas era casi nula o nula por completo) fue relativa. Como lo dijo Margarita Nelken:

> Puede no sólo bastarse a sí misma con el ejercicio de una profesión, de un empleo, sino que puede ser electora y elegible. Lo que no puede esta mujer, que tal vez es ya abogada, ingeniera, doctora en medicina, es, antes de los veinticinco años, viajar cuando lo estima conveniente sin permiso de sus padres o tutores. Lo que no puede es disponer libremente de su persona. Enmendar esa ley, en cuanto a emancipación, es mucho más decisivo e importante que el acceso a las carreras liberales.[3]

Sin embargo, Eleanor pudo disponer de sí misma; pudo no sólo ser la primera dama de Estados Unidos de 1933 a 1945, sino también decir lo que pensaba en más de 350 conferencias de prensa a lo largo de su carrera como activista en favor de los derechos humanos y como diplomática, tanto de viva voz, como por medio de la palabra escrita. Roosevelt fue el ejemplo de la nueva mujer del siglo xx: activa, emprendedora, llena de confianza en sí misma. Rompió con el estereotipo de ser no sólo una mujer, sino una primera

---

[3] *La Eva Moderna. Ilustración gráfica española 1914–1935*, Madrid, Fundación Cultural Mapfre Vida, 1997.

dama cuya función no era ornamental (incluso expuso opiniones distintas a las de su marido siendo éste presidente). Con ella inició el declive de las tradiciones de la fémina exclusiva para el hogar, la esclava de la casa y la familia, para imponerse como una luchadora por el bien social de talla mundial y reconocida en su momento.

Los convencionalismos no eran para una mujer de su temple; debía sentirse libre para poder transmitirlo a su gente. La desilusión romántica de su esposo no la detuvo. Durante muchos años sostuvo una relación amorosa con la periodista Lorena Hickok, con quien viajó por su país y vio teñirse los cielos de azul, rojo y naranja en amaneceres inolvidables. Desafió la opinión pública sin proponérselo. El escándalo no era cosa suya. Ella vivía, de vez en vez rodaba en su convertible y aprovechaba para saber las condiciones de vida de la gente que habitaba Estados Unidos. Ningún viaje era frívolo. En cada uno paraba, observaba, platicaba. Volvía con un saco lleno de ideas y planes para mejorar las condiciones sociales.

Después de la Segunda Guerra Mundial, las mujeres exigieron y lucharon por no volver a ser discriminadas ni tratadas injustamente. Querían retener sus trabajos a pesar del regreso de los hombres y ser pagadas dignamente. Ante esta situación —y ante la que la humanidad occidental había pasado, llena de hambre, atravesando por una depresión profunda, viviendo pobreza y desesperanza tras una guerra de esa magnitud— Eleanor Roosevelt trabajó arduamente y formuló la Declaración Universal de los Derechos Humanos de las Naciones Unidas, refiriéndose a ella como "La carta magna de la humanidad". Ahí va aprisa hacia el podio, se escuchan los aplausos. El símbolo de la ONU corona el escenario. Ella es bienvenida a la sala, los aplausos continúan; llega enorme, con sus brazos que parecen ser cargados por el propio cuerpo, sube presurosa, saluda sin demora. Silencio. La voz aguda y femenina irrumpe con el sonido característico de cuando la lengua choca accidentalmente con los dientes, produciendo un silbido casi imperceptible. ¿Cuántas veces venció su timidez?

Hasta el año de 1962, cuando murió, esta mujer siguió activa en la vida política de su país. La historia no puede olvidarse de las mujeres, menos de mujeres así. La historia no debe olvidarse de ellas.

UNA MIRADA DESDE EL COACHING

Eleanor Roosevelt cultivó a lo largo de su vida la confianza en sí misma y descansó en ella. Su trayectoria la llevó a reconocer el gozo que se vive cuando fomentamos una relación sólida con uno mismo. Cuando no partimos de confiar en nosotros, se diluye el amor propio, ese reconocimiento, admiración y respeto que nos debemos, y así se desvía nuestro destino. El amor y la confianza existen juntos. Cuando el amor desaparece, la confianza deja de existir.

Eleanor Roosevelt, ER, como ella misma escribía su nombre, trascendió sin darle mayor peso a lo efímero. Usaba lo material como un sello de libertad, no de identidad. Sin la belleza como un reconocimiento de su entorno destacó siendo una figura sembrada en sus atributos no físicos, fiel a su esencia. Su actuar fue atribuido al amor hacia otros, a la humanidad y a sí misma. Enalteció la esperanza de ser mejores. Emanó empatía desde la fuerza. Nos invitó a considerar la posibilidad de ser dignos en nuestro actuar; a establecer una visón común que nos engrandeciera como seres humanos. Fue un ejemplo de *ser* líder en toda la extensión de la palabra.

Al entregarse a su autenticidad, al fiarse de lo grande en su camino y al estar segura de sus capacidades, puso en marcha lo necesario para enaltecer su fuerza y fomentar su determinación como ser humano. Entonces, lo obvio fue confiar en su físico, en su salud, en su cuerpo, en su energía, y usarlos como el vehículo que la llevara a labrar su sendero.

Sus compromisos se tejían con cada puntada, a cada paso dado, y lo que se vislumbraba era un gran ímpetu por rescatar lo humano, lo justo, lo obvio. Aquello que se disuelve en nosotros cuando la ignorancia humana marchita el alma.

Cuando lo que deseas plasmar con tu vida es hacer una diferencia, sabes que tu fuerza de voluntad está ahí para ti como el caballo fiel que espera a la puerta. Existe entonces suma confianza en las destrezas necesarias para apoyar sabiamente a los seres que requieren de tu aplomo. La sutileza es reconocer que el éxito se vive en cada momento, que lo define la intención firme de lo que deseamos manifestar, aquello que nos consolida, que nos integra. Así el fracaso nunca es una posibilidad, pues nos sostenemos en el tenaz interés de crear lo que tenga que ver con aquello que nuestro espíritu viene a desempeñar en este mundo.

Confía en que las personas se van a sincronizar con lo que tienes para ofrecer. Para Eleanor las oportunidades la llevaron hasta la Casa Blanca, en donde tuvo una gran plataforma para desenvolver su apreciado personaje. Desempeñó la disciplina necesaria, la entrega sin titubeos. Aprendió a vivir con la certeza de que una sola persona puede ser un pilar de cambio para un sinnúmero de almas a lo largo de la historia.

Tu luz habla el idioma de tu sabiduría, permite la claridad de reconocer lo importante, que lo real se revele para ti. Al dejar las expectativas y conservar las respuestas abiertas a lo que la vida quiere enseñarte te vuelves cocreador de tu camino, de la mano de una fuerza mayor. Al vivir despierto y caminar en paz, avanzas con naturalidad hacia las oportunidades que abren las puertas que te encaminan a tus propósitos. El reto es mantener audaz la energía para que permanezcas con ganas de dar.

Confiar es saber que actuaremos de manera adecuada en una determinada situación y que nuestros pensamientos serán alineados con lo que deseamos. La confianza se ve reforzada en función de las acciones tomadas en congruencia de nuestros objetivos y aumenta cuando se permite que la compasión esté presente en los intercambios con otros. Alimenta el amor en ti y la confianza crecerá. Con esta confianza, ama el mundo.

Eleanor Roosevelt fungió como una voz contundente y clara en la defensa y justicia de lograr equidad en nuestro mundo, lo que la llevó a mostrar un destacado y firme interés en los derechos humanos, muchos de los cuales hoy en día están desatendidos y muestran un desvió en la empatía de la humanidad. Trabajó por establecer un orden en la justicia a lo largo de su vida, y entendió que éstas son bases morales y éticas que una sociedad debe tener como cimiento para respetar y proteger la dignidad de las personas en cualquier ámbito a lo largo de su vida.

Al nacer todos los hombres y mujeres son libres e idénticos en materia de derechos y dignidad, por lo que se debe estar atento a crear una sociedad que rechace el abuso laboral, las torturas, los tratos inhumanos, degradantes o crueles, así como las desapariciones de personas, la propaganda a favor de la guerra, el genocidio, los crímenes de guerra, la explotación del hombre por el hombre, las penas inhumanas o degradantes, la esclavitud, los trabajos forzados y el odio hacia cualquier grupo de personas. En fin, todo lo que nos deshumaniza.

Eleanor Roosevelt destacó por su integridad (uno de los valores que en lo personal más admiro en un ser humano). Se mostró como un ser honrado, honesto, con un profundo respeto por los demás, directo, apropiado, responsable, con gran control emocional, con sumo respeto por sí mismo, puntual, leal, pulcro, disciplinado, congruente y firme en sus acciones. En general, fue alguien en quien se podía confiar. Integridad es retomar el camino de nuestra verdad, es hacer lo correcto por las razones correctas y del modo correcto.

Ella comprendió desde aquel tiempo que a finales del siglo xx el mundo enfrentaría retos. Recalcó la importancia de que la educación en general debía entender otras culturas o éstas se volverían una amenaza. Señaló que debemos apreciar el corazón de otros y no su imagen. Fomentó los derechos de libertad, dignidad y el trabajar por construir la paz de todos los seres humanos, decretando que cualquier guerra retirara de inmediato estos propósitos. Pidió que eligiéramos una vida que nos permitiera caminar con la frente en alto. Temió que al no establecer sistemas de salud incluyentes de todos los seres humanos nos separáramos entre los que tienen la oportunidad de ser atendidos y los que no. Subrayó que estaríamos tan intoxicados con la manera en que la tecnología se emplea en la comunicación que fallaríamos en lo que nos decimos y en lo que no nos decimos, y que con el tiempo se quedaría fuera lo realmente importante.

En 1962, ya por morir, urgió a un llamado a la acción. Convocó a usar el poder de cada uno de los ciudadanos con cuidado y valentía. Nos pidió inventar un nuevo mundo con pasión, bañado de paz. En su último libro, *El mañana es ahora*, ya con mucho esfuerzo, rogó que pusiéramos atención en la justicia racial, política y social; que retiráramos el miedo para enfrentarnos a lo desconocido con imaginación, creatividad, visión amplia y un corazón abierto. Todo con el fin de concebir un mundo que hable de la grandeza que llevamos dentro.

Los pilares de Eleanor Roosevelt
Anatomía hipotética

Eleanor Roosevelt, carismática, con una presencia sólida, pareciera de esas personas que sólo con estar a su lado se siente lo maternal, su protección como un gran velo, esa energía que te mantiene contenido, como cuando uno se acerca a uno de esos árboles bien sembrados que te roban el aliento porque en ellos ves que la vida se construye por una fuerza más allá de lo que podemos apreciar a simple vista.

Me recuerda a mi abuela, que de la manera más casual y sencilla, sin ningún tipo de pretensión, hablaba palabras llenas de sabiduría y sentido común. Con un aire ligero, sin procurarlo, lograba poner a todos a su alrededor en profunda reflexión. Parecía muy natural en ellas gozar de una óptica que entreveía a través de la confusión de cualquier tema, de donde extraían lo real, lo sustancial.

Mucho del empuje interior de Eleanor es impulsado por la presencia de un gran mentor en su juventud, *mademoiselle* Marie Souvestre, una mujer valiente, articulada, que tenía un especial interés en causas liberales. Ella moldeó e influyó en el desarrollo político y social de Eleanor Roosevelt, que a lo largo de la vida se convirtió en su mayor interés, lo que le permitió plantearse una vida fuera de convencionalismos.

Explorémosla desde el punto de vista de los pilares del Coaching MMK:

Pensamientos

Mucha de su destreza fue alejarse de la vanidad. Siendo una mujer observada a nivel global, decidió que iba a usar su vida como una forma de expresión contundente, de manera despreocupada y valerosa. Se alejó de arrogancias y deseos de ser admirada y sobresalió por sus propios méritos, por estar dispuesta a arremangarse y llevar a cabo lo necesario en cada momento. Sus pensamientos pudieron haber sido así:

- ▶ Utilizaré todo lo que tenga en mi favor para lograr una diferencia.
- ▶ Todos somos iguales, y a partir de esta premisa procuro el cimiento de un mundo mejor.
- ▶ No me perderé en la miopía de cualquier drama personal. Lo importante es luchar por construir un mundo mejor.
- ▶ Mi atención está puesta en localizar en qué más puedo ayudar.
- ▶ Confío en mí, en la humanidad, en que juntos podemos evolucionar.
- ▶ "No importa qué tan simple puede parecer una mujer, si la verdad y la lealtad están estampadas en su cara todos van a ser atraídos a ella."
- ▶ "Nadie puede hacerte sentir inferior, tú debes permitírselos antes."

Cultura

La vida de Eleanor Roosevelt se desenvolvió en variadas épocas y circunstancias. Fue un camino largo e interesante. Su mundo era uno de privilegio social, pero fue una niña solitaria por sus circunstancias familiares. Para Eleanor Roosevelt el mundo al que regresó a Estados Unidos en su juventud le ofreció en primera instancia la posibilidad de una vida más conservadora, con su suegra cuarteando su independencia y seis hijos por sacar adelante. Por ello, durante diez años su vida pareció ser confiscada en este apremiante entorno. Poco a poco, al paso del tiempo se abrieron caminos que la invitaron a su independencia y sin pena comenzó a tener una participación cada vez más activa en el mundo político. Esto la llevó a darse cuenta de que podía tener algo que decir en lo que esa cultura cojeaba. Se respiraba gran ceguera social, injusticia, racismo y un sinnúmero de desventajas para la mujer. Sin dudar tomó pluma, micrófonos y su posición privilegiada para transformar las ideas conservadoras de la época que representaban desventajas inmediatas para tantos. Más allá de esto, Eleanor Roosevelt vivió dos grandes guerras en posiciones importantes frente al mundo. Se apuntó de manera activa a ser partícipe de las asociaciones y fundaciones, y también puso su nombre para trabajar frente a las causas que necesitaban urgentemente de su aporte.

Creencias

Me parece que Eleanor Roosevelt tuvo la posibilidad de diseñar creencias para ella desde la libertad de ser criada fuera de su entorno familiar y social. Desde este panorama mucho más amplio pudo inventar creencias en las que sostenerse, creencias que fueron bien elegidas para ser congruentes con el ser humano en el que deseaba convertirse; así también logró sumar creencias poderosas a lo largo del camino, unas que invitaban a una visión más allá de lo establecido. Algunas de ellas pueden verse claramente:

- ▶ Mi integridad, lealtad y humildad serán mi mayor herramienta de trabajo.
- ▶ Mis enemigos no tendrán voz porque mi actuar está respaldado por mi verdad.

- ▶ El matrimonio puede existir como un intercambio de apoyos comunes, la intimidad se puede vivir en otras experiencias.
- ▶ Más que ser mujer, soy una voz para ellas, y trabajar por su equidad social es imperioso.
- ▶ Soy y seré incansable. Mientras tenga energía la utilizaré para el bien común.
- ▶ No pediré a otros que hagan lo que yo misma puedo hacer.
- ▶ Nunca, por ningún motivo, daré la espalda a la vida; mi curiosidad será siempre un gran motor.
- ▶ Cambias tus circunstancias al cambiar tu actitud.

Lenguaje

Fue maestra, periodista y organizadora política. Revolucionó el papel de la primera dama en Estados Unidos al mantener constantes conferencias de prensa, más de trecientas. Escribió una columna diaria para el periódico nacional, publicó libros, artículos, etcétera. Viajó por la nación dando discursos y conferencias. Organizó convenciones para crear reformas sociales. Representó a su nación en el mundo. Fue a campos de batalla y sanó siempre con su palabra. Toda la fuerza de esta mujer se llevó a cabo con el poder del lenguaje.

> El propósito de la vida es vivirla, disfrutar de la experiencia al extremo, extender la mano con impaciencia y sin miedo a vivir experiencias nuevas y enriquecedoras.
> ELEANOR ROOSEVELT

Emociones

Definiremos la confianza en este espacio como una fortaleza emocional que cada uno esculpe para sí, una que refuerza los sentimientos de valor y propósito. Los seres humanos carecemos de armonía cuando falla la confianza. Ésta es una hipótesis sobre la conducta futura de uno y de otros. Es una especie de apuesta que consiste en no inquietarnos con el no-control.

La confianza es el fundamento de toda relación humana. Sin confianza es imposible avanzar y crecer. Cuando hablamos de confianza hablamos de transparencia. Cuanto más se conoce, más confianza se fomenta. Pero no hay que confiar necesariamente en que todo salga como hemos pensado, sino en que pase lo que pase sabremos actuar a la altura y estaremos en paz. Por esto hemos de aprender a confiar en los demás y saber que no son perfectos; al mismo tiempo, debemos ser merecedores de confianza. Ésta señala la intensidad del vínculo entre dos personas: quien confía en otro lo hace crecer y contribuye a su felicidad.

Declaraciones

Las declaraciones que impactan en mayor medida nuestra vida las hacemos de manera inconsciente en la tierna infancia y en la adolescencia. Según lo que vivimos declaramos quiénes somos y qué es posible para nosotros y nuestra vida. En la infancia, al vivir episodios que no comprendemos o que van más allá de nuestra fuerza emocional, usamos las declaraciones para protegernos o para atraer una fuerza que nos saque adelante en el futuro. De alguna manera estas declaraciones esculpen una identidad que nos sostiene a lo largo de la vida. Descubrimos las declaraciones que llevamos dentro en los resultados que obtenemos en nuestra vida y en las características de nuestra personalidad, así como en nuestro comportamiento. Pero éstas siempre se pueden modificar al declarar algo nuevo. Cuando lo hacemos abrimos un nuevo camino para nuestra vida y reinventamos quiénes somos y de qué somos capaces. Al hacer declaraciones productivas podemos sustituir las que nos minan o limitan. Eleanor Roosevelt declaró:

- ▶ Seré la voz de muchos, pondré lo humano por encima de los intereses políticos.
- ▶ Tengo la energía, el interés y la curiosidad para hacer una diferencia.
- ▶ Los convencionalismos sociales no son para mí. Mi labor está en acompañar mi palabra con acciones.
- ▶ La justicia social y la equidad son la base de cualquier democracia y es importante luchar por éstas.
- ▶ El atractivo físico nunca sustituirá la integridad, la disciplina y una fuerte convicción.
- ▶ Hablaré con franqueza y seré directa con lo que me parece importante mencionar.
- ▶ La educación debe garantizar que los seres humanos nos relacionemos, no separarnos por etiquetas sociales, morales ni culturales.
- ▶ El buen trato y el reconocimiento de la importancia de las personas deben llevarse a cabo en todo momento y con todos los seres humanos.

Ego

El ego reclama: "¿Por qué a mí?", "¿Cómo te atreves a hacerme esto?", "No es justo", "Si tan sólo las cosas fueran diferentes...", "¿Con todos mis problemas, cómo puedo ayudar?", "Todo me pasa", etcétera. Son posiciones de victimización que inmediatamente nos quitan el poder, aniquilan nuestras nuevas perspectivas, vuelven la vida un reclamo y crean en nosotros una identidad reactiva que inventa vidas minúsculas, parásitos que en poco contribuyen al bien común.

Eleanor Roosevelt, sin duda como muchos de nosotros, se encontró con grandes retos a lo largo de su vida en lo profesional pero también en lo personal. Pero su conversación nunca fue empañada por su ego. Se mantuvo proactiva, no se perdió en lamentaciones o reclamos. Se sacudía lo vivido y como buena guerrera se enfocaba en su siguiente misión. Es por todo esto que Eleanor Roosevelt es considerada la mujer de mayor influencia en toda la historia de Estados Unidos. Conforme su vida avanzó, su personaje se engrandeció, sin distracciones; cada paso fue firme y hoy mucha de la justicia de la que gozamos las minorías y el respeto en la humanidad se la debemos a ella. En alto le aplaudimos.

La confianza en uno mismo

Para confiar en otros, en la vida y el universo, debemos creer en nosotros mismos. No podemos ofrecer lo que no llevamos dentro. Nadie va a ser mayor apoyo para nosotros a lo largo de la vida que nosotros mismos. Debemos comenzar por ser suaves y amorosos con nosotros. Esto aumenta la autoconfianza y aligera la necesidad de aprobación exterior, a la vez que fortalece la conexión con otros. Los pilares que debes tener en cuenta para fortalecer la confianza en ti son:

▶ Valora lo que es importante y expresa lo que sientes. Responsabilízate de tus necesidades y cuidados y pon límites a lo que no te funciona para vivir en paz.
▶ Honra tu ética personal, cuida de ti en primera instancia para ser íntegro contigo mismo.
▶ Reconoce que vas a sobrellevar cualquier error o equivocación y lo harás con amor.
▶ Evita a personas que cuestionan tu fuerza y tu poder, rodéate de amigos que te inspiren y vean tu grandeza.
▶ Honra tu palabra, haz lo que te prometes y lo que prometes a otros. Esto es clave: honrar tus compromisos aumenta tu confianza de manera excepcional.
▶ La relación contigo mismo es el pilar de cualquier otra. Entre más confíes en ti, más liberarás a otros y aprenderás a amar sin condiciones.
▶ Confiar también es saber que el mundo no es perfecto, que todos nos equivocamos. Esto permite que nos relajemos y seamos incluyentes, humanizándonos a nosotros y a otros.

La fortaleza

Irena Sendler

Para lograrlo hay que desearlo [...]
No tener miedo. Esto es cuestión
de voluntad.

IRENA SENDLER

La fortaleza implica la unión de muchas virtudes en una sola. Es vencer el temor, avanzar no sin miedo, pero sí manteniendo el control de éste. La fortaleza es la búsqueda del bien; es vencer las dificultades con honor. Es también poner en peligro la vida misma por un ideal justo. Esta fuerza motora habitó uno de los corazones más humanos de la historia del siglo veinte, el de una mujer.

En el centro de la capital polaca, tras el muro, había hambre, enfermedades, miseria, miradas contagiadas de tristeza que alguna vez contemplaron un presente diferente, uno lleno de futuro. Este último había sido enterrado para las personas judías gracias al estallido de la Segunda Guerra Mundial y a las ideas inhumanas de Adolf Hitler, avalado por un pueblo cómplice de semejantes atrocidades. Tras el muro, construido de dolor sobre dolor, se encontraba el gueto de Varsovia sobre una minúscula superficie para la comunidad marginada judía compuesta por aproximadamente 400 000 almas, echadas ahí a la peor suerte. El gueto,

230 Esencia de líder

bajo el control alemán en su ocupación de Polonia, era el portal anterior a la muerte: los campos de concentración y exterminio en masa (como el de Treblinka, por ejemplo).

Pero en este lugar donde reinaba la desesperación hubo también momentos de angustia convertida en coraje, en resistencia contra los nazis. No todo fue dejarse caer y aprisionarse. Aquí mismo, entre el 19 de abril y el 16 de mayo de 1943, se llevó a cabo una de las primeras revueltas judías contra el fascismo cuando tropas alemanas iniciaron la segunda deportación masiva hacia su aniquilación. El joven Mordechai Anielewicz, miembro de las juventudes judías (Hashomer Hatzair), lideró este acto rebelde. Sin embargo, habiendo logrado un frente importante, el movimiento fue aplastado por las Escuadras de Defensa alemanas. Ahí están las fotografías: fueron doblegados hombres, mujeres y niños, con las manos en alto. La luz de la esperanza era tenue, con filtros de iluminación fatídica. Años antes, entre los resquicios luminosos, estuvo una mujer, el Ángel del Gueto Varsovia, como la llamaron después. Su nombre era Irena Sendler, la misma que con un grupo de personas sacó de ahí a 2 500 niños judíos, salvándolos de los planes mortales fascistas.

¿Qué se necesita para arriesgar la propia vida y salvar la de otros? Valor, fortaleza. A Irena no le importaba si eran judíos y no católicos, como ella. Tampoco distinguía si los niños habían pertenecido a familias ricas o no. Mucho menos le incumbía una política fascista genocida y absurda. Lo que la guiaba en su labor de rescate a partir de 1939 era el sentimiento de un deber humanitario, era ayudar a salvar vidas inocentes.

En un invierno polaco, el 15 de febrero de 1910 en Otwock, al sureste de Varsovia, donde el frío provoca que la piel se agriete casi como agua congelada, donde el silencio lo es todo porque las pisadas no se escuchan por la nieve, nació un corazón cálido hecho de sol y otras estrellas: Irena. Desde pequeña fue apegada a su padre, Stanisław Krzyżanowski, un médico que le enseñó con el ejemplo la solidaridad y el respeto a la vida mediante la labor social. Ella miró cómo su papá jamás dudó en atender pacientes con pocas posibilidades económicas o con enfermedades peligrosas que otros médicos se negaban a tratar. Su generosidad lo llevó a la muerte. El doctor se contagió de tifus y murió cuando su hija tenía apenas siete años. Los padres, columnas, guías fundamentales: Irena decidió seguir una profesión afín. Si bien ser médica era complicado para las mujeres en aquella época (ni siquiera sé si se lo propuso), ser enfermera no. Desde joven hizo trabajos sociales y ayudó a quienes más lo necesitaban: pobres, huérfanos, ancianos, y dicha actividad profesional le prometía seguir su vocación: estar a cargo de los demás.

Esa mirada irradiaba bondad, sus labios esbozaban una sonrisa inocente. Ambos elementos eran el camuflaje perfecto para esconder la valentía subversiva que encerraba esta mujer. Con aquella expresión esperanzadora resistió los tiempos de guerra y sus atrocidades. No sólo eso, hizo frente y burló a una de las fuerzas más temidas, la Alemania fascista. Ni más ni menos, retó a la muerte. Semejante empresa fue, seguramente, una de las más difíciles en su vida.

Existían agrupaciones que hacían frente a las injusticias alemanas, como el Consejo para la Ayuda de Judíos, conocido como Zegota, en donde tiempo después Irene entró como miembro del cuerpo sanitario. Desde ahí se encargó de los casos de enfermedades contagiosas, gracias a lo cual pudo entrar y salir con libertad del gueto con la misión de paliar los contagios, ya que los nazis temían la plaga de tifus, sobre todo.

El dominio alemán provocó que Irena observara cómo el hambre y las enfermedades crecían más y más, en especial dentro del gueto. También supo que los judíos estaban ahí de paso por un tiempo definido, antes de ser llevados a los campos de concentración, si es que no morían por inanición o algún otro padecimiento. Todo ello la desbastó, pero había algo que no podía soportar: el dolor de los niños. Sus miradas lo decían todo: eran inocentes, indefensos; debían tener un mañana. Irena transformó su tristeza en valor y éste en esperanza. Pudo haber seguido su labor en silencio, como muchos otros. Pudo haber sido cómplice del exterminio. Sin embargo, decidió actuar. Ella misma lo dijo: "Debía salvarles a cualquier precio". Además de llevar dinero, ropa, medicinas y comida escondida a toda esta gente prisionera (entre ellas a su amiga entrañable, Ewa), logró sacar a miles de niños para salvarles la vida.

Su primera misión era convencer a las madres, principalmente, de soltar a sus criaturas. En medio del llanto y el dolor debían dejar ir a sus pequeños con una desconocida, sin la certeza de que lograrían escapar de los soldados alemanes, sin la seguridad de que sus hijos vivirían. Pero había que intentarlo; de lo contrario, la muerte sería un hecho pronto. El Ángel del Gueto de Varsovia sacó a niños y bebés como pudo, no a todos como hubiera querido (a unos

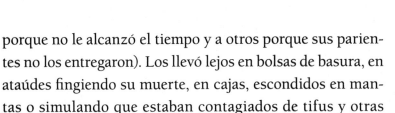

porque no le alcanzó el tiempo y a otros porque sus parientes no los entregaron). Los llevó lejos en bolsas de basura, en ataúdes fingiendo su muerte, en cajas, escondidos en mantas o simulando que estaban contagiados de tifus y otras enfermedades temidas. Quien más la ayudó fue un amigo suyo conductor de una ambulancia. Él recogía a los infantes y los escondía en el camión hasta sacarlos del lugar. Logró llevar a un perro para que ladrara fuerte y el llanto del niño se escondiera lo mejor posible.

Sobra decir que era un acto sumamente peligroso. Tanto Irena como el chofer y todos los implicados podían ser apresados y asesinados. Imaginemos la adrenalina, el sudor recorriendo cada poro, la agitación al respirar, el pulso cardiaco acelerado. El llanto de los pequeños era sin duda terrible; eran arrancados de los brazos de su madre para siempre. Son tristezas tatuadas. A cambio, fueron escondidos en conventos y hogares católicos, se les cambiaron los nombres y se les elaboraron documentos falsos para después ser colocados con familias que quisieran hacerse cargo de ellos, enviados a orfanatos o, como otros tantos, a Palestina. Irena realizó un archivo de cada ser salvado. En él estaban escritas sus identidades con el fin de que no perdieran su historia y de que tal vez, algún día, recuperaran a sus familias.

Pero Sendler no pudo salvar a todos ni a todas. Su tristeza fue que pudo haber hecho más. Sin embargo hizo, y mucho. Ante lo que se vivía en Polonia "era imposible no conmoverse", dijo en una entrevista. Al menos para ella lo era. "Existían antisemitas, personas indiferentes y quienes lloraban en silencio porque tenían miedo de hacer algo", dijo también. Sin embargo, ella debía actuar. Y no era que no sintiera miedo. Se trataba de un llamado en sí misma al que nombró audacia, rebeldía de juventud que le dictaba impedir actos injustos. Eso le enseñó su padre: tenderle la mano al que se hunde.

Un 20 de octubre de 1943 fueron por ella. Las botas se escuchaban en la acera del gran patio. Los soldados de la Gestapo llegaron, eran el aviso de un fin casi ineludible. Irena sentía por dentro cómo su fortaleza se resquebrajaba, recordaba la piel en invierno, el vencimiento del agua hecha hielo al primer rayo solar. ¿Cómo no tener miedo? "Es todo un trabajo. El miedo se domina. Es cuestión de voluntad". Fue aprisionada en Pawiak. En su celda el tiempo parecía detenerse; era probable que la muerte llegara y debía aferrarse a su fe. Entre tanto, encontró una estampa de la Divina Misericordia (la que en 1979 regaló a Juan Pablo II) que decía: "Jesús: en vos confío". Seguramente rezó, confió en un poder divino. Se sostuvo en ella y en un poder absoluto para seguir respirando.

Fue torturada brutalmente, pero nunca habló; jamás dijo dónde escondió a esos niños ni un nombre ni una dirección, tampoco de sus colaboradores. Se le condenó a muerte. No se esperaba menos. Pero de pronto se encuentran personas que devuelven favores. El paradero de los niños salvados no podía olvidarse, ellos tenían derecho a saber su pasado. Entonces, un soldado fue sobornado por la resistencia polaca; él la ayudó a escapar mientras la conducía a su asesinato. Así se pudo recuperar el archivo y entregarlo al Comité de Salvamento de los judíos supervivientes. Se encontraba enterrado bajo el manzano de un vecino de Irena, frente a las barrancas nazis. Casi bajo sus casquillos mortales el símbolo de la vida se levantaba en un árbol maravilloso. La guerra terminó y Sendler volvió a ser lo que siempre fue: Una mujer al servicio de los otros. Continuó con su labor social y siendo madre y esposa en medio de un mundo distinto, uno que buscaba la reconstrucción.

Apenas en 1999 Irena Sandler fue descubierta por casualidad gracias a un grupo de universitarios de Kansas que hacían un trabajo sobre el Holocausto. A partir de entonces, la heroína salió del anonimato. Siendo una mujer mayor recibió reconocimientos y premios gracias a su labor humanitaria, tales como la Orden del Águila Blanca de Polonia, el título de Justa entre las Naciones de la organización Yad Vashem de Jerusalén y una candidatura al Premio Nobel de la Paz. La historia de esta mujer permaneció en silencio durante más de medio siglo y poco a poco sale a la luz su valiosa misión. El heroísmo no es sólo para los soldados caídos en batalla. La memoria no se levanta sólo en estatuas y monumentos, también se yergue en palabras para honrar y seguir ejemplos como el de Irena, quien murió en Varsovia el 12 de mayo de 2008 a los 98 años. Estas palabras son el eco, las nuevas raíces de la fortaleza.

UNA MIRADA DESDE EL COACHING

> Una gran nación es como un hombre grandioso:
> Cuando comete un error, se da cuenta.
> Al reconocerlo, lo admite.
> Al admitirlo, lo corrige.
> Él considera a aquellos que señalan sus fallas,
> sus más benevolentes maestros.
>
> LAO TSU

Un gueto se describe como un área usada para aislar a un determinado grupo étnico, cultural, religioso o social, primordialmente de manera involuntaria. Desde hace ya muchos años la humanidad ha creado separación en vez de unión y hermandad. Hoy en día nos parece natural que se den estos fenómenos que abren en nosotros la posibilidad de crear enemigos o clasificaciones en cuanto a una aparente superioridad o inferioridad entre seres humanos. Este término se empleó originalmente para indicar los barrios en los cuales los hebreos eran obligados a vivir y a permanecer confinados, y hoy su uso se ha extendido a cualquier territorio en el que se excluye la concentración de un determinado grupo social.

Un mundo que representara nuestra evolución invitaría a un movimiento en nuestra conciencia, nos alejaría de la posibilidad de crear guetos en tantos sentidos en nuestra vida. Al salir de la ignorancia en la que vivimos muchos de nosotros, podríamos reconocer lo absurdo que es separarnos en razas, religiones, color de piel, culturas, etcétera. Asusta pensar que hoy en día, después de lo que ha vivido la humanidad, sean tan evidentes el odio, la segregación, el miedo y un falso sentido de grandiosidad que rige

a muchos. Creerías que hemos aprendido a relacionarnos mejor, pero no es lo que vemos, incluso en entornos familiares.

Al leer sobre la vida de Irena tuve sueños cargados de frustración. Amanecí sintiendo el corazón apachurrado, con un nudo en la garganta. Una conmoción me llegó de manera profunda al acompañar a Irena en tan heroica misión. Es irónico que al entrevistarla ella pidió que *no* se refirieran a ella como un héroe, argumentando que a su parecer hubo mucho más con lo que hubiera podido ayudar. Irena se mantuvo en anonimato a lo largo de gran parte de su vida, y no consideró que sus actos sobresalieran. Para ella lo que hizo fue lo natural.

Me parece que su madre describe un gran atributo de Irena de manera puntual. Al llegar a su casa después de ser torturada, todavía con una sensación de que había mucho por hacer, su madre le dijo: "En momentos como éste ser decente es más que suficiente". ¿En qué momento la decencia es lo único que se necesita para resaltar entre otros? Qué importante virtud: se define como dignidad y honestidad en actos y palabras.

Así de sencillo.

Si los seres humanos diéramos valor a la decencia en tiempos de confusión, evitaríamos los sufrimientos inhumanos, no sólo para nosotros mismos y para otros, sino también para los animales y el planeta.

Si yo pude ser afectada aun con tanta distancia de lo que ella vivió, imagina lo que ella sentía al dormir; imagina aquello de lo que sus ojos fueron testigos día con día. Nada obliga a los seres humanos a crear movimientos tan crueles como el nazi. Lo que me impresiona es la necesidad del ser humano de inventar guerras, genocidios, abusos infernales. La humanidad ha sufrido más en manos de otros hombres que por ninguna otra causa. ¿Por qué?

> Todos somos capaces de creer cosas que sabemos que no son verdad. Después, cuando finalmente nos damos cuenta de que estamos mal, imprudentemente comenzamos a manipular los hechos para demostrar que estábamos en lo correcto. Este proceso lo hacemos por un tiempo indefinido, pero en un momento dado una creencia falsa golpea contra la cruda realidad y es usualmente ya en un campo de batalla.
>
> GEORGE ORWELL

Finalmente, ¿qué hace la diferencia entre una persona cruel y una persona de tan enormes atributos como Irena? ¿Cuándo nos perdemos? ¿En qué momento giramos de la decencia a la inconsciencia?

Disonancia

La disonancia es un acto psicológico que se define como estrés mental. Consiste en gozar de creencias que nos invitan a actuar alineados a nuestros valores, pero que cuando estamos en determinada situación justificamos nuestros actos y elegimos alejarnos de aquello a lo que le dábamos valor. Mientras mayor es la disonancia más se aviva la confusión de pensar que lo que hacemos es lo correcto, o nos desasociamos de nuestros actos. Es por ello que se pueden dar

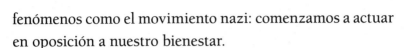

fenómenos como el movimiento nazi: comenzamos a actuar en oposición a nuestro bienestar.

Todos los seres humanos somos capaces de caer en episodios de disonancia. Como explica la gran oración de Pogo: "Hemos conocido al enemigo y vive dentro de nosotros". Pero al mismo tiempo, la gran mayoría somos buenas personas. Lo que nos lleva a actuar de maneras inhumanas es justificar que el otro merece el maltrato, ya sea por una justificación personal, por un miedo o por defensa colectiva.

Se han hecho un sinnúmero de estudios para responder a la pregunta: ¿Nos volvemos malos? En un estudio llevado a cabo por Stanley Milgrams en 1963, llamado "El experimento de obediencia", varios sujetos estaban asignados a dar electrochoques a víctimas designadas. Impartían elevadas corrientes de electricidad que sabían que dañarían a las personas que las recibían y se justificaban culpando a la víctima de merecerlo. Hacían cometarios como: "Fue tan necio y estúpido que merecía ese electrochoque". Una vez hecho el daño veían a la víctima sin valor, creían que era inevitable darles ese castigo por sus propias deficiencias de intelecto o carácter. Es decir, los actos quedaban fuera de su responsabilidad, su mente giraba de tal manera que percibían sus actos como la única manera "correcta" de actuar dada la situación. Los resultados de este estudio fueron unánimes: combina a una persona con alto "orgullo propio" con personas vulnerables y tendrás la receta para escalar a la brutalidad, que en muchas ocasiones es cometida por personas comunes y corrientes, con hijos, amantes, que disfrutan de la música, la comida, etcétera.

Esto es lo que más disonancia crea: pensar que algunos estamos exentos de maldad. Lo primordial es estar lo suficientemente atentos a nuestra autojustificación, identificar cuando comenzamos a pisar una línea que invita a maneras de actuar que contraponen el bienestar. Se necesita comenzar con un pie en la dirección equivocada para terminar perdidos en vidas desapegadas de lo honorable. Puede ser en el núcleo familiar o social; al cegarnos podemos formar parte de un engaño individual o colectivo. Para evitar este fenómeno muchos debemos vivir en constante indagación: "¿Qué relación tengo con el error?", "¿Cómo he reaccionado en el pasado a mis errores?", "¿Busco justificar mis actos por sentir que otros merecen un mal trato de mi parte?" Todos tenemos un lado oscuro, pero lo que nos hace buenos es nuestra capacidad de estar conscientes de él.

En 1971 el psicólogo Philip Zimbardo realizó un estudio que reveló lo que se plantea anteriormente: convocó a estudiantes universitarios para una investigación psicológica conocida como el "Experimento de la Prisión de Stanford". Los voluntarios fueron analizados para evaluar su estabilidad psicológica, física y emocional. Eran jóvenes normales de clase media. Los estudiantes eligieron ser prisioneros o guardias y fueron encerrados en una cárcel montada en el sótano de la Universidad de Stanford. El proyecto estaba programado para durar dos semanas, pero fue cancelado a los 6 días, pues los participantes tomaron su papel de manera tan profunda que transformaron su perfil psicológico casi de inmediato. Los "prisioneros" se volvieron sumisos y depresivos, mientras que los "guardias" se tornaron sádicos y abusadores. Todo en menos de una semana.

En varios escenarios a lo largo de la historia se puede observar de manera escalofriante cómo casi cualquier persona, dada la influencia apropiada, puede alejarse de un estado de claridad y dignidad y actuar gobernada por la violencia y la opresión. Abraham Lincoln decía: "Casi todos podemos soportar la adversidad, pero si queréis probar el carácter de un hombre, dadle poder." Sea por acción directa o por inacción, muchos de nosotros nos conectamos con puntos ciegos cuando un ambiente de determinadas características se permea en nosotros.

No hay que menospreciar la influencia tan grande que tiene el medio ambiente en cada uno de nosotros. Es difícil permanecer en claridad cuando estamos inmersos en una cultura social. Es como el pez en el agua, mucho de lo que nos construye ni siquiera lo vemos. Nos dormimos ante los mandatos del entorno sin reconocerlo. Por ello, hay que evitar participar en situaciones sociales, políticas o familiares que dividen a las personas ya sea en razas, género, religión, nacionalidad, estatus, etcétera.

Somos seres sociales por naturaleza, al interactuar creamos redes y jerarquías que muchas veces dan como resultado fenómenos de segregación que invitan a posturas de "nosotros contra ellos". Una vez que esto sucede pueden borrarse los límites del pensamiento individual y actuamos según la conversación colectiva. Muchos nos sentimos personas de bien, pero al sumergirnos en lo cotidiano, al tomar por hecho lo establecido, nos volvemos parte de una sociedad y pasamos por alto la violencia contra la naturaleza y otros seres vivientes sin cuestionarnos. Quizá no hayamos cometido maldades de manera consciente, pero sin duda hemos ido en contra de nosotros mismos en algún momento por el sólo hecho de pertenecer, por inconsciencia o por presión, a un grupo determinado. Nuestra ignorancia resalta en nuestra incapacidad de oponernos a un flujo general que destruye la armonía y el equilibrio.

Lo significativo es estar alertas, preguntarnos: ¿cuándo deja de ser importante otra persona, cuándo alguien deja de ser humano para nosotros? Es en espacios de confusión, miedo y represión en los que almas como la de Irena nos enseñan la luz, al actuar alineadas a la verdad humana. Extraen lo único real dentro de una situación gobernada por la locura colectiva. Todos creamos la realidad en conjunto, y muchas veces necesitamos líderes como Irena que nos muestren el camino entre la neblina, con fortaleza y valentía.

Irena nos demuestra el poder de la individualidad y la importancia de negarnos a ser participantes silenciosos. Sabía que eso contribuiría a la demencia que se vivía y nos enseñó cómo no seguir tus principios te vuelve cómplice de lo que repruebas. La fuerza no está en la queja, eso sólo hace más fuerte el conflicto. La diferencia la hace quien ejerce sus virtudes, quien contrapone su postura desde la honorabilidad. Noble es quien se apega a su integridad y se sostiene por su ética, y Sandler contrarrestó la brutalidad de su mundo con entereza y determinación. Sus virtudes la expusieron y la obligaron a actuar a pesar del miedo, pero ahí radicó su caminar por la vida con la frente en alto. Tuvo la capacidad de negar una orden inmoral y establecer una voz que fue guía y orgullo para un grupo que prefería morir a ser parte de un mundo atroz.

Su secreto para evitar caer en el lado oscuro: ser ella misma, hacer valer su unicidad y autenticidad como ser humano. Quien es honesto refuerza durante su vida un sistema de valores y principios, una ley moral que obedece. Sigue una manera de ser por considerarlo lo apropiado, lo justo o lo correcto. Claro que ningún ser humano puede vivir sin cometer errores, pero sí tenemos la habilidad de decir: "Esto no está funcionado", "Esto no hace sentido." Abrimos la puerta a relacionarnos con nuestros desaciertos.

Errar es humano, pero después los humanos tenemos la opción de cubrir la verdad o dar la cara. Es crucial lo que hacemos después del error. Siempre se nos ha dicho que debemos aprender de nuestras equivocaciones, pero es difícil aprender la lección si no percibimos nuestras fallas al actuar.

Los pilares de Irena Sendler
Anatomía hipotética

Irena Sendler parece representar a esos pocos seres humanos que viven dotados de amor y valentía. Por esto su apodo de "El Ángel del Gueto de Varsovia". Lo asombroso para mí de esta mujer es que no sólo tuvo el empuje y la generosidad de su espíritu para actuar bajo tal injusticia, sino que no parece haber conservado rencor ni sed de venganza por el tiempo infernal que vivió cuando fue capturada. Y cuando tuvo la fortuna de ser liberada no tomó la posición de víctima, ni tomó el hecho de manera personal. Esto le permitió seguir con sus convicciones y con su alma digna, y más adelante vivir en paz, tener hijos y morir a los 98 años con una mirada dulce y profunda.

Hubo otros que apoyaron a Irena, una red de personas que logró salvar a 2 500 niños. Gente que decidió usar su vida como vehículos del bien. Todos vamos a morir, así que tener miedo y esquivar la muerte es inútil; éste es un encuentro que tarde o temprano tendremos. Pero qué importante es "ser uno" con la muerte, como dice Heidegger (filósofo alemán), quien planteó que hasta que no reconocemos que moriremos de manera formal somos como hojas que arrastra el viento; nos vamos con la corriente sin darnos cuenta de nuestro poder. Heidegger nos invita a reconocer que muchos vivimos mecanizados y que debemos despertar a la vida. Para él hay dos modos de existencia: la auténtica y la inauténtica. La primera es llevada por los hombres que aceptan con lucidez su condición en el mundo, que hacen de cada acto una creación original y profunda, que asumen la certeza de su muerte como un conocimiento que sólo el hombre tiene y por eso lo dignifica; por lo tanto, viven con responsabilidad su muerte, no como un futuro ineludible sino como una presencia que impregna toda la vida y es experimentada sin temor. La existencia inauténtica, por otra parte, se comporta a la inversa: convierte a la muerte en una ceremonia, un acto social que les ocurre a los otros y que hasta que le llega a uno puede disimularse ocupando la vida en una curiosidad superficial, en esa "avidez de novedades" que busca lo nuevo no para comprenderlo sino para distraerse.

Exploremos a Irena desde el punto de vista de los pilares del Coaching MMK:

Pensamientos

Irena fue una mujer que no se dejó llevar por pensamientos que invitaran al reclamo, a la imposibilidad o a juzgar si lo que otros hacían era injusto. Reconoció que su fuerza no estaba en enjuiciar a otros mediante la mente. Tal vez si su atención hubiera estado en esos pensamientos la hubiera paralizado el miedo y el repudio de lo que vivía, pero pudo actuar gracias a su fuerza mental. Sus pensamientos podrían haber sido así:

- ▶ Si tengo la posibilidad de salvar a cualquier niño y apoyar a personas vulnerables debo hacerlo sin reparo.
- ▶ El miedo no debe ser un obstáculo, actuar es lo relevante.
- ▶ En este momento la vida es frágil. Si tengo aliento y el privilegio de la libertad debo usarlo para el bien de los niños.
- ▶ No actúo por honorabilidad, me mueve lo que a mis ojos es lo natural; hago lo que me parece evidente, lo que creo que debo llevar a cabo.

Cultura

Irena se encontraba en una situación impensada, asaltó su entorno de manera impactante. No sabían a qué escalaría la situación, ni cuándo terminaría. Para Irena el presente era lo fundamental, lo que pasara ella no lo podía controlar; sólo podía proceder tomada de la mano de la esperanza.

Su mundo eran personas invadidas por el miedo, la miseria, las enfermedades, el frío y un profundo desconcierto. En un momento gris, oprimido por la demencia colectiva, Irena se convirtió en valor. Eso era lo que se requería en momentos como ése.

Creencias

Las personas que no tienen la necesidad de complacer, agradar o pertenecer pueden honrarse a sí mismos. Al no tener la atención puesta en otros podemos ser fieles a lo que creemos, no desde una estructura mental sino desde la escucha de nuestro interior. Las creencias más profundas son las que nos construyen y las que nos invitan a actuar de la manera en que lo hacemos. Si observamos la vida de Irena podemos extraer lo que creía lo que la llevó a tomar sus pasos con valentía y convicción. Las creencias de Irena fueron:

- ▶ Para mí, luchar contra lo que sucede no es tan importante como ayudar ahora en lo que pueda.
- ▶ Dentro de cualquier situación lo primordial es salvar vidas. Eso lo aprendí de mi padre.
- ▶ Si uno tiene ventajas debe usarlas para beneficiar a otros.
- ▶ Sé que otros me pueden apoyar porque lo que quiero conseguir es lo que cualquier ser humano debe considerar primordial: salvar vidas inocentes.

Lenguaje

El lenguaje de Irena era de una sencillez que delataba su inteligencia. Una frase que escuché de ella cuando ya estaba cerca de los 98 años fue: "A lo largo de la vida y después de tantos años de experiencia lo que he aprendido es que lo único importante es la bondad".

Emociones

Qué fuerza emocional tan sólida debió haber tenido Irena. Muchos de nosotros nos quejamos y nos doblamos ante cuestiones muy relativas, pero ella nos demuestra ser una mujer sabia, serena en su interior. Qué importante es la inteligencia emocional, que nos hace mantener la mente clara, las emociones justas y las acciones atinadas. Irena nos enseña cómo al conservar nuestro ser en calma podemos ser efectivos con lo que deseamos.

Declaraciones

Irena Sendler se arraigó en sencillas pero profundas declaraciones:

- ▶ Una persona necesitada debe ser ayudada de corazón, sin mirar su religión ni su nacionalidad.
- ▶ Ayudar a otros justifica mi existencia en la Tierra. No lo hago para conquistar un título ni para recibir glorificaciones.

Ego

Si el ego es la parte de nosotros que crea desamor y separación, un movimiento como el nazi es la representación del ego en nosotros de forma masiva. Como humanidad debemos reconocer que casi todas las estructuras sociales hoy en día están regidas por el ego en mayor o menor medida. Tal vez no de manera tan evidente como en el nazismo, pero sí en menor escala. Hoy en día debemos replantear la manera en que nos relacionamos unos con otros, usar las vidas como la de Irena para encontrar y labrar dentro de nosotros toda la bondad que esté a nuestro alcance. Maestras como Irena Sendler no deben ser la excepción. Ella nos da esperanza al reconocer que todos podemos hacer de este mundo uno que se aleje del miedo y la violencia, uno que nos invite a la compasión y el bienestar. Todo comienza con cada uno de nosotros.

Si consideras que hoy eres cómplice de una situación equívoca o estás llevando a cabo actos que no están a la atura de tu bienestar o el de otros, o simplemente no asumes la responsabilidad de tus acciones, contesta las siguientes preguntas:

- ▶ ¿Piensas que tus intereses y necesidades son más importantes que las de otros?
- ▶ ¿Crees que mereces más que otros?
- ▶ ¿Cómo reaccionas cuando te equivocas? ¿Te defiendes?
- ▶ ¿Cómo has reaccionado en el pasado a tus errores?

► ¿Buscas justificar tus actos por sentir que otros —por ejemplo tus hijos, tus padres, tu pareja, etcétera— merecen un mal trato de tu parte?

Todos tenemos un lado oscuro, y lo que nos hace valerosos es la capacidad de estar conscientes de él. Vivir en humildad y darnos cuenta cuando no actuamos desde el amor es más importante que pensar que no nos equivocamos.

La voluntad

Nelson Rolihlahla Mandela

La mayor gloria en la vida no consiste en no caer, sino en levantarnos cada vez que caemos.

NELSON MANDELA

Suena la campana. No bajar la guardia. Ser rápido, sorpresivo. Adelantarse a los movimientos del contrincante. Absorber un *jab*, esquivar el *swing*. Protegerse de un gancho al hígado. Un *knock out* implicaría no haber estado alerta; sería quedar sin fuerza, tendido sobre el suelo, sin control de sí mismo, sin la posibilidad de pararse para seguir. Ésa es la clave: seguir a pesar de los golpes. Resistir. Caer, levantarse, no sucumbir en el asalto, en el combate. A eso se le llama voluntad.

Mandela era admirador del boxeo. Lo practicó en su juventud como deporte. No era la violencia lo que le gustaba, como escribió en su biografía, sino cómo el cuerpo se protegía a sí mismo, la manera en que uno maneja su propio ritmo, la estrategia para atacar y retirarse. Así vivió su vida: observando, estudiando a sus opositores; adelantando el pensamiento y la acción frente a quienes encarnaban el *apartheid*, sin permitirse distracciones como el odio o el rencor, sino acumulando fuerza para la lucha. Abogado, activista, estratega, político, amante de la humanidad, fue un hombre de gran voluntad. Cayó y se levantó para llegar a su destino (que era al lado del de miles de hombres, mujeres y niños de raza negra y blanca): mirar la caída del aparato represor para dar paso a una sociedad democrática. Es el símbolo de la unión, de la tolerancia, de la aceptación.

No hay montañas monumentales, las colinas ondulan el paisaje de colores vivos. Es un espacio que parece no tener fin ante su plana extensión color ocre, donde nacen pequeños arbustos y hierbas por donde caminan los pies descalzos de cuerpos oscuros arropados con túnicas teñidas. El cielo se levanta azul con la intensidad del claro. Ahí está Mvezo (en el distrito de Umtata, capital del Transkei), una pequeña aldea que se moja con las aguas del río Mbashe. Un rincón de Sudáfrica donde el tiempo tiene piedad y parece transcurrir más lento que en cualquier otro lugar, y alejado del mundo blanco de raíces inglesas, colonialista y explotador. Ahí, en la nación Xhosa, que forma parte de la tribu thembu, nació el 18 de julio de 1918 un miembro de la casa real dentro del clan Madiba (como llamaron al recién nacido cuando creció), a quien su padre, Gadla Henry Mphakanyiswa (jefe tribal por derecho de sangre y tradición, y consejero del rey de Tembulandia), nombró Rolihlahla, que quiere decir "arrancar la rama de un árbol" o "revoltoso". A veces el nombre encierra la misión de quien lo porta. Rolihlahla Mandela no estaba dentro de los privilegiados que podían gobernar, pero sí fue educado para ser consejero de los gobernantes de la tribu, aunque éste no fue su destino.

Durante la infancia se fortalecen los valores. El pequeño Rolihlahla tenía dos grandes dones: escuchar y observar.

Usó sus cualidades para aprender de sus mayores, en especial de su padre y de los sabios de la tribu. Las leyes, la educación, la cortesía, la no humillación eran fundamentales para el pueblo xhosa, según escribió el propio Mandela. La admiración por su padre (analfabeta, pero excelente orador) lo llevó a comprender e introyectar el sentido de la justicia, la rebeldía con un fin y la perseverancia. El amor por su madre, Nosekeni Fanny (miembro del clan xhosa amaMpemvu, perteneciente al linaje de la "Casa de la mano derecha", la tercera de cuatro esposas que le dieron trece hijos en total a Gadla, polígamo por creer en el dios Qamata), le valió aprender la fortaleza y la dignidad para enfrentar el futuro sin dejarse vencer para seguir adelante.

La tierra por donde caminaba Rolihlahla junto con sus cabras, vacas y ovejas era propiedad del estado. Ningún africano en aquel entonces tenía derecho a ser propietario de algún terreno; sólo podía ser arrendatario. Además, ninguna persona negra tenía derecho a nada: ni al voto, ni a protestar, ni a caminar, ni a nacer, ni a educarse, ni a comer, ni a vivir, ni a morir, en zonas de blancos. A nada. Pero Rolihlahla estaba lejos de ese mundo. Creció hasta los nueve años con su madre y sus dos hermanas, y su padre iba a verles de vez en vez. Corría entre la polvareda con sus amigos; veía los atardeceres rojizos, naranjas; esperaba la noche para que salieran estrellas como pequeños soles amontonados y comía maíz que había cortado en el camino.

El propio Mandela decía que creció entre la costumbre, el ritual y el tabú. Su cultura era una mezcla entre la occidental y la africana, así que era normal que sus padres fueran cristianos devotos. A los siete años entró a la escuela metodista y recibió una educación de corte británico. La regla era renombrar a los niños de forma inglesa. Su maestra, la señorita Mdingane, nombró al niño Nelson. Su madre nunca pudo pronunciar semejante palabra, pero en el mundo occidental así se le conoció.

Luego llegó el primer golpe para Madiba. Su padre fue a dormir a casa. El pequeño Nelson recuerda cómo tosió sin parar durante días, pero nunca quiso ver un doctor. La madre de Rolihlahla y la esposa más joven de su padre lo cuidaron. Gadla permaneció en la choza sin moverse ni hablar, y su hijo lo miraba sabiendo que tenía pocos días de vida. Gadla pidió su pipa llena de tabaco, pero sus esposas se rehusaban a dársela. Él insistió. Fumó durante más de una hora hasta morir con la pipa encendida. Nelson escribió más tarde haberse sentido a la deriva. Su madre era el centro de su existencia, pero su padre era quien lo definía.[1] No sólo la ausencia paterna sería terrible para él, sino también la lejanía de la madre y de la tierra que le había dado seguridad. Nelson siguió órdenes: empacó sus cosas y caminó hacia el oeste sin parar, en silencio, acompañado de Nosekeni Fanny. Ella lo dejó en las puertas de su nueva casa: el Gran Lugar (un enorme terreno con varias construcciones, un huerto propio y hasta un automóvil Ford V8 a la entrada). Se decidió que fuera a vivir con Jongintaba Dalindyebo, el regente de los thimbu, quien apreciaba a su padre y le debía ciertos favores. Su madre lo abrazó sin romper el silencio y luego se alejó con paso firme. No mirar atrás es una regla

---

[1] Nelson Mandela, *El largo camino hacia la libertad. La autobiografía de Nelson Mandela*, Madrid, Aguilar, 2012.

para seguir hacia delante sin tropiezos. Después la vería en contadas ocasiones.

El mundo comenzaba a abrirle las puertas para el pequeño. Su estancia en el Gran Lugar fue maravillosa. La familia del regente y éste mismo lo trataron como a un miembro más. Estuvo rodeado de amor, sin duda, y su aprendizaje continuaba. Ahí era donde los jefes de otras regiones lejanas se reunían para discutir asuntos de importancia, y poco a poco Nelson se ganó el permiso de estar presente en esas juntas. Escuchaba a los jefes con admiración y respeto. Aprendió, por ejemplo, a oír a todas las partes involucradas, a no tomar partido por uno o por otro bando de manera ligera, a mantenerse en serenidad mientras se prestaba atención a críticas severas hacia uno mismo, tal como lo hacía el regente. Se interesó por la historia de su país. Le encantaba sentarse e imaginar las narraciones de los viejos sabios, siempre con enojo y tristeza por la colonización blanca y su codicia que sólo había traído miseria a los pueblos negros. Sin embargo, Rolihlahla no sentía rencor por aquellos que colonizaron África. Ahora eran parte de la nación y los veía como benefactores. La realidad era que Madiba no tenía mucho contacto con esa sociedad.

A los dieciséis años, el regente decidió que era el momento de que Ralihlahla y Justice, su hijo, se convirtieran en hombres a través del ritual. La única manera de lograrlo era con la circuncisión. Sólo así se podría heredar las riquezas del padre, casarse y oficiar los rituales de la tribu, es decir, introducirse como varones a la sociedad. Después de su preparación en aislamiento dentro de su choza, le fue practicada la circuncisión. La choza ardió como símbolo de que su infancia había quedado atrás. Después del corte tardó en pronunciar la palabra necesaria (lo cual no se le perdonaría nunca): Ndiyindoda, "Soy un hombre".[2]

El futuro trazado para Nelson era ser consejero del nuevo rey. Por ello, para educarse de la mejor manera, se le envió junto con el querido Justice a escuelas de corte británico con prestigio para la población africana. Después el regente lo apoyó para matricularse en la Universidad de Fort Hare, donde empezó estudiando lo necesario para ser empleado del Departamento de Asuntos Indígenas. Finalmente no logró ningún título ahí, pero sí se ganó una expulsión por protestar en contra de la calidad de los alimentos que les daban. Fue ahí donde mostró sus aptitudes de líder por primera vez. Fue electo para representar a los estudiantes, pero consideró injusta la elección y rechazó el puesto. Ahí estabá el deber ser, la herencia paterna que no lo abandonaría nunca.

Al volver de Fort Hare a casa del regente, éste tenía planeado casar a su hijo y a Nelson con un par de chicas locales. Era la costumbre, pero ambos se negaron. La primera decisión que Mandela tomó fue escapar a Johannesburgo. Lo hizo no sin sentir culpa y gratitud por el hombre que lo había criado durante varios años (quien por cierto le perdonó ese acto tiempo después, poco antes de morir). Era el año de 1941 cuando tomó el tren y dejó atrás un pasado que pronto le parecería lejano.

Es posible que Madiba mirara atónito ese entorno con edificios, autos, maquinaria y áreas verdes encerradas en

---

[2] *Ibid.*

espacios que seguramente le parecían diminutos en comparación con su tierra natal. Su nuevo lugar de residencia era un mundo distinto del que creció. La tierra se transformó en asfalto y la ingenuidad en la comprobación de la injusticia racial constante, que se vivía día a día, minuto a minuto. Fue otro golpe que lo hirió profundamente, pero no lo derrotó. La supremacía blanca arrasaba sin piedad con los derechos nulos de la población negra. Mandela nunca había tenido ese sentimiento al que le obligaban ahora: ser inferior. Eso no estaba en su sangre ni en su educación ni en su experiencia. La mezcla entre blancos y negros era imposible en Sudáfrica; la igualdad de derechos no se diga. Era la ley la que dictaba semejante imposibilidad y desigualdad.

Después de haber visto la miseria mientras trabajaba como supervisor nocturno en una mina, y tras ser despedido por el encargado cuando supo que se había fugado, Nelson vivió en Alexandra durante un tiempo, sumido en la extrema pobreza. Fue entonces que conoció a Walter Sisulu, vendedor de bienes raíces, su mentor político y miembro activista del Congreso Nacional Africano (CNA), una organización fundada en 1912 por hombres pertenecientes a diferentes grupos tribales, dedicada a contrarrestar las fuerzas en pro de la segregación racial a través de medios no violentos como boicots, marchas y peticiones escritas.

Otros comenzaron a definir a Mandela como un muchacho despierto, brillante, educado, de personalidad avasalladora, leal, con buen sentido del humor: un líder en potencia, como lo definió Sisulu, palabras más, palabras menos. El mundo abrió otra puerta para él: el ámbito de la política, de la resistencia, de la lucha. Nelson se unió al CNA, primero por curiosidad y luego por convicción. Al principio no emitía opinión en las reuniones, sólo escuchaba, como era su costumbre, observaba, pensaba en voz baja.

Sisulu ayudó a Mandela a trabajar como aprendiz en una firma de abogados blancos, pero dirigida por un hombre con ideas un tanto liberales: Lazar Sidelsky. De pequeño no conocía la ambición, pero poco a poco aprendió sobre ésta y quiso superarse. Trabajaba por las mañanas y estudiaba por las noches para continuar sus estudios por correspondencia en la Universidad de Sudáfrica. Fue en esta etapa cuando se politizó y entabló amistad con activistas de ideas marxistas, fundamentalmente. Madiba estaba convencido, aunque en un principio no lo decía (en parte por una timidez al no hablar bien el inglés, y en parte por su necesidad de aprender mientras escuchaba), de que el problema de Sudáfrica no se anclaba en la lucha de clases, sino en un elemento racial; por ello, la teoría de Marx no se amoldaba del todo para plantear el problema y la solución ante las injusticias de su país. Sin embargo no juzgaba, aprendía.

Poco a poco Mandela se involucró cada vez más en las actividades del CNA. En la clandestinidad, en cuartos pequeños con poca ventilación se discutían las actividades a seguir. El humo del tabaco se convertía en una nube artificial, mientras las discusiones se desarrollaban en medio de la noche, entre música, risas de vez en vez y acalorados debates. Por fin en 1943 Mandela participó en el boicot para contrarrestar el alza de tarifas en los autobuses, el cual fue exitoso.

Ese hombre de sonrisa franca se enamoró. Era el año de 1944 cuando Rolihlahla conoció a Evelyn Mase, una estudiante de enfermería prima de Sisulu. Esa mujer de carita redonda, callada y bonita, como el propio Mandela la describió, fue su primera esposa a los pocos meses de conocerla y durante trece años; con ella tuvo dos hijos y dos hijas (los varones murieron jóvenes, y una de las niñas los siguió siendo muy pequeña). Antes y durante este romance, después de mil y una humillaciones por el color de su piel, Mandela comprendió que su deber era con su pueblo, no sólo con una fracción de éste ni con su familia. Se dio cuenta de que la ambición de tener un título y un salario digno no eran suficientes. La necesidad de lograr el eco con otras personas y el bienestar de las mismas crecía en el interior del antiguo Rolihlahla de una manera incontrolable. Esta decisión política de vivir orilló a Evelyn a obligarlo a escoger: ella o el CNA. La relación se golpeó, los objetivos de uno y de otra no iban hacia la misma dirección. Evelyn se sentía abandonada, sola, engañada; lo acusó varias veces de infidelidad. Al instante en que la soga aprieta, el amor se escapa. Mandela siguió su destino.

¿Cuándo ha estado en paz el mundo? La Segunda Guerra Mundial casi llegaba a su fin. Los negros trabajaban incesantemente en nombre de la Corona Británica para sustentar esa batalla terrible, pero sin ser tratados como súbditos o beneficiarios del imperio, sino como gente inferior, sin derecho a ser ciudadanos con voz para exigir mediante el voto. El CNA tendría que asumir esa lucha de la gente oprimida que, además, rebasaba en número a los blancos que estaban en el poder. En este contexto, Madiba (quien pensaba que la solución radicaba en el nacionalismo africano militante), junto a otros miembros de dicha organización como

Lembede, Tambo y Sisulu, formaron la Liga Juvenil con el fin de, por un lado, captar nuevos miembros para la organización y, por otro, direccionar al CNA en su búsqueda de la libertad política.[3]

Cabe mencionar que Nelson desarrolló después la convicción de que Sudáfrica era un pueblo compuesto por lenguas distintas, y de que debía abolirse la supremacía de una raza sobre otra, a diferencia de otros compañeros que más bien tenían un pensamiento separatista, como Lembede, quien influyó en un principio al joven Madiba. En cualquier caso, como proponía Lembede, había que superar el complejo de inferioridad africano, lo cual se unía a la idea de Mandela de fortalecer un nacionalismo; sólo así se lograría la unión de una raza con otra. Esta militancia se enfocaba en desaparecer el servilismo negro y establecer una forma de gobierno totalmente democrático, no sólo para la minoría poderosa.

Entonces la fuerza del Estado se hizo sentir. Por ejemplo, en 1946 tuvo lugar una huelga minera para protestar por mejoras en el salario, en la que participaron setenta mil africanos. La policía actuó de manera brutal: aprehendió a los líderes, saqueó las oficinas, sitió la mina y asesinó a doce trabajadores en la marcha. Semejante hecho marcó a Madiba, quien no esperaba esta derrota. A raíz de lo anterior estudió el liderazgo de Gandhi con sus movilizaciones masivas bajo la línea de la no violencia y los alcances que tenían en ese momento. Había que ser más cuidadoso en la organización del CNA para que los logros fueran mayores.

---

[3] *Ibid.*

Había que estar dispuestos al sacrificio, al sufrimiento, y Mandela lo estaba. Su convicción era la vida. Al paso del tiempo se sumaron indios, mestizos y blancos a la lucha. Al principio Madiba se sentía inseguro de hablar en público, pero su fuerza interior lo guio. Surgió de sí mismo el líder que llevaba gestando durante mucho tiempo. La etapa de oír y callar terminó. Era el momento para guiar a sus semejantes.

Llegó el año de 1947 y Nelson decidió que su estancia de aprendiz en el despacho de abogados debía terminar. Inició sus estudios para obtener el título y ejercer la abogacía. Era una manera de contribuir a su pueblo. La supremacía blanca tomaba fuerza, peleando fácilmente desde la comodidad que el poder otorga. Así, los *afrikaners* gobernaron en 1947 y con ellos se instauró el *apartheid*, una serie de leyes que acentuaban la represión y la segregación al pueblo negro. Los africanos fueron desarraigados de sus hogares, a veces de manera violenta, para llevarlos a suburbios alejados que no prometían nada más que pobreza y maltrato. Mandela y sus compañeros lanzaron la campaña de oposición, que trataba de presionar mediante la desobediencia civil. No podían quedarse de brazos cruzados mientras la gente de color sufría semejante atropello. La comunidad negra adoptó la propuesta.

Sudáfrica era una bomba oscura como el carbón proveniente de las profundidades terrestres. Las leyes del *apartheid* fueron desobedecidas y la población negra decidió por primera vez en años. La política se definía como la rebeldía absoluta a favor de una mayoría oprimida. Había sido Mandela quien organizó la campaña, lo que le valió su fama como líder militante, sobre todo para la juventud. A cambio, se tornó en una amenaza constante para el gobierno. Lo primero fue enviarle una orden de inhabilitación, lo cual disminuyó sus posibilidades de movimiento, con lo que no podía asistir a reuniones públicas en lo absoluto. La clandestinidad para sus acciones rebeldes fue la opción. Nada lo detendría.

Es importante decir que Madiba y Tambo inauguraron el primer bufete de abogados para negros. Esto implicaba trabajar en juzgados de blancos con jueces blancos, fiscales blancos, jurados blancos y policías blancos. La discriminación no tenía fin.

La voluntad de Mandela crecía a la par que sus protestas. No se dejó vencer ni cuando la policía llegó violentamente a detenerlo alegando alta traición. Era el año de 1956, y fue arrestado en una redada realizada en todo el país. Detuvieron además a 155 activistas. El juicio duró cuatro largos años, sólo para ser dictaminado no culpable. Su vida personal y la militante casi eran una sola. Una tarde, al volver de una sesión del juicio, miró a una joven de sonrisa vivaz, ojos pequeños y paso sostenido, igual que su mirada. Winnie Medikizela (una de las primeras trabajadoras sociales de raza negra, mujer independiente, libre de tomar sus propias decisiones, tozuda y radical al paso de los años) fue su segunda esposa y madre de otras dos de sus hijas. Mandela se enamoró de esta joven que era su par, quien no sólo apoyaba su militancia, sino que formaba parte de esta lucha incansable. Este amor fortalecía a Nelson para continuar.

Las protestas a favor de los derechos raciales no sucumbían, igual que la represión por parte del Estado.

Hubo asesinatos, golpizas, desapariciones y encarcelamientos. Hombres, mujeres, niños y ancianos sufrían en carne propia las atrocidades del poder. El CNA fue decretado ilegal, junto con sus protestas pacíficas. No había opción. Mandela, como líder intelectual del CNA, no vio más alternativa que actuar por medio de guerrillas violentas desde la clandestinidad, lo cual implicaba ser doblemente cuidadoso con cada acto, y sobre todo era un mundo subterráneo que le obligaba a cuestionarse a sí mismo en cada momento si las decisiones eran las correctas, no sólo para él, sino para sus seguidores. De un abogado que luchaba por la vía pacifista se transformó en un comandante militar que actuaba a la sombra del ámbito público. Ya era 1962. El país había abandonado la Mancomunidad de Naciones un año antes. Mandela salió de Sudáfrica para viajar dentro y fuera del continente con el objetivo de recaudar fondos y sostener la lucha armada.

Argelia y Etiopía fueron su hogar por un tiempo para recibir entrenamiento bélico, y al mismo tiempo nacieron campos para entrenar guerrilleros a lo largo y ancho de África. Los países socialistas apoyaron al líder en plena Guerra Fría. Aunque era buscado en su patria, volvió para continuar lo que tenía pendiente: la batalla estaba lejos de haberse ganado. En los atentados que cometían Madiba y su gente se aseguraban de que no hubiera muertos ni heridos. En medio del caos, Mandela, junto con otros líderes del CNA, fue obligado a comparecer ante un tribunal compuesto en su totalidad por gente blanca. Se le acusaba de haber salido del país sin permiso e incitar a la huelga, además de planear un golpe de estado. La pena máxima era la muerte.

Eso era lo que Mandela esperaba, y aun con esa posibilidad no desistió.

Rolihlahla Nelson Mandela no se defendió. Defendió su causa ante los tribunales vestido con el atuendo tradicional xhosa. Era una forma de hacer pública la lucha. Su discurso duró cuatro horas. Los asientos para no blancos estaban llenos y fuera del juzgado cientos de personas le apoyaban y vitoreaban. Madiba habló sobre la historia negra antes de la llegada de los blancos; habló en especial de las leyes occidentales hechas para oprimir y doblegar; habló también de que seguiría a su conciencia por encima de la constitución porque sus leyes eran inmorales, injustas e intolerables; dijo que había sido convertido en criminal por lo que pensaba, por lo que defendía. Por ello se había alejado de su familia, de su esposa; por ello estaba listo para morir si así fuera el caso. La libertad era su máxima ambición. Declaró:

> He luchado contra la dominación blanca y he luchado contra la dominación negra. He soñado con un ideal de sociedad democrática en la cual todas las personas vivan juntas en armonía y con igualdad de oportunidades. Es un ideal que me hace querer vivir para conseguirlo, pero si es necesario, es un ideal por el que estoy dispuesto a morir.

Mandela se consolidó como un símbolo libertario. No perdió la vida porque eso hubiera costado una terrible presión en contra del gobierno sudafricano, que estaba en la mira de gobiernos y organizaciones civiles internacionales. En 1964 la sentencia llegó: cadena perpetua por conspiración en contra del gobierno. Mandela era un hombre de cuarenta y cinco años. Tras la tristeza que embargaba a su esposa y a él mismo, partió junto con otros compañeros a la prisión de Robben. El mar golpeaba con bravura la isla redonda y rocosa, un pedazo de tierra infértil azotado por el sol.

La misión de la cárcel no era mantener a los presos políticos encerrados nada más, sino doblegar su espíritu, derrotarlos anímicamente, arrebatarles la identidad; como dijo Madiba, tenía la intención de convertirlos en olvido. Era un golpe duro que dejaría tendido a cualquiera en la lona. Escuchó su propia respiración durante incontables días y noches; a veces se hacía una con el mar. Las luces estaban encendidas en todo momento y no había un reloj que indicara el tiempo; la discriminación racial era brutal en ese recinto: menos ropa, menos comida, menos privilegios que a los presos blancos. No había tiempo que transcurriera pronto. Winnie, con quien llevaba ya seis años de matrimonio, pudo verlo una vez en su primer año como preso. Para tocarla pasaron veinte más.

Voluntad. Madiba tenía voluntad. Su lucha seguía tras las rejas, en un rincón de soledad y silencio donde era normal recibir agresiones físicas y verbales. Esa lucha se alargaba a cada despertar que con dignidad se enfrentaba al sol para picar piedra caliza y volver a la celda diminuta con las manos sangradas. Rolihlahla seguía la lucha a cada instante, haciéndose respetar por los presos y celadores. Al abrir los ojos cada mañana tenía una actitud positiva: saludaba a cada guardia de mano, sin llamarles jamás jefe; preguntaba interesado por sus familias, no como un símbolo de inferioridad sino al contrario, como una actitud humana de igual a igual. Era esta manifestación de honor y confianza en sí mismo la que inspiraba respeto, el cual creció. Para 1975 el trato había cambiado: recibía visitas, por ejemplo, y logró que las condiciones infrahumanas aminoraran ahí dentro.

La vida fuera de prisión no tenía esperanza. A pesar de ello, Nelson Mandela se levantó cada amanecer del suelo donde durmió durante veintisiete años; podía entristecerse (era duro estar separado de su familia, más aún cuando su hijo mayor murió en un accidente de auto y no le permitieron siquiera ir al funeral), pero la lucha siguió desde la cárcel. Mientras tanto, Winnie seguía militando arduamente y de forma cada vez más radical; tanto que su manera de actuar se alejaba cada vez más de las convicciones de su esposo. Los años pasaron y en el corazón de Mandela no había amor más fuerte que el que tenía por su esposa. Era, sin duda, una de los pilares que le mantenía vivo, con esperanza.

Mientras Mandela veía transcurrir su vida casi en el olvido, Sudáfrica parecía no albergar ningún cambio a pesar de las revueltas civiles. Surgieron otros líderes *antiapartheid*, como Steve Biko, que manchaban el liderazgo de Mandela y cuyas actuaciones se tornaban mucho más violentas y radicales. En 1976 varios de los activistas de esta falange fueron presos a la Isla Robben cuando el Estado reprimió y asesinó a varios estudiantes que se manifestaban en Soweto. Sudáfrica estaba en la mira internacional. Después de esto ya no era posible asesinar públicamente sin que hubiera presión de grupos extranjeros e incluso internos para que eso no volviera a suceder y para exigir justicia.

En la década de los años 80 Sudáfrica tuvo un despertar masivo, imparable. Iban tarde para abolir las leyes raciales.

El mundo lo resaltaba con razón. Madiba surgió de entre las cenizas como un símbolo de libertad, un líder inspirador que aun preso reclamaba presencia y devoción. En 1982 fue trasladado a la prisión de Pollsmoor por influir en los jóvenes de Robben, y más tarde fue cambiado a la de Victor Verster. En ambas su estancia fue mucho más amable: organizó a los presos para diferentes actividades, continuó estudiando y escribiendo.

El país giraba en un vórtice: las masas enfebrecidas pedían la liberación de su guía, Nelson Mandela, igual que algunas organizaciones extranjeras; la economía se debilitaba gracias a un boicot; el gobierno debía hacer cambios que lograran apaciguar las aguas. En 1985 se propuso liberarlo si aceptaba claudicar a la violencia. Él rechazó el trato. Su hija fue la voz portadora del mensaje: "No puedo ni quiero hacer ninguna promesa cuando ni yo ni ustedes, el pueblo, somos libres". La fuerza del pueblo fue verdadera, el sueño de Mandela se había cumplido. Hubo negociaciones entre él y el gobierno durante cinco años. El *apartheid* debía caer. El presidente Frederik de Klerk coadyuvó a inaugurar esta nueva etapa que se manifestaba imperante: impulsó la liberación, tanto de Mandela como del yugo que representaba el *apartheid*, lo que les valió a ambos el premio Nobel de la Paz en 1993. También fueron liberados otros presos políticos, como Walter Sisulu; después el CNA retomó su legalidad y el 11 de febrero de 1990 Nelson Mandela fue liberado. La tierra sudafricana temblaba ante las manifestaciones de alegría. El líder Mandela, a quien no se le había visto en veintisiete años, sería libre. Ese hombre salió de su encierro con la cara en alto, erguido; su cabellera cana gritaba los años en prisión, pero sin rencor alguno. Era preciso enseñar con el ejemplo, como él había sido educado. Si había resentimiento no habría manera de unir a blancos y negros. Su sonrisa franca no desapareció.

Ciudad del Cabo albergó a más de quinientas mil almas que vitoreaban, gritaban y aplaudían. Esperaban al hombre que resistió el encierro durante casi treinta años, el mismo que no los abandonó y cuya presencia había quedado impregnada en el espíritu de cada hombre, mujer, niño y niña de color. África tenía esperanza. Mandela continuó. Había esquivado golpes duros que hubieran significado caer rendido, pero como lo hizo Mohamed Alí en la pelea contra Joe Frazier, se levantó, siguió.

Su vida personal le provocó heridas. Cuando salió de prisión lo acompañaba Winnie; iban tomados de la mano mientras se abrían paso en la multitud. Eran quizá un recuerdo de los bastiones que en algún momento de juventud defendieron juntos. Sin embargo, su distanciamiento era inminente. Los años no pasaron en vano. Ella, a lo largo de su activismo, había sido perseguida, acusada de secuestro y asesinato junto con un viejo amante, además de otros disturbios, pero salió bajo libertad condicional y el pago de una multa; más tarde se vio involucrada en asuntos fraudulentos. Mandela la apoyó, como ella lo hizo durante tanto tiempo, aunque esta última acusación fue más allá de su tolerancia y su principio de honestidad. La relación no prosperó. Con tristeza infinita, Madiba se separó de ella.

Como presidente del CNA, Mandela negoció con el gobierno de manera pacífica durante tres largos años. Entonces consiguió el voto para la población negra. Por fin, en

1994, al cabo de más de trecientos años de subyugación, los pueblos negros de África tendrían voz como ciudadanos. A los setenta y cinco años Madiba hizo campaña presidencial a lo largo y ancho del país. Caminaba saludando y sonriendo entre la gente, principalmente pobre, vestido de colores chillantes como si extrañara el colorido de aquella tierra natal donde nació. Para entonces su fama de hombre de extraordinaria reputación había viajado por el mundo entero.

El 27 de abril de 1994 fueron las elecciones. Millones de africanos nativos votaron por primera vez y de forma pacífica. El 10 de mayo de 1994, en Pretoria, Nelson Mandela juró como el primer presidente negro de la historia ante miles de personas que vieron un sueño cumplido. África era libre, pero la tarea no terminaba ahí. Había que resanar el odio, el dolor y las consecuencias que la división racial causó durante tanto tiempo: la pobreza, la falta de educación y de asistencia médica que afectaban a millones; pero también debía asegurarse de que la gente blanca, los *afrikaners*, se sintieran parte de ese nuevo régimen. Su gobierno fue ecléctico, como la sociedad sudafricana. Tomó en cuenta a los dolientes de uno y otro bando. Fue una etapa dolorosa. Era el año de 1996 cuando ambas partes escuchaban los agravios cometidos por blancos contra negros y viceversa gracias a la Comisión Verdad y Reconciliación, un episodio que recuerda aquellas juntas tribales que presenció en su juventud.

La vida llenó a Madiba de fuerza y ganas de estar en ella. Corría el año de 1994, y a los ochenta años contrajo matrimonio por tercera vez, ahora con Graça Machel. Se les miraba sonrientes al bajar la escalera al término de la ceremonia entre cánticos, gritos y aplausos; meses después decidió no renovar su puesto de mandatario. En 2004 se retiró de la vida política, sin dejar de ser influyente en el curso de la nación. Su misión, alcanzar la democracia, estaba cumplida. Éste era el penúltimo round y Mandela salió victorioso.

Hoy la Nación del Arcoíris sigue en la lucha. La tarea unificadora todavía no tiene fin. Sólo la muerte puede tener el privilegio de darle un *knock out* a un hombre como Madiba, y así sucedió. La muerte lo alcanzó a los noventa y cinco años después de haberla burlado por mucho tiempo.

UNA MIRADA DESDE EL COACHING

El 11 de febrero de 1990 fue el día que Nelson Mandela salió de la cárcel. Después de 27 años encerrado, salió con el puño en alto. Este emblema lo representaba todo.

Pasó años importantes de su vida en una cárcel de alta seguridad que tenía como objetivo romper el alma de los presos. Había curiosidad de ver su imagen al salir, lo desgastado que estaría un hombre después de tantos años bajo condiciones precarias. Y las personas también tenían la duda de que Mandela pudiera estar a la altura de la reputación que ya en ese momento tenía. Había un susurro en el CNA que indicaba que su vida valía más en la cárcel que fuera de ella.

El día de su liberación un reportero que lo esperaba preguntó a un guardia: "¿Cómo saber cuándo salga?" Y éste le contestó: "Cuando lo veas sabrás quién es. No hay otro como él". Mandela apareció al fin, radiante, con un traje gris hecho a la medida y corbata azul. Parecía un rey: brillaba, emanaba vida, entusiasmo y esperanza. El espíritu de Mandela era intocable. Era alto, con aspecto imperial, y caminaba con la frente y el pecho en alto; resplandecía plenitud. Todo lo llenaba con su presencia. Irradiaba un aura de sabio, de místico, de gurú. Su esposa Graça decía que era vanidoso, siempre bien vestido y con todo muy bien acomodado. Reflejaba su seguridad y la confianza en sí mismo.

Un guardia de la prisión de Robben Island describe a Mandela como un hombre que podía elevarse más allá de las circunstancias: "Nada ni nadie podía moverlo de un espacio de serenidad en el que reposaba. Era capaz de perdonarlo todo. Dormía con el alma placentera, *nadie le debía nada y él no debía nada a nadie*. No importaba lo que hubiera pasado en el día, tenía la capacidad de soltarlo y regresar a un espacio de claridad y bienestar".

¿Por qué Mandela estaba dispuesto a perdonar? "Odiar crea nebulosidad en la mente", solía decir. Amanecía siempre positivo. Dos palabras lo describían: dignidad y humildad; la primera se traduce en una persona que se comporta con honor y honestidad y se gana el respeto de otros por su calidad humana, y humilde es quien no requiere presumir sus logros, reconoce sus fracasos, debilidades y actúa con simplicidad. Esta enorme cualidad hace brillar los atributos de otros. Ambas características, más una gran inteligencia, prudencia, sensibilidad y valentía, entre otras cosas cualidades, hicieron de Mandela un hombre fuera de lo común.

Cuentan que había que rotar seguido a los guardias de la cárcel, que generalmente eran crueles y racistas. Dicen que después de unos meses eran influenciados por lo que llamaban el "Efecto Mandela". La presencia, la mirada y el sentido humano de este hombre eran tales que después de un tiempo las personas se acercaban a él con admiración y profundo respeto. Los hombres más herméticos revelaban su lado humano al estar cerca de esta gran persona. Al querer intimidar a Mandela, su presencia comunicaba: "Veo que cargas dolor y ésta es la manera en lo que manifiestas; no tiene que ver conmigo, pero espero que sanes para que sientas paz y encuentres otras maneras de responder ante la vida".

Las personas tendemos a la salud, y poseemos un fuerte instinto de sobrevivencia. Mayor capacidad de salud tiene quien vive en alta vibración energética; su sistema inmunológico es más fuerte. Su mente actúa con mayor claridad y su tono emocional es sólido y contento. Una persona así es un atractivo a nivel profundo para alguien que vive con dolores irresueltos, a la defensiva o atacándose a sí mismo y a otros. Incluso a nivel biológico una persona espiritualmente inconsciente desea estar cerca de alguien con paz interior. Porque esa vibración que transmite es capaz de sanar a otros a través de su presencia, razón por la cual los guardias, humanos al fin, deseaban sentir en ellos ese profundo bienestar que se echaba a andar al lado de Nelson Mandela.

Mandela trabajó por la justicia, los derechos humanos y la igualdad entre razas. Creía que la lucha que emprendió y por lo que lo habían condenado no nacía de una rebeldía sin causa, ni de la intención de afectar a otros con actos criminales. Él hizo lo que consideraba necesario para defender a un pueblo que estaba bajo una sumisión y una violencia que iban en aumento. Cuando consideraron darle la pena de muerte, Mandela decidió no defenderse porque esto implicaría deslindarse de la responsabilidad de las consecuencias de su lucha. Si ésta era la solución para su gobierno, él moriría como resultado de su congruencia y sus ideales. Era tal su convicción que estaba dispuesto a morir, pero lo haría en paz si era necesario.

Es difícil imaginar los momentos sombríos que vivió Mandela encerrado. Me parece un gran reto no rendirse a la desesperación ante esa situación. Imagina las fiestas familiares a las que no asistió, los años nuevos, los cambios de estación, las enfermedades, etcétera; todo lo que vivió en soledad.

No tenía días especiales, comida rica que saborear, contacto físico que lo sostuviera emocionalmente, vacaciones ni momentos especiales de placer. Las vivencias que durante 27 años pasa un ser humano él las vivió en una celda, en un mismo lugar. Pienso que sabía que si caía en anhelar todo lo que le estaba privado, comenzaría su autodestrucción. Se volvió un maestro en vivir en el presente, el único lugar donde la mente puede estar en paz. "De joven fui agresivo y arrogante en ocasiones, pero los 27 años que pasé en la cárcel me hicieron entender de manera profunda la tolerancia", dijo alguna vez Nelson Mandela. La virtud de la tolerancia abre la puerta al amor de manera inmediata.

Así el dolor y abandono que sentía fueron sustituidos por ánimo y optimismo. Mandela aprovechó la estancia en la cárcel para construirse, para volverse una persona capaz de convertirse en el primer presidente negro de Sudáfrica. "La celda es el lugar en el que puedes conocerte a ti mismo.

A mí me dio la oportunidad de meditar y evolucionar espiritualmente", le escribió a Winnie Mandela.

Me parece interesante que en la sociedad en que vivimos damos por hecho que los eventos exteriores determinan nuestra felicidad, que el poder comprar, elegir, viajar, o tener grandes lujos nos darán la realización que buscamos. Pero Mandela nos comprueba que no necesariamente es así. Hace alusión a lo que en coaching decimos: "No debe definirte lo exterior; el universo con toda su magia vive en cada uno de nosotros".

Sheena Iyengar, escritora del libro *El arte de elegir*, dice que tenemos la idea, sobre todo en Occidente, de que entre más opciones tenemos (desde poder elegir en un supermercado, en un restaurante o la ropa que usamos) seremos más felices. Es decir, creemos que más opciones significan más felicidad. La autora hizo un estudio muy interesante para comprobar si esto es cierto. Observó a un grupo de niños asiáticos y otro de occidentales. Les dio a escoger entre pancartas que habían sido elegidas por sus maestras y mamás. Los americanos quisieron hacer unas propias, eligieron los colores y las figuras que deseaban usar. En cambio, los niños asiáticos prefirieron las opciones dadas. Esto nos lleva a reflexionar que en nuestra sociedad hacemos elecciones pensando que éstas nos definen como seres humanos y así encontramos nuestra individualidad. Se nos ha inculcado que al tener múltiples opciones tenemos más oportunidades para conocernos, sobresalir y encontrar plenitud. En cambio, en la cultura asiática las elecciones se dan en función de la comunidad; para ellos existe un valor en el que las elecciones se fundan para un bienestar común. Elegir no tiene que ver con definirte para crear un personaje sobresaliente de quién eres sino para lograr integración, lo cual da mayor satisfacción.

Preguntémonos: ¿cuál es el fin de tener tantas opciones? La clave es despertar, darnos cuenta de que muchos de nosotros vamos en busca de muchos objetivos, objetos y vivencias que al final no tienen mayor significado en nuestra vida; al contrario, la mayoría de las veces pensar que nos equivocamos en elecciones que no tienen trascendencia provoca angustia y vacío. Por otro lado también invita a la competitividad, la individualidad y la comparación con otros.

Llega el momento en el que debemos crear conciencia para observar qué elecciones hacemos a un nivel profundo para que nos den plenitud a largo plazo. Si pudiéramos ser conscientes de nuestras elecciones, por ejemplo reconocer que la vida que tenemos ha sido una elección tras otra —con quién estamos, con quién pasamos tiempo, en dónde trabajamos, de qué se trata nuestra vida y hasta qué ropa usamos— nos daríamos cuenta de la responsabilidad que esto conlleva. Hemos hecho un sinfín de elecciones en el pasado que hoy nos dan el resultado de nuestra vida, y si ésta no es de nuestro agrado, está en nuestro poder elegir cambiar de ruta. Esta posibilidad se abre cuando nos damos cuenta de que no somos víctimas del exterior, sino *la* herramienta de creación; a veces se nos olvida que *como* experimentamos la vida es *nuestro decir*, nuestra mayor elección es *la voluntad* con la que vivimos, como nos enseñó Mandela.

La base para hacer elecciones es nuestra escala de valores. Esto quiere decir, por ejemplo, que no seremos leales con otros mientras no aprendamos a ser leales con nosotros mismos; por lo tanto, debemos preguntarnos qué significa para nosotros la lealtad, la fidelidad o cualquier atributo que queramos fomentar en nosotros, así como qué elecciones hacemos en el día a día para cultivar la estabilidad emocional y espiritual. Probablemente cuando hagamos elecciones que alimenten la paz, optemos por lo que provoque crecimiento en el individuo que deseamos ser.

En prisión, Nelson Mandela hacía trabajos forzados en una cantera de cal. Las condiciones de reclusión eran rigurosas, y los presos políticos eran separados de los delincuentes comunes y tenían menos privilegios. Mandela era del grupo más bajo de la clasificación, así que sólo tenía permitido recibir una visita y una carta cada seis meses. Aun así, mientras estuvo en la cárcel estudió por correspondencia a través del programa externo de la Universidad de Londres. En este tiempo su reputación creció y llegó a ser conocido como el líder negro más importante en Sudáfrica. Su nombre se escuchó en todo el mundo y liberar a Mandela se volvió un himno que reflejaba esperanza, paz y un nuevo futuro.

En febrero de 1985 el presidente Botha le ofreció la liberación condicional a cambio de renunciar a la lucha armada. Negociaban con él su libertad, pero él no aceptó ninguna negociación; quería salir sin condiciones. Hizo un comunicado a través de su hija Zindzi: "¿Qué libertad se me ofrece, mientras sigue prohibida la organización de la gente? Sólo los hombres libres pueden negociar. Un preso no puede entrar en contratos". Cuando al fin Mandela salió de la cárcel, el gobierno estaba hundido en la desesperación. Sudáfrica era un caos, estaba aislado de otros países en una crisis económica y social devastadora. Durante varios años el gobierno se planteó la idea de liberar a Mandela porque creían que sólo él podría calmar los brotes de violencia que no parecían parar. Su liberación era el primer paso del camino para acabar con la división racial.

Cinco años más tarde, cuando ganó las elecciones, su victoria y la de tantos se volvió tangible; ese día Mandela levantó los dos puños al aire. Se había convertido en la estampa que representaba lo humano en todos nosotros, la promesa de un mundo mejor, el aliento de que todo puede cambiar de un momento a otro si modificamos nuestras miopías. Demostró que la paz es más fuerte que cualquier levantamiento. Su mayor lucha se convirtió entonces en extender a otros la capacidad de perdonar. En una reunión al salir de la cárcel, un jefe de justicia le preguntó: "¿No tienes resentimientos? ¿No quieres venganza?" Mandela contestó: "Claro que quiero venganza, pero más allá de eso quiero la paz y la unión de mi pueblo".

Al perdonar a los blancos, que durante años fueron sus enemigos, trabajó a la par de ellos, sin resentimientos y con profundo respeto. "Nadie nace odiando a otros por el color de su piel, sus antecedentes, o su religión. Las personas aprenden el odio, y así como lo aprenden, pueden aprender a amar. Pues amar, y no lo opuesto, viene de manera natural al corazón humano", afirmó.

La vida de Mandela tuvo también grandes retos a nivel personal, que vivió con transparencia por estar expuesto a los medios. Reflejó que era un hombre completo, porque con la edad procuró la sensatez y la prudencia. Aprendió a ser fiel a su integridad. Mandela no tenía dobleces. Se presentaba como un hombre irreprochable; a lo largo de su vida no perdió el enfoque y siguió el sendero que se delineó. Era un hombre que no hablaba de valores sino que se convirtió en ellos. Lo describían así: "Tenía la nobleza verdadera de la naturalidad y no era consecuencia de un esfuerzo mental consciente. Mandela es un líder natural".

Su particular estilo estaba alimentado por una innata fuerza interior, un profundo sentido de autoconfianza y años de practicar la paciencia. Fue legendario por escuchar todas las partes de un conflicto, tomar en cuenta todas las posturas y después ofrecer su análisis. Hablaba para cerrar las discusiones e intervenir en los debates en etapa avanzada; esto hacía que Mandela ganara ventaja psicológica y la capacidad de poner punto final al debate que estaba en juego.

Era elocuente, articulado y gozaba de un gran sentido del humor. Sabía reconocer qué se requería de él en cada situación. Sobresalía en él la empatía y lograba una conexión con otros que los hacía sentir seguros, reconocidos, y tomados en cuenta. Al haber vivido miedo, sufrimiento, desesperación y pérdidas, podía sensibilizarse frente a lo que otros sentían y les ofrecía el camino para liberar sus penas. Cuando Mandela conocía a alguien lo miraba a los ojos, le hablaba por su nombre y le decía: "Es un honor conocerte."

El sentido del humor siempre estuvo presente en Mandela, y con él desarmaba hasta el ambiente más tenso, suavizaba a oponentes y traía ligereza a las situaciones. El sentido del humor es una característica de la inteligencia, sobre todo cuando sabes reírte de ti mismo. Al tomar en serio tu personaje eres regido por el ego. Pero Mandela solía contar anécdotas cargadas de humor, lo que evidenciaba la fuerza de su espíritu.

Me parece que la energía, el magnetismo y la fuerza humana de Mandela nos enseñan las verdaderas capacidades que viven en todos los seres humanos. Pero lo que es importante subrayar es que no es necesario liberar a un país, ganar un premio Nobel ni ser presidente para convertirte en una persona con fascinantes características como las que vimos en él.

Mandela se convirtió en ese gran hombre dentro de una celda. Por siempre inspirará a la humanidad por ser un hombre que resistió tanto, que vivió adversidades y que, a pesar de todo, logró cambiar tantas mentes y abrir corazones. Cuando ya no se veía esperanza, Mandela cambió el rumbo de su pueblo con su congruencia y principios. Logró mover a sus compatriotas de la inconsciencia a un despertar a su poder. Esto me parece alentador para este momento que vivimos en la humanidad.

Amamos a Madiba porque dejó una estela universal de dignidad y concordia como ejemplo para líderes de todas las áreas de la vida. Con su legado distinguimos cuál es *verdaderamente* el camino a tomar para trascender. Emprendió una conversación de unión y bienestar dando un paso atrás a la furia y los resentimientos. Madiba afirmó: "Parece imposible, hasta que se hace". Destacó la falta de ética de dictadores y personas que abusaban de sus cargos y desafío las leyes establecidas que nacían de la injusticia.

El 5 de diciembre de 2013 falleció a los 95 años. Nunca dejó de ser él en los múltiples roles que vivió; evolucionó hasta convertirse en un ser cada día más auténtico, por lo que hasta el último día de su vida se dedicó a usar su fama e influencia para apoyar causas por el bien de la humanidad. Se convirtió en un vocero de la lucha contra el sida que arrasaba con las vidas de su gente en África, incluyendo la de su hijo. También se abocó al apoyo de la pobreza a nivel global.

Exploremos a Nelson Mandela desde el punto de vista de los pilares del Coaching MMK:

Pensamientos

Muchos de nosotros rechazamos vivencias que pasan las personas que queremos, así como seguramente los familiares cercanos de Mandela padecieron la idea de que estuviera encarcelado. Pero la gran pregunta es: ¿sabemos lo que es mejor para otros? Lo que vivió Mandela y cómo lo vivió seguramente era parte de su camino espiritual. Debemos tener fe en que más allá de lo que percibimos, tal y como son nuestras vidas contienen las enseñanzas que se vuelven puntos determinantes para desenvolver al ser humano que estamos destinados a ser. Así, confiar en que lo que otros viven es parte de su andar es mejor que sufrir lo que a simple vista no comprendemos. Algunos de sus pensamientos son:

▶ No es valiente aquel que no tiene miedo, sino el que sabe conquistarlo.
▶ La mayor gloria no es nunca caer, sino levantarse.
▶ Un verdadero líder usa cualquier problema, no importa qué tan serio o sensible sea, para asegurar que al final emerjamos más fuertes y más unidos que antes.

- Es muy fácil romper y destruir, pero los héroes son aquellos que hacen la paz y construyen.
- Todos pueden superar sus circunstancias y alcanzar el éxito si están dedicados y apasionados por lo que hacen.
- Aquellos que se manejan con moralidad, integridad y consistencia no le temen a las fuerzas de la inhumanidad y la crueldad.
- Lo que cuenta en la vida no es el simple hecho de haber vivido, sino qué diferencia hemos hecho en la vida de los demás. Eso determina el significado de nuestra vida.
- No es mi costumbre usar las palabras a la ligera. Si 27 años en prisión me enseñaron algo, fue a usar el silencio de la soledad para entender lo valiosas que son las palabras y cómo los discursos internos impactan la forma en que las personas viven y mueren.

Cultura

Nelson Mandela vivió en varias culturas que tuvieron un impacto importante en su desarrollo. Primero, la influencia de la comunidad africana en la que nació, en una cuna de privilegio influenciado por las costumbres, ideas y creencias religiosas y espirituales de su pueblo nativo. Más adelante asistió a una escuela en la que los alumnos eran blancos y negros, y en la que no se vivía discriminación. Su maestra lo comenzó a llamar Neslon en lugar de Rolihlahla, su nombre de nacimiento, un término xhosa que coloquialmente quiere decir "el que crea problemas". Más adelante fue conocido como Madiba. En esta etapa de su juventud no vivió tratos diferenciales por el color de su piel, pero cuando fue a la ciudad vivió de cerca una discriminación extrema, en la que los negros estaban sometidos a unas condiciones de vida inexplicables. Decidió estudiar leyes y abrió el primer despacho de abogados en la ciudad que no era de personas blancas, con el fin de apoyar a su gente ante la justicia. Pero se dio cuenta de que aun en los juzgados la discriminación prevalecía. Esto lo llevó a tomar su causa de manera cada vez más seria; se comprometió en cuerpo y alma al ver que él podía, a su manera, hacer una diferencia en la vida de tantos.

Creencias

El tiempo de encierro fue crucial. Esta experiencia puede amargar o extraer la nobleza a cualquier persona. La conquista de lo que superó permitió que otros no pudieran plantearle: "Hablas de perdonar y dejar ir, pero tú no has sufrido, no has perdido nada". Sus vivencias le dieron la autoridad de decir: "Vamos todos a tratar de perdonar". Así, Nelson Mandela no se sostuvo en creencias a nivel teórico, sino que se volvió la experiencia de lo que predicaba. Éstas son algunas de sus creencias:

> ▶ "Durante mi vida me he abocado a defender las luchas de mi gente africana. He peleado la dominación blanca y también la dominación negra. He soñado con un país democrático y una sociedad libre en que las personas vivan en armonía con igualdad de

oportunidades. Es un ideal que deseo vivir y conquistar, pero también uno por el que estoy dispuesto a morir."

▶ "He caminado el sendero largo hacia la libertad. He tratado de no perder fuerza, y he dado malos pasos en el camino. Pero he descubierto, después de llegar a la cima de una montaña, que hay muchas más montañas que conquistar [...] Sólo puedo descansar por un momento, porque con la libertad vienen responsabilidades. Espero no decaer, porque mi larga caminata no ha terminado."

▶ Creo en el poder de la educación. Tener conocimientos me hace más fuerte para lograr mis objetivos.

▶ Creo en la disciplina. Me levantaré temprano y viviré con entusiasmo cada día.

▶ Creo en el bien de la humanidad. Sé que dentro de cada persona existe un gran potencial y que un pueblo bien dirigido seguirá su corazón.

Lenguaje

Nelson Mandela aprendió a usar las palabras con astucia y claridad. Vivió tantos años en silencio que su lenguaje se volvió selectivo, acertado y apegado a su congruencia. Cuando una persona como Mandela menciona, por ejemplo, la palabra amor, ésta cobra un peso importante porque no la dice quien usa de manera vaga el lenguaje, sino alguien que hace que cada palabra tome vida y proyecte la fuerza de lo que representa.

Emociones

La habilidad de Mandela para mantener sus emociones bajo control fue algo que le sirvió a lo largo de la vida. No era que no tuviera emociones o que las ignorara, pues también era humano. Pero tenía una ausencia de rencor y gracias a esto pudo florecer en alegría y esperanza. De no ser así, Mandela no se hubiera convertido en el hombre tan amado que conocimos. Esto nos hace cuestionarnos qué tan lejos podríamos llegar con nuestras vidas si en verdad pudiéramos dejar ir todo lo que nos ata.

Declaraciones

Una vez más vemos en este libro el poder de las palabras, esta vez las que Nelson Mandela declaró al recibir la presidencia, y que fueron el antecedente de lo que creó:

> Ha llegado el momento de sanar las heridas. Ha llegado el momento de zanjar los abismos que nos dividen. El tiempo de construir está ante nosotros […] Entramos en un pacto donde debemos construir una sociedad en la que todos los sudafricanos, tanto blancos como negros, sean capaces de hablar sin ningún temor en sus corazones, seguros de su inalienable derecho a la dignidad humana; una nación arcoíris en paz consigo misma y con el mundo.

Ego

La efectividad de un líder radica en gran medida en que su ego no interfiera en la posibilidad de conquistar su misión. Cuando se hizo pública la muerte de Mandela, las personas que lo conocieron comentaron acerca de su sencillez, pues nunca se presentó en una postura de superioridad. Mandela escribió: "Yo no soy un santo, a menos que creas que un santo es un pecador que sigue intentando".

Mandela, tus enseñanzas inspiran al perdón y a trascender más allá del bien y el mal.

¿Qué es la voluntad?

Es la capacidad, la energía y la sabiduría que tenemos para controlar nuestros impulsos y modelar nuestras conductas. Es la habilidad de dirigir nuestros pasos hacia donde nosotros deseamos. Tener voluntad es llevar a cabo acciones claras, definidas y concretas, basadas en nuestros objetivos y decisiones. Está íntimamente relacionada con los siguientes elementos:

- ▶ *Automotivación*: El aprecio que tenemos por nuestra vida, la de otros y nuestros objetivos.
- ▶ *Tolerancia a la frustración*: Nuestras creencias respecto al cambio, el éxito y el fracaso.
- ▶ *Automotivación*: La motivación está relacionada con darle valor a lo que hacemos, con sentirnos entusiasmados y estar dispuestos a hacer el esfuerzo que

288 Esencia de líder

se requiere para cumplir nuestros compromisos; es una actitud ante la vida.

Cuentan que un caballero que se dirigía a Santiago se detuvo a descansar en Miranda de Ebro. Mientras reposaba, miraba a tres canteros que realizaban exactamente el mismo trabajo, pero con una actitud muy diferente. Intrigado, le preguntó al primero:

—Perdone, ¿qué es lo que hace?

El hombre le contestó de mala manera.

—¿No lo ve? Estoy picando piedras.

El caballero se acercó luego al segundo, que trabajaba muy concentrado en su labor y le hizo la misma pregunta. El cantero lo miró y le contestó:

—Pulo las piedras con el cincel y el buril para que puedan ser trabajadas fácilmente.

Por último, se dirigió hacia el tercer hombre que silbaba y cantaba mientras picaba las piedras. Al oír la pregunta, el cantero le contestó entusiasmado:

—¡Construyo la catedral de Burgos!

¿Con cuál de estas actitudes te identificas en tu trabajo diario?

▸ *Aprecio*: Si te sientes capaz de hacer las cosas, las vas a llevar a cabo a pesar de los obstáculos. Es imprescindible que no te devalúes cuando fallas, que no le temas a los errores o a los fracasos y que éstos no te limiten, que los vivas como experiencias, como parte intrínseca de la vida. Observa cómo te invitan a mirar una nueva óptica para conseguir lo que deseas.

▶ *Tolerancia a la frustración:* Tener voluntad implica actuar, y actuar significa esfuerzo, progreso y frustración. Si aceptas la frustración como parte de la vida y aprendes a tolerarla y a manejarla, la voluntad *no* se debilita.

▶ *Creencias respecto al cambio, el éxito y el fracaso.* Nuestros pensamientos, ideas y creencias influyen en nuestras emociones y conductas. Si estás convencido de que no eres capaz de hacer ciertas cosas, ni siquiera te las vas a proponer. A veces nos confundimos al creer que no tenemos voluntad para crear algo y lo que sucede es que estamos comprometidos con los obstáculos y no con las posibilidades.

Cuando mis estudiantes se cuestionan: "¿Por qué no me puedo comprometer a lograr tal cosa?", les contesto: "Siempre estamos comprometidos con algo. Investiga en dónde está tu compromiso, porque eso crea tus resultados. Probablemente estás comprometido con la idea de que por ser de determinada manera o por venir de determinada cultura no puedes lograr tus objetivos". Para descubrirlo, las preguntas que debes hacerte son:

▶ ¿Cuál es tu mayor compromiso, y qué estás dispuesto a hacer para llevarlo a cabo?
▶ ¿A qué estás comprometido hoy en tu vida?
▶ ¿De qué crees que eres capaz?
▶ ¿Estás comprometido con la fuerza de tu espíritu?

Los sueños

Martin Luther King

> ¡Hoy tengo un sueño! Sueño que algún
> día los valles serán cumbres, y las colinas
> y montañas serán llanos, los sitios más
> escarpados serán nivelados y los torcidos
> serán enderezados, y la gloria de Dios será
> revelada, y se unirá todo el género humano.
>
> MARTIN LUTHER KING

El color negro no será nunca más la evocación del abismo, del estigma, sino de la esperanza y la justicia. El sueño: su materia prima.

Fueron años violentos en Estados Unidos entre mediados de la década de los 50 y finales de los 60; un momento clave de la lucha por los derechos civiles. Los blancos repudiaban a los negros, sobre todo en el sur, cuna esclavista. La raza robada de África, maltratada y marginada desde el siglo XVIII se negaba a seguir bajo el yugo discriminatorio. Martin Luther King no dormía. Pensaba. Soñaba despierto. Soñar era parte de un proceso, no nada más de anhelar, sino de estructurar un camino para lograr lo soñado.

Es probable que las sociedades despierten varias veces a lo largo de la historia. En aquellos años hubo despertadores imprescindibles en territorio norteamericano. La década siguiente a la Segunda Guerra Mundial se caracterizó por un periodo de cambio y prosperidad capitalista por el consumo masivo, los avances tecnológicos, las transformaciones de los medios de comunicación (por ejemplo la televisión), el *baby boom* y la democratización; pero también tuvo episodios oscuros, como la Guerra Fría y el temor a un ataque atómico ruso (lo cual cohesionó a la sociedad estadounidense), las persecuciones del macartismo, el horror hacia el comunismo con fundamentos absurdos, reflejos de una sociedad poco letrada y dominada por el miedo sembrado por el régimen; el conformismo generalizado estaba presente, igual que la segregación racial, heredada siglos antes.[1] La división social era clara: malos/buenos, comunistas/capitalistas, negros/blancos. Frente a este panorama, algunos intelectuales y artistas criticaron al sistema materialista e hipócrita que todo lo devoraba y para convertirlo en un objeto dispuesto a explotarse, usarse y desecharse (no olvidemos a Allen Ginsberg y su poema *El Aullido*). Hubo un choque de fuerzas. El cambio era inminente. Nuevos sujetos sociales tomaron conciencia de sí, se asumieron como individuos que formaban parte de grupos humanos dispuestos a ser tomados en cuenta, a ser valorados. Me refiero no sólo a los jóvenes *hippies*, sino a los afroamericanos (como se hacen llamar en fechas recientes). La sociedad no debía pertenecer a un grupo racial, al blanco, pues se llenaba de vida gracias a unos y otros: blanco, negro, amarillo, rojo. Los colores de unión, la fuerza motora. En años posteriores vendrían la liberación sexual, el feminismo, la crítica del sistema, la liberación del alma y del cuerpo a través de

---

[1] Patricia de los Ríos, "Los movimientos sociales de los años sesentas en Estados Unidos: un legado contradictorio", en *Sociológica. Significados y efectos sociales*, año 1, núm. 38, 1968, septiembre-diciembre de 1998.

las drogas, la música, las protestas contra la guerra, la propuesta del amor y la paz. Asimismo surgiría la lucha por los derechos humanos de una manera organizada.

En los años cincuenta parte de la población negra migró hacia el norte, donde la discriminación era menos evidente (aunque esto no los exentó del hacinamiento y la pobreza), dejando atrás la marginación rural y logrando una politización importante. Pero este hecho no ayudó a que se olvidara la segregación. De manera más evidente en el lado sur, la gente de color tenía prohibido mezclarse con los blancos: les estaba vedado usar los mismos bebederos públicos, cafés, cines, parques, camiones, escuelas y cualquier lugar dispuesto para individuos blancos. Cada quien tenía sus espacios, unos más lujosos que otros. Las condiciones sociales de la comunidad negra eran injustas; tenían salarios más bajos y su derecho al voto estaba entrampado por trabas que les impedían estar registrados, además de que eran violentados si querían ejercer el sufragio. El Ku Klux Klan, además de la propia ley, realizaba atrocidades en nombre de la supremacía blanca.

La discriminación racial era una vergüenza norteamericana que no podía durar más tiempo ante los ojos internacionales, mucho menos después de que otras naciones africanas obtuvieron su libertad y de que en diversas regiones se libraron revoluciones que postulaban la dignidad e igualdad.[2] La discriminación por el color de la piel era inaudita, sobre todo si pensamos en que gran cantidad de personas negras habían vuelto a su patria después de arriesgar la

---

[2] *Ibid.*

vida en la guerra. Era injusto que fueran tratados de forma inhumana, como si no tuvieran tierra alguna, como si su cultura no existiera y no formara parte de la historia estadounidense. Hubo entonces un hombre que lideró de manera pacífica a la raza que fue menospreciada durante años: Martin Luther King. Su fortaleza radicaba en su vulnerabilidad, en la empatía con los otros, en el dolor de la injusticia, en la idea de la libertad como promesa, no como un hecho.

Martin Luther King nació en un ambiente racista en el seno de una familia de color de clase media el 15 de enero de 1929, en Atlanta, Georgia. La inteligencia era intrínseca en él. Pasó la escuela primaria, tuvo educación secundaria en escuelas segregadas, pero gracias a su mente brillante no cursó noveno ni duodécimo grado y más tarde, a los quince años, se graduó como ministro. Su acercamiento a la religión fue gracias a su padre, un pastor de la Iglesia Bautista Ebenezer, en Atlanta. En 1948 obtuvo el título de sociólogo en el Morehouse. No perdió oportunidad de continuar sus estudios y se inscribió en el Crozer Theological Seminary, en Chester, Pensilvania, donde obtuvo una licenciatura en teología. Luego, algo poco común para alguien de su raza en aquellos tiempos, consiguió una beca para un posgrado de la Universidad de Boston, donde se recibió en 1955 como doctor en teología sistemática. Leía siempre, no sólo la Biblia, sino todo lo que llegaba a sus manos. Prefería quedarse en casa leyendo que salir de fiesta. Sus años de juventud pasaron sin pena ni gloria. Era brillante y carismático, pero sin más propósito que hacer su mejor trabajo, primero como estudiante, luego como pastor y finalmente como hombre humilde y modesto dentro de su comunidad.

Una mañana de septiembre de 1955 en el estado de Alabama, Rosa Parks, una costurera y militante por los derechos de raza negra, no se levantó para ceder su asiento a un blanco. Se negó a caminar sumisa hacia la parte trasera del vehículo, como la ley lo dictaba. La dignidad se impuso. Por ello, fue arrestada. Caminó con la cara en alto hacia prisión. Fue un suceso detonante. A raíz de ello surgió un boicot a los autobuses de la ciudad de Montgomery (donde residía Luther King por esas fechas). La comunidad necesitaba una voz, un guía, alguien coherente, resuelto y culto, con ideas directrices: el nuevo y carismático pastor bautista de la calle Dexter, Martin Luther King, un joven de veintiséis años, era el mejor candidato. Fue como la llamada del héroe de Joseph Campbell. Martin se resistió, pero al final accedió influenciado por su sentimiento religioso, pues era preciso guiar a su rebaño apoyado en la fuerza moral y espiritual, siempre bajo la política de la no violencia. Era un llamado ineludible. El boicot logró su cometido y los empresarios dueños de los autobuses perdieron mucho dinero después de varios meses de que sus clientes negros fueron y vinieron a pie. Un año más tarde la Corte Suprema declaró ilegal la segregación en los autobuses públicos. Con esta victoria nació un espíritu imparable. La voluntad de no volver a ser humillados creció. El movimiento tomó fuerza y propósito. Los medios de comunicación dieron a conocer a King de manera internacional. Un hombre negro apareció en las portadas de periódicos y revistas, como *Times*. La esperanza en la comunidad de color norteamericana tenía un rostro.

Cada sermón y cada mitin eran una enseñanza, un aliento para continuar. Poco tiempo después, Martin Luther

King fundó la sclc (Southern Christian Leadership Conference), un grupo a favor de los derechos civiles. No había marcha atrás. Miembros de la comunidad negra se organizaban para manifestarse en pro de la justicia no segregacionista y el doctor King, como lo llamaban, acudió en ayuda de quienes lo pedían, lo mismo en Alabama que en Chicago o Tennessee. Tiempo después formó parte del Congress of Racial Equality (Core) y fue miembro de la Asociación para el Progreso de la Gente de Color.

Pero Martin Luther King no sólo quería llegar a los feligreses, su intención era cooptar también a personas que no iban a misa cada domingo. Como jugaba bien al billar, entre humo y alcohol maniobraba el taco de un lado a otro mientras explicaba a los presentes el propósito del movimiento a favor de los derechos civiles. Su intención era invitar a otros, a otras, a soñar para despertar un día frente al gran sueño. Era una tarea difícil, cansada. Pero la esperanza no moría.

Cada vez hubo más seguidores y protestas. Como muestra, en 1960 varios estudiantes de la universidad de Nashville y otras ciudades del sur se sentaron en los comedores para blancos. Las sentadas (*sit-in*) eran una confrontación pacífica a la situación legal segregacionista. Aguantaron insultos y todo tipo de agresiones, pero no respondieron violentamente, como líder lo pedía, hasta ser removidos por la policía.

Se pensaba imposible, pero al paso de los días se unieron más personas, blancas y negras, al sueño en contra de las líneas racistas. Ni unas ni otras se salvaban de turbas violentas, como en Alabama le ocurrió a los llamados

Viajeros de la Libertad, que fueron brutamente golpeados. El doctor King acudía al llamado de distintos grupos rebeldes para reiterar su apoyo. Este hombre comenzó a incomodar al gobierno, pues era una amenaza para el sistema de los Estados Unidos. Abogaba por una inclusión social, por el respeto de los derechos civiles para quienes se les había negado durante más de dos siglos. A la lucha se sumaban más peticiones: salarios dignos, respeto al voto y la abolición de las leyes segregacionistas.

Martin Luther King siguió los preceptos de la teoría de la desobediencia civil de Henry David Thoreau y Mahatma Gandhi, a quien estudió desde sus años universitarios; su enseñanza: protestar y resistir sin violencia, con amor, para conseguir justicia. El llamado de Dios hacia la paz y la libertad era una constante. La liberación del odio significaba la libertad, no estar atado a ese yunque pesado. Jamás abandonó dicha política a pesar de ser encarcelado varias veces, sufrir atentados y recibir, tanto él como su familia, amenazas de muerte. Coretta, su esposa (a quien conoció en sus épocas universitarias, siendo ella una estudiante de música), lo apoyó en todo momento. Vivió angustia, sin duda; también tristeza, rabia y miedo. J. Edgar Hoover, a la cabeza del FBI, sentía un odio patológico hacia King y lo espiaba día y noche con el objetivo de desprestigiarlo, debilitarlo y desvanecer el movimiento social. Por ejemplo, en una ocasión le enviaron a Coretta cintas que demostraban la infidelidad de su esposo. King tenía quiebres en la moral, pues muchas veces la incoherencia es parte de lo humano, de la imperfección. Pero había una fuerza que los mantenía unidos. Quizá la complicidad, un lenguaje único entre ambos.

El blues sonaba, pero el jazz, el soul y el gospel conformaron las melodías de protesta. Las voces negras retumbaban entre cielo y la tierra, como el maravilloso tono de la cantante Mahalia Jackson que azotaba las paredes que resistían el sueño libertario. Mientras tanto, el doctor King conservaba la calma ante sus escuchas. En ocasiones, durante ciertas reuniones del movimiento estuvieron sitiados, mas Luther King hablaba en paz, con seguridad; no mostraba miedo alguno y serenaba a la audiencia. También era un gran escucha. Cuentan que en las reuniones del movimiento se sentaba sereno a oír lo que sus compañeros y compañeras discutían. Pero su espíritu sufría en silencio. La conciencia a veces lo acusaba de liderar a la gente hacia el peligro de ser brutalmente lastimada y hasta asesinada (como las cuatro pequeñas que murieron el 15 de septiembre de 1963 en un atentado en la iglesia de Birmingham, un suceso que lo afectó terriblemente). Pensó más de una vez en abandonar la causa. Se angustiaba, se deprimía. Pero el sueño ya no era sólo suyo. La responsabilidad de un líder es herida por la atrocidad humana. Continuó aun cuando estaba seguro de que su vida corría peligro, lo que intuía después del asesinato de John F. Kennedy. Pensaba que el siguiente en morir podría ser él. Aun así continuó la lucha. Era imposible cerrar el camino trazado.

En los primeros años de la protesta pacífica contó con la ayuda de los hermanos Kennedy. El problema de los derechos civiles no era un tema que se pudiera dejar de lado, no con los ojos internacionales puestos en Estados Unidos gracias a los diversos medios de comunicación. Pero fue hasta 1964, al asumir la presidencia Lyndon B. Johnson,

cuando por fin se aprobó, no sin múltiples obstáculos y co-
natos violentos, la Ley de los Derechos Civiles, que prohibía
la discriminación racial.

Las manifestaciones públicas en favor de los derechos
civiles eran pruebas de vida. El gospel, en particular, acompañaba a su gente: era la comunicación con Dios; sus ar-
monías exageradas, sus entonaciones perfectas, sus voces
elevadas al cielo acompañadas de aplausos y bailes, los re-
zos, la comunión, la catarsis grupal. En contraste, los finales
de las protestas pocas veces eran felices. La fuerza policial
arremetía con violencia. La sangre salpicaba y manchaba las
banquetas. Había muertos y heridos. Los chorros de agua
arrastraban a los negros, golpeaban también a mujeres y niños. Grupos de ultraderecha blancos arreciaron sus agresiones sin ser castigados por ningún tribunal. Los medios de
comunicación fueron estratégicamente aprovechados. Eran
la ventana por donde se mostraba al mundo la brutalidad
blanca.

A veces las personas tenían miedo de involucrarse en
semejante empresa, como en Birmingham. Por lo tanto,
King decidió encabezar la marcha, con lo cual animó a más
seguidores. El resultado fue su encarcelamiento, donde escribió la epístola del movimiento que exponía los planes
de unificar Alabama para que los negros votaran. Nada lo
paraba. Niños, mujeres y ancianos se unían al despertar. Ir
a la cárcel se convirtió en motivo de orgullo. Finalmente
hubo victoria. En 1963, también gracias a que John F. Kennedy, entonces candidato a la presidencia, colaboró en las
negociaciones con los líderes blancos, se obtuvo un acuerdo de tregua, lo que fue un gran paso en la integración de

los negros en uno de los lugares más segregacionistas de los Estados Unidos. Los hechos de Birmingham fueron un parteaguas, y John F. Kennedy anunció que se publicarían leyes importantes sobre los derechos civiles.

Seguía otra meta: la marcha de Washington por los derechos de igualdad económica, además de solicitar que el Congreso aprobara la ley de los derechos civiles. Había incertidumbre y el temor de que no hubiera *quorum* o de que la violencia imperara. Pero el 28 de agosto de 1963 la capital estadounidense fue testigo de una marcha pacífica con más de doscientas cincuenta mil personas que llegaron de todas direcciones, que andaban codo con codo, negros y blancos, artistas de la farándula, escritores, intelectuales... Todos aplaudían, cantaban y gritaban entre pancartas para recibir al pastor. Martin Luther King se transformaba cuando hablaba en público. Su baja estatura desaparecía para mostrarse como un gigante, como dijo alguna vez su hijo en una entrevista. De pronto hubo silencio. Fue ahí cuando Martin Luther King lo confesó frente a un mar de personas. Su sueño fue compartido una vez más con cientos, con miles: "Tengo un sueño: que mis cuatro hijos vivirán un día en un país en el cual no serán juzgados por el color de su piel, sino por los rasgos de su personalidad. Tengo un sueño..." La emoción se hacía una. Lo onírico se transformaba en realidad con el deseo multitudinario.

El doctor King y quienes se unieron a él cambiaron la situación trágica de un pueblo caminando seis millones de millas. Cada paso fue un escalón hacia la derrota de la injusticia. No sólo marcharon por la igualdad social en todos los rubros, también lo hicieron en nombre de la paz, en contra de la guerra de Vietnam, en contra de cualquier fuerza que obligara a la humanidad a ejercer poder unos sobre otros. Martin Luther King habló, escribió cinco libros e innumerables artículos, jamás se escondió, jamás abandonó sus sueños. Hizo sacrificios, se separó de su amada esposa y de sus hijos. La resistencia a través de la palabra, de la escucha, de la empatía, logró la victoria en contra de la injusticia. Él fomentó lo que llamó una coalición de conciencia.

Un hombre de color se convirtió en figura internacional. Cada paso, cada palabra que implicaba el no odio y la importancia a la humanidad en su conjunto le valía la admiración mundial. A sus treinta y cinco años recibió el Premio Nobel de la Paz, siendo la figura más joven en obtener semejante reconocimiento.

Pero Martin Luther King era una amenaza nacional. Compartir su sueño con el país y con el mundo, y hacer partícipes de él a miles de personas provocó la quiebra de un sistema de valores; atentaba contra el *statu quo*. Esto le costó la vida.

El 4 de abril de 1968, en Memphis, Tennessee, King se presentó para apoyar a los huelguistas basureros negros locales. No se ocultó, jamás lo hizo. Estaba solo en un balcón de una de las habitaciones donde se hospedaba, en el Motel Lorraine. Sus compañeros se encontraban tras los muros. Martin pensaba en calma, no sabía que un hombre le apuntaba con un arma. Un disparo derribó al pastor. Nadie pudo salvarlo. En una hora, Martin Luther King murió. Pero su destino no tuvo fin ahí, sigue mientras su legado tome fuerza. La lucha por los derechos humanos continúa. El racismo, la injusticia debe parar aquí y allá. Compartamos ese sueño, ese sueño vivo durante décadas, durante las décadas necesarias. Los sueños no son atemporales; son el propósito para el futuro.

UNA MIRADA DESDE EL COACHING

Soñar representa la esperanza de un nuevo futuro. Es la puerta para crear lo impensable, lo inédito y lo necesario. El momento que vivimos hoy en el planeta requiere que las sillas de nuestros líderes sean ocupadas por personas con ilusiones, con el anhelo de vernos en una nueva luz.

Los líderes elegidos son un reflejo de su pueblo, y a veces representan un síntoma de nuestra enfermedad colectiva. Seguimos a quien nos hace espejo. Si no nos gustan los líderes hoy en día, debemos vernos a nosotros mismos y preguntarnos: ¿En dónde estamos como sociedad para arrojar líderes como los que tenemos?

Exijamos lo que estemos dispuestos a dar. Pregúntate:

- ¿Admiras tu vida? ¿Está trazada a punta de esfuerzo?
- ¿Trabajas por un sueño compartido?
- ¿Vives comprometido por la excelencia?
- ¿Los deseos para ti y para otros son el brillo que da la esperanza de tener una vida mejor?

Esto es lo que ofrece un líder como King, pero nosotros ¿lo ofrecemos? No necesitamos líderes perfectos. Es mejor un líder que conozca su lado oscuro, con el fin de mantener sus limitaciones observadas; una persona sencilla, que se equivoque, que aprenda de sus errores y repare. Pero sobre todo alguien que sueñe con la unión y la hermandad.

Hoy se requiere valentía para levantar la mirada con el fin de inventar un entendimiento de nosotros como raza humana que nos acerque a nuestro lado amoroso y nos aleje del miedo que nos gobierna. ¿Cómo sería un mundo fundado en un profundo respeto por uno y por otros, un mundo en que disolvamos las máscaras que cargamos, las apariencias y los temores que sólo nos sirven para crear enemigos aparentes? En un mundo así, en que el equilibrio de la naturaleza, ese orden natural de las cosas sería evidente, porque ya habríamos aprendido a vivir primero con nosotros mismos, amándonos y aceptándonos profundamente; y en consecuencia amaríamos también a otros y al planeta.

Soñar abre la puerta, invita, establece el porvenir. A veces ese sueño nos habla de cerca, nos pide ver algo materializado y por dentro se siente como el paso necesario a dar. Entonces se echa a andar un proceso, otros comienzan a compartir este sueño. Sabemos que emprender este camino probablemente no será la vida más cómoda o fácil, pero sí será una vida de la que sentiremos orgullo, una vida sin arrepentimientos porque aunque fallemos, sabremos que labramos nuestro sendero. Será una vida que nos regale una conciencia clara. Finalmente, el propósito de estar vivos es evolucionar para convertirnos en esa persona completa que estábamos destinados a ser.

¿Qué es lo que hoy harías con tu vida aunque no te pagaran? ¿Qué valdría la pena para ti?

Para el doctor Martin Luther King todo se acomodó: sus estudios, la iglesia, su personalidad y el destino tocaron su puerta. No podía ni debía dar la espalda, ni siquiera menos intentarlo; sabía que no podía resguardarse de ese llamado.

En el momento que damos un vuelco en la dirección a nuestro gran destino, todo se desenvuelve. Parece que las coincidencias suceden una detrás de otra. Poco a poco el trayecto se ilumina, paso a paso se dibuja una ruta que aclara nuestro deber. El sueño se vuelve el motivo, las ganas, el futuro y el gran anhelo. He aquí el secreto de soñar:

▸ Para vivir satisfecho es importante dar. Al seguir tus sueños compartes con otros la esperanza, la inspiración y el sentido de una vida que vale la pena vivir. Esto ya es una gran contribución.

▸ Cuando conquistamos nuestros sueños nos adueñamos de la valentía que vive en nosotros. Ésta es la gasolina para acceder a una gran vida. Nos volvemos imparables cuando nos sentimos valerosos.

▸ Cuando somos niños amamos la magia, soñar despiertos. Cuando dejamos de vivir así, también nos oponemos a nuestra juventud y a vivir con ilusiones.

▸ Grandes soñadores se alejan de la negatividad, cambian el drama por las ilusiones. El conflicto se vuelve obsoleto cuando nuestra mirada tiene una perspectiva mayor.

▸ Al seguir la ruta de nuestra gran vida aprendemos a lidiar con los fracasos; éstos se vuelven un ingrediente más de la vida.

▸ No importa cuál sea el resultado de nuestro esfuerzo, estaremos satisfechos de haber intentado, de salir de lo cotidiano para apostar a algo que nos invita a vernos más grandes que a nosotros mismos.

▶ El soñar no tiene edad, nos da vitalidad y empuje en cada etapa de nuestra vida.

▶ Cuando logramos lo impensable tenemos esa mágica experiencia de ver cómo la vida y todo lo que es posible se desenvuelve frente a nuestros ojos.

▶ Primero creamos nuestros sueños, pero después ellos nos construyen a nosotros.

▶ Si nos causa miedo seguir nuestros sueños, en lugar de paralizarnos debemos darnos cuenta de cómo ese miedo también nos hace sentirnos vivos, ya que ésta es una emoción poderosa que podemos usar a nuestro favor, porque está cargada de energía. Así podemos cambiar el lenguaje para modificar la connotación negativa. Por ejemplo, en lugar de decir: "Tengo miedo de esto", podemos decir: "Estoy emocionado por esto". A nivel biológico, ambas emociones se sienten más o menos igual (dolor de estómago, sudor en las manos, palpitaciones, etcétera).

King sabía de nobleza, cuidaba sus palabras, creía en la humanidad y estuvo dispuesto a materializar lo que soñó. Para él la manifestación que requería emprender no era válida desde la postura de la violencia. Pero, ¿cómo revelarse y hacer frente a su sueño siendo pasivo? Para esto estudió con cautela la vida de Gandhi.

Muchos creemos que la pasividad y la paz son actos débiles. Pero hombres como King nos han demostrado lo contrario. Cuando nos sostenemos por la verdad, la integridad y el bienestar social, tomamos más fuerza de la que nunca creímos posible. Tarde o temprano lo brutal, lo agresivo y la ignorancia quedan expuestos. Si dos pelean y actúan desde la violencia y alguien los observa a distancia, no sabría reconocer quién está centrado en una posición legítima. Los dos actúan desde la misma calidad energética, se sienten con el derecho de pelear por resguardar *su verdad*. Cuando atacamos o nos defendemos, nos perdemos en quien tiene la razón y no nos alineamos a la verdad universal, la que va más allá del análisis, lo lógico y lo correcto. La verdad no puede discutirse desde argumentos creados por la mente, pues se encuentra en sincronía con el todo, nos guste o no.

Martin Luther King aprendió esto de Gandhi, sabía que ese observador que evaluaba ambas posturas era la prensa internacional, y exponía lo que sucedía a través de los medios de comunicación. Al mantener su postura de no violencia, al hablar con congruencia y al establecer peticiones justas desde la paz, King logró que su palabra tomara fuerza. Así la sensatez se volcó a su favor y su discurso se convirtió en la voz de muchos, no sólo en Estados Unidos.

Ser pasivo no significa ser vulnerable o débil, y como sabemos hay momentos en que la vida nos pide manifestarnos. La naturaleza a veces es fuerte y se impone, como cuando eructa un volcán o nos arrastra un huracán. La naturaleza es así, nosotros mismos somos así. A veces debemos salir, tomar acción y hacernos escuchar con el fin de implementar un nuevo mundo para nosotros y para otros. Así como la naturaleza, a veces debemos derrocar lo que ya no funciona para dar paso a nuestra evolución, preparar la tierra para que algo nuevo emerja, dar luz a una nueva cosecha.

Hablar de esto me recuerda un cuento de la filosofía veda que habla de *Ahimsa*, que en sánscrito significa "no violencia". Éste explica de manera metafórica cómo ser desde la paz, pero reconociendo que debemos usar nuestra fortaleza única para ser congruentes con quienes somos en esencia.

Un *Sadhu* (buen hombre) habló con la serpiente y le enseñó *Ahimsa* (no violencia); fue una lección que la serpiente escuchó profundamente, y que se quedó en su corazón. El año siguiente, cuando el *Sadhu* volvió a visitar la aldea, se encontró de nuevo con la serpiente. ¡Qué cambiada estaba! La que había sido una serpiente magnífica estaba ahora demacrada y magullada. El *Sadhu* le preguntó qué había causado un cambio tan abrupto en su apariencia. La serpiente le contestó que había seguido las enseñanzas de *Ahimsa* y se había dado cuenta de lo equivocada que estaba. Por ello había dejado de aterrorizar la aldea, pero desde que ya no era tan amenazadora los niños habían empezado a burlarse de ella y a tirarle piedras. Apenas podía cazar, y tenía miedo de alejarse de su escondite. El *Sadhu* sacudió la cabeza y dijo que si bien era cierto que él le había enseñado la importancia de *Ahimsa*, nunca le había dicho que parara de sisear.

Esta fábula nos enseña que tenemos que practicar *Ahimsa* también hacia nosotros mismos: es importante protegernos tanto mental como físicamente de las agresiones injustificadas. Nuestros cuerpos, emociones y mentes son valiosos regalos que sostienen nuestra estructura espiritual.

La discriminación contra la que luchó Martin Luther King es una representación de uno de los muchos espectros en los que se ven expuestos la violencia y el desamor entre los humanos. Es sorprendente cómo la discriminación en todos sus matices vive clavada de manera profunda en nuestra psique. Vivimos en una sociedad en la que a pesar de que estemos en pleno siglo XXI, etiquetar y clasificar a los seres humanos nos parece "normal", ya sea por diferencias culturales, sociales, raciales, sanitarias, de edad, profesión, género o preferencias sexuales, etcétera.

En el momento que discriminamos o etiquetamos, anulamos al otro y todo lo que él representa. ¿Con qué derecho lo hacemos? Estas posturas de soberbia enferman la mente, la engañan al hacernos creer que por alguna razón unas personas son superiores a otras, o que tienen mayor calidad social o moral. Caemos en estereotipos al crear imágenes o ideas mentales aceptadas por un grupo o sociedad que la mayoría de las veces ni cuestionamos. Actuamos por *default* a lo aprendido de otros. En gran medida, mucha de la discriminación ni siquiera la vemos. Operamos en un mundo en el que discriminar a otros, a los animales o al planeta es lo común.

Desvanecer estereotipos que nos llevan a alejarnos de otros es un reto, pues hay gran resistencia al cambio; muchas veces esto implica modificar algo que está en un *punto ciego*, aunque claramente existan evidencias de que las posturas que nos llevan a segregar a otros no son ciertas.

Los prejuicios van de la mano de sobajar a otros y podemos definirlos como "el medio por el cual juzgamos y percibimos a las personas". La manera de disolver estas conductas poco armónicas para la humanidad es movernos a la curiosidad. Cuando sustituimos el juzgar por el preguntar, se abre un espectro nuevo hacia las otras personas. Al cuestionar nos ponemos en el lugar de otros, los conocemos como individuos, como almas; sus búsquedas, miedos y necesidades se vuelven genuinos, pero también su contribución y sus derechos.

Al vivir en un mundo que discrimina ciegamente, a veces perdemos la capacidad de asombro cuando estamos frente a situaciones que deberían ocuparnos. Ejemplos hay muchos: la mujer que es sexualizada en televisión posando con bikini mientras los hombres la juzgan como ganado (y muchos lo vemos normal), transmite el mensaje de que las mujeres somos objetos cuyo valor es complacer al hombre, y da pie al maltrato y al abuso en mujeres; cuando vemos a los refugiados viviendo en condiciones inhumanas e ignoramos la problemática por no tratarse de nuestra cultura; que sea común que las personas ocupen ciertos puestos de trabajo sólo por su color de piel.

Muchas veces lo vivimos de cerca, cuando por haber nacido en cierta clase social las personas se sienten con el derecho de esperar que otros les sirvan y dediquen su vida a atenderlos, pagando lo mínimo y exigiendo lo máximo. También discriminamos cuando juzgamos a otros por sus preferencias, apariencias o capacidades. En México, por ejemplo, existe una profunda discriminación hacia los indígenas, un fenómeno que ha hecho que demos la espalda a nuestro origen, que nos alejemos del alma y la identidad de quienes somos. Cuando no podemos integrarnos como sociedad, vivimos carentes. Cuando no podemos respetar ni sentir que somos parte de la cultura indígena perdemos nuestra brújula, nos desalmamos, lo que nos pone en una búsqueda de una identidad aparente, superficial.

Vivir creando estas discrepancias sociales nos aleja de la evolución, nos mantiene en ignorancia espiritual e invita a la prepotencia y el abuso, lo que nos alejan de la unión y el amor, ingredientes necesarios para un mundo sediento de armonía. Ante todo, lo ideal sería reconocer en dónde estamos hoy cada uno de nosotros frente a esta conversación. Movernos a la salud social implica reconocer que a veces debemos actuar para despertar de un maltrato que fomentamos, del que a veces ni siquiera nos habíamos percatado de nuestra participación.

Los pilares de Martin Luther King
Anatomía hipotética

Martin Luther King fue un hombre sensible. Al estudiar su vida es evidente que no necesariamente quería emprender la vida que llevó, pues deseaba seguir como pastor al lado de su familia. Pero esto no fue posible para él: su imagen y su voz se volvieron el icono que representaba un movimiento que debía llevarse a cabo. Él se preparó, tomó la batuta e hizo lo que se requería de él. Pero lo quiso hacer bien, y su inteligencia le ofreció las alternativas para lograrlo. Hoy en día King, su sendero y la manera en que lo llevó a cabo nos dejan la gran enseñanza de la *unión*; se dice fácil, pero es lo que el planeta requiere: integrarnos, unir propósitos, familias, comunidades, proyectos e intereses por un bien común. Al integrarnos, reconocemos que al dañar a otro o al planeta nos dañamos a nosotros mismos; así se abre el espacio de conciencia que requiere la humanidad para despertar.

Exploremos a Martin Luther King desde el punto de vista de los pilares del Coaching MMK:

Pensamientos

Martin Luther King tenía una mente privilegiada, pero además tenía un sentido humano que logró una combinación ideal para lo que se requirió de él. Además de ser carismático y bueno para las palabras era un pensador; éstos son algunos pensamientos que nos regaló:

- ▶ Si supiera que el mundo se acaba mañana, yo, hoy todavía, plantaría un árbol.
- ▶ Si ayudo a una sola persona a tener esperanza, no habré vivido en vano.
- ▶ Hemos aprendido a volar como los pájaros y a nadar como los peces, pero no hemos aprendido el sencillo arte de vivir como hermanos.
- ▶ Nada en el mundo es más peligroso que la ignorancia sincera y la estupidez concienzuda.
- ▶ Nadie se nos montará encima si no doblamos la espalda.
- ▶ Si el hombre no ha descubierto nada por lo que morir, no es digno de vivir.
- ▶ La oscuridad no puede sacarnos de la oscuridad, sólo la luz puede hacerlo. El odio no puede sacarnos del odio, sólo el amor puede hacerlo.

▶ Nada se olvida más despacio que una ofensa; y nada más rápido que un favor.

▶ La violencia crea más problemas sociales que los que resuelve.

▶ La pregunta más urgente y persistente en la vida es: ¿qué estás haciendo por los demás?

Cultura

Martin Luther King vivía en un entorno en el que la discriminación era lo "normal". Le sorprendió, durante un viaje por Estados Unidos, que otras ciudades permitieran a los afroamericanos el acceso a restaurantes, *shows* y transportes públicos. Esto lo dejó perplejo. ¿Cuántos de nosotros aceptamos las condiciones en las que vivimos por *default,* sin cuestionar, aunque sean carentes o deplorables? A veces es necesario ver de lejos nuestra vida y nuestras circunstancias para plantearnos algo nuevo. Al regresar a su hogar, Martin Luther King reconoció que la situación debía cambiar para todos en su país. Ese día se abrió en él la posibilidad de cambio que transformó a toda una cultura. King fue un eje fundamental que logró establecer un nuevo entorno social para los afroamericanos en territorio estadounidense, pero también en el mundo.

Creencias

Martin Luther King se alineaó a creencias que se unieron con las de su gran sueño; creencias compartidas, necesarias para llevar a Estados Unidos a un lugar de mucha más evolución y conciencia. Sus creencias fueron:

▶ No hay nada nuevo con la pobreza, pero ahora tenemos los recursos y la infraestructura para erradicarla. Hago un llamado a trabajar para librar a otros de la pobreza extrema.

▶ Una gran nación es una que tiene compasión por otros. Ningún individuo o nación es grande si no se preocupa por el bienestar de los demás.

▶ El racismo de cualquier tipo se establece en la arrogancia de que una raza es más valiosa y por lo tanto merecedora de devoción, una frente a la cual los inferiores deben rendirse y someterse. El racismo separa mentes, cuerpos y almas; termina siendo el homicidio físico y espiritual de la humanidad.

▶ Hay por doquier ejércitos militares, guerras, imperialismo, violencia doméstica, violación, terrorismo, tráfico humano, drogas, abuso infantil y crímenes violentos. Una verdadera revolución de valores tomaría el orden del mundo, pues la guerra no es la manera de arreglar conflictos, no es justa. Llenar a las naciones de huérfanos y viudas o inyectar de odio las venas de personas normalmente buenas y humanas y regresar a sus hogares a hombres lesionados física, mental y espiritualmente no puede alinearse con la sabiduría, la justicia y el amor. Una nación que año con año invierte más dinero en su ejército que en programas de bienestar se acerca a su muerte espiritual.

Lenguaje

Martin Luther King tenía gran facilidad para hablar, inspirar y comunicar; usaba las palabras para ofrecer esperanza. Para demostrarlo, no debemos irnos más lejos que de su reconocido discurso "Tengo un sueño", que hoy sigue haciendo un eco de esperanza en mucho de lo que vivimos. Aquí les dejo un fragmento:

> Hoy les digo a ustedes, amigos míos, que a pesar de las dificultades del momento, yo aún tengo un sueño. Es un sueño profundamente arraigado en el sueño "americano".
>
> Sueño que un día esta nación se levantará y vivirá el verdadero significado de su credo: "Afirmamos que estas verdades son evidentes: que todos los hombres son creados iguales".
>
> Sueño que un día, en las rojas colinas de Georgia, los hijos de los antiguos esclavos y los hijos de los antiguos dueños de esclavos se puedan sentar juntos a la mesa de la hermandad.
>
> Sueño que un día, incluso el estado de Mississippi, un estado que se sofoca con el calor de la injusticia y de la opresión, se convertirá en un oasis de libertad y justicia.
>
> Sueño que mis cuatro hijos vivirán un día en un país en el cual no serán juzgados por el color de su piel, sino por los rasgos de su personalidad.
>
> ¡Hoy tengo un sueño!
>
> Sueño que un día el estado de Alabama, cuyo gobernador escupe frases de interposición entre las razas y sobre la anulación de los negros, se convierta en un sitio

donde los niños y niñas negras puedan unir sus manos con las de los niños y niñas blancas y caminar unidos, como hermanos y hermanas.

¡Hoy tengo un sueño!

Sueño que algún día los valles serán cumbres, y las colinas y montañas serán llanos, los sitios más escarpados serán nivelados y los torcidos serán enderezados, y la gloria de Dios será revelada, y se unirá todo el género humano.

Ésta es nuestra esperanza. Ésta es la fe con la cual regreso al sur. Con esta fe podremos esculpir de la montaña de la desesperanza una piedra de esperanza. Con esta fe podremos transformar el sonido discordante de nuestra nación en una hermosa sinfonía de fraternidad. Con esta fe podremos trabajar juntos, rezar juntos, luchar juntos, ir a la cárcel juntos, defender la libertad juntos, sabiendo que algún día seremos libres.

Ése será el día cuando todos los hijos de Dios podrán cantar el himno con un nuevo significado: "Mi país es tuyo. Dulce tierra de libertad, a ti te canto. Tierra de libertad donde mis antecesores murieron, tierra orgullo de los peregrinos, de cada costado de la montaña, que repique la libertad". Y si Estados Unidos ha de ser grande, esto tendrá que hacerse realidad.

Por eso, ¡que repique la libertad desde la cúspide de los montes prodigiosos de Nueva Hampshire! ¡Que repique la libertad desde las poderosas montañas de Nueva York! ¡Que repique la libertad desde las alturas de las Alleghenies de Pensilvania! ¡Que repique la libertad desde las Rocosas cubiertas de nieve en Colorado! ¡Que repique la libertad desde las sinuosas pendientes de California! Pero no sólo eso: ¡Que repique la libertad desde la Montaña de Piedra de Georgia! ¡Que repique la libertad desde la Montaña Lookout de Tennesse! ¡Que repique la libertad desde cada pequeña colina y montaña de Mississippi! De cada costado de la montaña, que repique la libertad.

Cuando repique la libertad y la dejemos repicar en cada aldea y en cada caserío, en cada estado y en cada ciudad, podremos acelerar la llegada del día cuando todos los hijos de Dios, negros y blancos, judíos y cristianos, protestantes y católicos, puedan unir sus manos y cantar las palabras del viejo espiritual negro: "¡Libres al fin! ¡Libres al fin! Gracias a Dios omnipotente, ¡somos libres al fin!"

MARTIN LUTHER KING

Emociones

Martin Luther King aprendió a crear alquimias en su estado interior, sostenido por sus creencias cristianas; lo educaron desde muy joven a aprender que la violencia sólo puede ser conquistada por el amor y el perdón. Se dice fácil, pero la vida lo puso a prueba cuando su casa fue bombardeada, cuando fue apuñalado en una presentación y cuando la violencia mató y abusó a personas cercanas a él. Se necesita una gran inteligencia emocional para hablar de sus emociones como él lo hacía en sus discursos, con elocuencia y conectándose con el mundo a través de los sentimientos. King logró desviar su frustración y encausar su cuerpo emocional a su propósito con claridad y diligencia.

Declaraciones

A los 35 años de edad, Martin Luther King recibió el premio
Nobel de la paz. Es el hombre más joven que ha ganado este
premio. Éstas son algunas de las palabras que pronunció al
recibirlo y que siguen siendo una declaración abierta para
la esperanza de nosotros como humanidad:

> Creo que la justicia herida, postrada en las sangrientas
> calles de nuestras naciones, puede ser levantada de este
> polvo de vergüenza para reinar entre los hijos de los hom-
> bres. Tengo la audacia de creer que los pueblos de todo el
> mundo pueden tener tres comidas al día para sus cuerpos,
> educación y cultura para sus mentes, y dignidad, igualdad
> y libertad para sus espíritus. Creo que lo que los hombres
> egocéntricos han derribado, los hombres centrados pue-
> den levantarlo. Sigo creyendo que un día la humanidad
> se arrodillará ante los altares de Dios, y la no violencia
> y la buena voluntad redentora será la regla de la tierra.
> "Y el león y el cordero se echarán juntos; y cada hombre
> se sentará debajo de su vid y su higuera, y no habrá quien
> tenga miedo." ¡Todavía creo que venceremos!
>
> MARTIN LUTHER KING

Ego

El ego puede gobernar fácilmente a una persona que se deja
llevar por sus emociones. Al sentir enojo, rabia o ira por
otro ser humano y al ser reactivos, es fácil perdernos en el
malestar y la confusión. La inteligencia emocional, tal como

la demuestra Martin Luther King, nos hace fuertes frente a nuestro espíritu. Nos aleja de reacciones inmediatas y nos permite tener empatía y claridad para establecer lo que deseamos conquistar.

Ésta es una nota curiosa de la inteligencia emocional y los líderes: "Mejorar tus habilidades emocionales te fortalece para volverte más hábil para influenciar a otros. Cuando eres bueno controlando tus propias emociones, puedes ocultar tus verdaderos sentimientos y mantener el enfoque en tus objetivos. Cuando tienes la habilidad de manipular lo que otros sienten, se pueden tirar fibras sensibles y motivarlos a actuar en contra de sus propios intereses".

Los científicos sociales han comenzado a documentar este lado oscuro de la inteligencia emocional. Se demostró que cuando un líder da un discurso cargado de emoción, el público se acuerda menos del contenido del mismo. Los autores lo llamaron *awestruck effect* (efecto asombrado). Martin Luther King usó esto de manera majestuosa y para un bien común.

En el caso de Hitler, él tenía una capacidad similar a la de Martin Luther King: se basaba en su capacidad estratégica de rasgar los corazones de su audiencia y anulaba el pensamiento crítico en contra de su discurso. Así, los líderes que dominan las emociones pueden alterar la capacidad de su audiencia para razonar. Si sus valores no están en sintonía con los nuestros, los resultados pueden ser devastadores. Cuando las personas tienen motivos egoístas, la inteligencia emocional se convierte en un arma para manipular a los demás.

Tus sueños

Existe una serie de preguntas que debes formularte cuando quieres alinear tu vida a tus sueños. Se dice que es más importante lo que nos preguntamos que incluso tener respuestas claras a nuestros cuestionamientos. Al plantearnos preguntas poderosas emprendemos nuevas hipótesis acerca de lo que es posible, abrimos nuestra vida a nuevas conversaciones y cuestionamos lo establecido.

Comienza por explorar. Si hace tiempo no has reflexionado en esto, te invito a que tomes pluma y papel y te regales el tiempo de indagar. Observa qué surge en tu interior.

- ¿Cuáles son tus sueños u objetivos? ¿Qué esperas alcanzar en todas las áreas de tu vida? Incluye la manera en que vives tu vida, y cómo te sientes frente a ella.
- ¿Qué cosas quieres o necesitas cambiar de tu estilo de vida?
- ¿Hacia dónde te diriges? ¿Esto te generará paz y felicidad?
- Por el camino que vas, ¿lograrás tus sueños?
- ¿Cómo quieres establecer tus finanzas dentro de los próximos años?
- ¿Cuál es la visión de tu futuro y la de tus seres queridos?
- ¿Qué quieres hacer en tu tiempo libre?
- ¿Quieres pasar más tiempo con las personas que amas? ¿Cómo lograrás eso?
- ¿Quieres más tiempo para divertirte y cultivar tus *hobbies*? ¿Cómo lo puedes lograr?

- ¿A qué lugares quieres viajar con tus seres queridos?
- ¿Qué quieres tener? Descríbelo.
- ¿Cuál es tu lugar ideal para vivir?
- ¿Cómo es tu casa ideal?
- ¿Cuál es el mensaje que quieres dejar con tu vida?
- ¿Qué es lo que te parece más importante?

Fórmula de claridad

Una vez que hayas reflexionado sobre las preguntas anteriores, trabaja en estos puntos para lograr tus pasos a seguir:

- *¿Qué?* ¿Qué deseas específicamente? ¿Qué deseas ver, escuchar y sentir?
- *¿Cómo?* ¿Cómo vas a conseguirlo? Sé especificó.
- *¿Cuándo?* ¿Cuándo quieres que suceda? Establece un plazo determinado.
- *¿Dónde?* ¿Dónde se realizará tu sueño? ¿A dónde te llevará?
- *¿Para qué?* ¿Para qué quieres lograr tus objetivos o sueños?

Una vez que reúnas esta información, debes tomar acción y persistir. El éxito será la suma de soñar, planear y ser perseverante ante lo que quieres conquistar.

La imaginación

Albert Einstein

> El azar no existe; Dios no juega
> a los dados.
>
> ALBERT EINSTEIN

La aguja gira sin un propósito, sin una fuerza evidente que la impulse: hay un poder oculto. El niño abre los ojos, casi deja de respirar, siente escalofríos. Mira atónito. La aguja para. Apunta hacia el norte. El niño quiere saber qué hay detrás de la magia, esa que maneja a la brújula que su padre le ha regalado. Necesita entender el lenguaje de Dios.

Este niño, pensador de imágenes desde siempre, fue Albert Einstein, nacido en Ulm, una ciudad alemana, el 14 de marzo de 1879. El siglo XX, que brillaba por sus avances tecnológicos y científicos, no podía iniciar sin él, porque sin él el siglo XX no tendría como característica la revolución de las ciencias a través de la física.

Sus padres, Hermann Einstein y Pauline Koch, formaban una familia acomodada de cultura judía, pero sin ejercer los rituales ni manifestar mucho interés por la religión. Como escribió Albert Isaacson, Albert creció en un ambiente que valoraba la educación, el libre pensamiento y la inteligencia.

La tierra de Ulm no vio crecer al pequeño genio, pues en 1880 la familia se mudó a Munich, donde permanecería durante catorce años para hacer prosperar un negocio familiar junto al hermano de Hermann, Jakob (este tío, ingeniero, motivó a su sobrino promoviendo su interés por las ciencias, regalándole libros y fomentando su inteligencia). Ahí nació la hermana de Albert, Maja, a quien él adoró. Su padre y su tío desarrollaron una empresa que se dedicaba a la instalación de agua y gas; luego inauguraron un taller de aparatos eléctricos que no prosperó. La casa donde vivían se ubicaba en un barrio burgués; era amplia, con madera en cada rincón, pero lo más hermoso era el jardín. ¿Habrá sido escoltado por grandes pinos, flores amarillas y violáceas, un césped atisbado de gotitas de rocío a veces y otras por copos de nieve; la superficie perfecta para mirar al cielo y observar desde ahí las estrellas con su luz titilante, iluminadora de sueños? En ese jardín jugaban los primos de Albert. En ese jardín, imaginaba él, abstraído del bullicio. Ese lugar tan especial se tuvo que vender durante la crisis económica que sufrieron los Einstein cuando su negocio se fue a la quiebra. Fue un golpe duro para todos, incluido el joven primogénito.

Suele decirse que Einstein era un niño solitario, tímido, introvertido y malo para comprender las matemáticas. Las primeras características parecen ser verdad, pero lo último definitivamente es falso. Aunque tardó en aprender a hablar, y luego lo hacía con problemas (repetía las frases en voz baja cada vez que hablaba), era un alumno brillante y estaba muy por arriba de las exigencias escolares. Resolvía problemas matemáticos complejos a la perfección; tal vez se tardaba, pero la razón era que buscaba diferentes soluciones, no la imposibilidad de lograrlo.

Una de las características de Albert era su rebeldía, de donde seguramente surgió la idea de que era mal estudiante. Nunca hubo poder humano, ni de ninguna otra clase, que lo mantuviera alineado bajo algún mando. Era un espíritu libre. Ni los maestros ni la religión ni el nacionalismo lograrían gobernar nunca ni moldear su manera de actuar, pensar, creer e imaginar: "De pensamiento independiente, se dejaba arrastrar por una imaginación que rompía los límites del saber convencional. Era una oveja negra, un rebelde reverente, y se guiaba por la fe —en un Dios que no jugaba a los dados dejando que las cosas acontecieran por casualidad."[1]

Era el año de 1894 cuando los Einstein tuvieron problemas económicos graves que los obligaron a mudarse a Pavía, Italia, en busca de nuevas oportunidades. Albert debía quedarse en Munich para terminar sus estudios. Sin embargo, abandonó la escuela, Gymnasium, antes de aprobar el bachillerato. Convenció a un querido amigo médico, Max Talmud, para que le ayudara a conseguir un justificante que avalara que el joven necesitaba reposo por causas de agotamiento. Albert estaba harto de la educación rígida, y los maestros estaban hartos de sus manifestaciones revoltosas. Además, logró que un profesor certificara su excelencia en el campo de las matemáticas. Sin más, partió hacia Italia a reunirse con su familia, sobre todo con su madre y Maja, a quienes amaba profundamente.

---

[1] Walter Isaacson, *Einstein. Su vida y su universo*, México, Debolsillo, 2015, p. 46.

Estaba en sus planes inscribirse a la Escuela Politécnica Federal de Zurich. Al no contar con el certificado de bachillerato, hizo un examen de admisión, en el cual obtuvo baja calificación en el área de literatura e idioma francés. Sus altas notas en ciencias le valieron para que el director le aconsejara seguir preparándose y lograr entrar al Politécnico más tarde con pase directo. A los dieciséis años obtuvo el certificado de secundaria que le faltaba, en la población de Arau. Era el año de 1896, el mismo año en que renunció a la ciudadanía alemana, entre otras cosas porque se negaba a ser soldado, reprobaba rotundamente la idea de la guerra y, por lo tanto, se negaba a hacer el servicio militar.

Einstein pensaba en imágenes, rara vez en palabras. Esa acción, que se sintetizaba a veces en la imaginación pura, era parte de su genialidad. Siendo un joven estudiante en Arau tuvo una idea por demás luminosa y bella: ¿cómo sería viajar cabalgando sobre un rayo de luz? La luz, un vehículo de lo más veloz, indomable, fugaz. Era jugar a moverse a una velocidad que permitiera dejar atrás el tiempo. Esa ficción le llevaría a investigar sobre el tema y a desarrollar más tarde su teoría de la relatividad general.

Por fin se alejó del seno familiar y entró a la Escuela Politécnica Federal de Zurich para estudiar física. Quizá el centro más importante para hacerlo. Einstein no sólo era apasionado del pensamiento científico, sino también del filosófico y político. De una u otra manera éstas eran líneas vitales para comprender el universo lógico humano. Así, Zurich fue un lugar en donde abrió sus posibilidades intelectuales; además de iniciar contacto con el movimiento socialista de Friedrich Albert, conoció ideas revolucionarias que hacían resonancia con las suyas. Allí leyó a Poincaré, Spinoza, Hume, Kant y Marx.

Desde niño Einstein amaba la naturaleza. Daba largas caminatas para observarla, para imaginar qué fuerzas invisibles la regían. Dijo: "Allí fuera estaba ese enorme mundo, que existe independientemente de los seres humanos, y que se alza ante nosotros como un grande y eterno enigma".[2] Era parte de sí mismo ser científico, no había otra manera de entender el universo. Su vinculación entre Dios y la creación era indiscutible. Que no fuera adepto a la religión judía y a los dogmas no quería decir que no tuviera fe en un creador, uno que albergara la manera única de crear el entorno y más allá de sus fronteras bajo una lógica, nunca regido por el azar. Einstein deseaba entender esa lógica, era una manera de dar cauce a su libre pensamiento y de cuestionar lo establecido.

Después de algunas novias y de romper corazones, como el de la sencilla Marie (pues el joven que antaño era tímido y ensimismado desarrolló una personalidad cautivadora, hasta simpática y ocurrente; tenía la pinta de artista, dicen, ya no digamos cuando tocaba el violín de manera magistral). Luego, en 1896, Albert se enamoró otra vez, ahora de Mileva Mariç, una joven de origen serbio tres años mayor que él, con ideas feministas y quien era la única estudiante mujer en el Politécnico; ella tenía también ciertos rasgos depresivos (que no me atrevo a afirmar si eran biológicos, aunados a su frustración por no realizar los sueños que alguna vez tuvo: ser científica), y algunas afecciones físicas: tenía dislocación

---

[2] *Ibid*, p. 46.

de cadera, lo cual la obligaba a cojear. No era bella: era inteligente. Pero esta cualidad no le valía ante su suegra, quien se oponía a la relación con su hijo, pues no le parecía que alguien con esas características fuera adecuada para su primogénito; más allá de ser serbia, le afectaba en especial que fuera enfermiza, poco agraciada físicamente y con pretensiones intelectuales. A pesar de esto, el futuro científico siguió su amor con la mujer que no sólo sería el objetivo de su pasión amorosa, sino un apoyo incondicional en el ámbito de la ciencia. Ella entendía su lenguaje; discutían juntos las ideas de Albert. No sólo eso, Mileva ayudaría a mecanografiar y a comprobar las fórmulas de su gran amor. Durante los tres primeros años su relación fue perfecta: se escribían letras apasionadas donde mezclaban el enamoramiento a través de la poesía con asuntos relacionados con las ondas electromagnéticas y otros temas científicos. Daban paseos por las montaña y se extrañaban las noches que no pasaban juntos.

Einstein tuvo terribles dificultades para encontrar trabajo después de graduarse del Politécnico en el año de 1900, e incluso aún después de conseguir la ciudadanía suiza un año más tarde. Su rebeldía e insolencia académica no ayudaron, y ningún maestro quiso recomendarlo o tenerlo como ayudante. Recibía ingresos dando clases particulares y en escuelas menores. Por fin, después de una larga espera, logró laborar en la Oficina Federal de la Propiedad Intelectual de Suiza, en Berna, una oficina de patentes. No era nada cercano a un buen puesto ni a su sueño de ser investigador científico, pero había que ganarse la vida.

Antes de eso, en medio de la complicada época para conseguir trabajo, Mileva quedó embarazada. Einstein no quiso casarse ni irse a vivir con su novia, mucho menos conocer a su hija, Lieserl, a pesar de que la menciona en sus cartas y le desea el bien de vez en cuando. Ésta fue dada en adopción, tal vez, o murió de escarlatina siendo muy pequeña. Nadie lo sabe. Lo que es cierto es que no la conoció, y que Mileva dio a luz en Serbia, sin él cerca. Quizá Albert pensó que tener hijos fuera del matrimonio entorpecería sus posibilidades de conseguir un buen empleo; tal vez no quería darle un disgusto a su madre (una mujer dominante, a quien su hijo adoraba, y quien le inculcó el valor del trabajo y la concentración para lograr lo que realmente deseaba), o a lo mejor simplemente no estaba preparado para ser padre.

A pesar de este triste evento, Albert y Mileva siguieron juntos. A veces ella se sentía devaluada y abandonada por su pareja. Tiempo después, en 1903, cuando el padre del muchacho murió y dio su consentimiento, se casaron; más tarde tuvieron dos hijos, Hans Albert y Eduard, este último con esquizofrenia. Cabe mencionar que esta vida de ama de casa, madre y esposa le causó problemas a Mileva: fue absorbida por este estilo de vida que nunca soñó del todo, aun cuando ella y su pareja hablaron de no ser nunca una pareja convencional burguesa. Finalmente no pudo realizar sus sueños de ser científica, lo que acentuó algunas etapas depresivas, pues sus tareas domésticas le dejaban cada vez menos tiempo para estudiar y debatir teorías con su marido. La casa parecía una mazmorra oscura, una bóveda terriblemente opresora que le impedía mirar la luz estelar.

Ahora bien, el trabajo en la oficina de patentes en Berna le permitía al joven con aspiraciones de científico, además de sobrevivir con un sueldo fijo, imaginar, observar, pensar, experimentar, estudiar y escribir. Albert Einstein seguía cuestionándolo todo; confiaba en su inteligencia para hacerlo. No se derrotó al no ser considerado por los maestros de la época para ser un buen adjunto, ni al no conseguir un trabajo digno de su elevado coeficiente.

Pronto se tituló del doctorado en 1904, y continuó su ardua labor de encontrar certezas y absolutos, aunque esto significara desmantelar las verdades, las reglas que los humanos habían consolidado en siglos anteriores. En 1905, año que se conoce como *Annus mirabilis* (año admirable), trabajó sin parar y redactó cuatro artículos sobre la física que revolucionarían el pensamiento científico, publicados en la revista *Annalen der Physik*. El primero estaba relacionado con la luz y sus propiedades energéticas; en el segundo se enfocó en el tamaño de los átomos; en el tercero desarrolló el errático movimiento de las partículas microscópicas, además de asegurar que los átomos y las moléculas existían; el cuarto era un borrador sobre una electrodinámica de los cuerpos en movimiento, los cuales empleaban una modificación de la teoría del espacio y el tiempo. Hubo un quinto texto, un apéndice del cuarto, en el que postulaba la relación entre energía y materia, de donde surgiría la fórmula más conocida de toda la física: $E=mc^2$ (energía es igual a masa por la velocidad de la luz al cuadrado); ni más ni menos que la Teoría de la Relatividad.[3] Cabe adelantar que en 1921 su trabajo sobre la luz le valió el premio Nobel.

---

[3] *Ibid*, pp. 27-28

Dichas propuestas tardaron en tener eco y fama, pues se comprobaron diez años después de su publicación. Einstein se desanimó, y no era para menos. Sus esfuerzos parecían no tener razón de ser. Cinco meses después de que sus estudios salieran a la luz, uno de los científicos más importantes, editor de los *Anales de Física* en Berlín, Max Planck, los leyó y reconoció su importancia. Esto le dio nuevas posibilidades profesionales, como conseguir una cátedra universitaria tiempo después.

El mundo de Einstein se dividía entre la abstracción para dedicarse a sus estudios y de vez en vez salir con amistades, reír y desarrollar su parte seductora. Había poco tiempo para dedicarle a la familia y su relación con Mileva se deterioraba cada vez más. Dormían en habitaciones separadas, no se acordaban del frío en las montañas ni de mirar el cielo juntos. Era como si él experimentara desprendimientos emocionales por periodos, en especial cuando trabajaba. Sus dificultades para entablar relaciones afectivas de calidad eran grandes. Había una veta afectuosa que estallaba en pro de la humanidad, pero dejaba mucho qué desear con las personas cercanas.

En 1914 le ofrecieron a Albert dar una cátedra en Berlín. Aceptó. Mileva, a pesar de sus pocas ganas, se trasladó junto con él y sus hijos. Luego las tensiones entre la pareja aumentaron, y a los tres meses ella volvió a Suiza acompañada de su descendencia, dejando a su esposo y padre de sus hijos en tierra alemana.

A medida que Mileva se quejaba de su falta de amor y manifestaba sus celos, fundamentados en la mayoría de los casos, Einstein buscaba la aceptación de otras mujeres. Ya en 1912 Albert y su prima Elsa se hicieron amantes; posteriormente, en 1919, cuatro meses después de conseguir el doloroso divorcio de Mileva, contraerían nupcias. A partir de entonces, el físico se alejó mucho más de sus hijos (al menos cuando eran pequeños se tomaba la molestia de jugar con ellos; al crecer, la lejanía fue abismal). Elsa era una mujer de corte tradicional, sin aspiraciones de ninguna clase, mucho menos intelectuales, lista para mantener un hogar y cuidar de él en todo momento. No hacía preguntas, no interrumpía sus horas de trabajo, ni siquiera armó aspavientos cuando Albert tuvo aventuras con otras mujeres a medida que su fama crecía; no pedía nada, sólo ser su esposa y mantener ese rol.

Luego estalló la Primera Guerra Mundial. Europa se destrozaba a sí misma. Albert, decepcionado por las atrocidades humanas, se refugió en sus estudios. Criticaba fehacientemente la guerra, e incluso hizo una petición por la paz que sólo obtuvo tres firmas. Su opinión no era bien recibida por el gobierno alemán, cosa que le tenía sin cuidado. Continuó con sus propuestas teóricas: la relatividad general, la relación entre el espacio y el tiempo como algo elástico, necesitaba toda su atención. Su predicción de la expansión del universo es de lo más importante: un universo elástico, casi vivo; imaginémoslo como lo hizo él.

Para 1916 Einstein estaba exhausto. El universo se agrandaba frente a él, las imágenes lo cobijaban día y noche, las fórmulas danzaban, el sudor recorría frente y cuerpo, la respiración ganaba rapidez. Ahora parecía ser él mismo la brújula que giraba sin una fuerza aparente. Sin embargo, era su curiosidad la que lo guiaba; la imaginación alimentaba su deseo de continuar, pero no podía más. Cayó enfermo, sufrió un colapso. Elsa lo cuidó hasta que recuperó fuerzas. Su relación se fortaleció. Luego vino el divorcio de Mileva.

Era el año de 1919. La naturaleza se confabuló con Einstein para comprobar su teoría de la relatividad: el sol bailó en el cielo, cubriendo a la luna con su manto explosivo; hubo un eclipse solar. La luz de las estrellas era flexible y se movía gracias al cuerpo solar. El mero planteamiento resulta poético.

De pronto, de ser un alumno rebelde y problemático que cuestionaba todo lo establecido, sin la menor fama, se transformó en el científico más famoso de la historia. En menos de un año se publicaron cien libros sobre la relatividad. La sencillez de las fórmulas newtonianas quedó atrás al sumergirse en el mundo de Einstein, que complicaba las explicaciones físicas con sus ecuaciones mientras las explicaba de una manera única: "Si te sientas en una plancha caliente un segundo, parecerá una hora; pero si una mujer hermosa se sienta en tu regazo una hora, parecerá un segundo. Eso es la relatividad".

En 1921 Einstein y Elsa cruzaron el mar para llegar a Estados Unidos, donde fueron recibidos como grandes celebridades. Elsa sonreía, saludaba en todas direcciones; Einstein se mostraba atónito entre la muchedumbre. Su cabellera canosa y alborotada enmarcaba esos ojos redondos, ligeramente tirados hacia abajo, que miraban con asombro, sin saber qué pensar de semejante espectáculo. Se convirtió en una estrella terrenal.

En 1922, después de ganar el premio Nobel de física y de ceder el premio económico a Mileva, recorrió el mundo dando conferencias. Nunca antes se había visto algo así. En general, los físicos eran personas incomprensibles que se refugiaban en laboratorios y aulas universitarias, pero ahora existía un científico rodeado de admiradores; aunque también existían grupos, en especial en su natal Alemania, que realizaban concienzudos estudios para debatir las ideas postuladas por su compatriota. Einstein rompió las líneas clásicas de la física. Explicó lo inexplicable, lo que las fórmulas anteriores no alcanzaban a hacer. Con la imaginación brincó hacia el universo, hacia el movimiento, cabalgando en un rayo de luz. Era un ícono, un representante digno del siglo XX, el siglo de la innovación, de la transformación.

Era todo eso en el mundo salvo en Alemania, donde Hitler estaba a punto de convertirse en el terrible dictador y ningún judío estaba a salvo. Einstein llevaba sangre judía en las venas, y su corazón cada vez se enorgullecía más de la tradición cultural que implicaba esa raíz. Luego Hitler tomó fuerza. Vino la Segunda Guerra Mundial. La vida del físico corría peligro. Los nazis lo perseguían. Europa no tenía rincones para estar a salvo. Entonces Albert, Elsa y las dos hijas de ésta, a quienes él adoptó, navegaron hacia Norteamérica para no regresar. Atrás quedó el amor que le tuvo a Mileva, allá quedaron sus hijos y quedó también para siempre la ilusión de volver a mirar imágenes de la infancia, tal vez los pinos, las flores amarillas y violáceas, el rocío helado y los copos de nieve que alguna vez acompañaron al joven genio mientras jugaba con su locomotora de vapor o hacía castillos de naipes de hasta once pisos.

En su nueva tierra, donde se hizo ciudadano estadounidense, aceptó trabajar en el Instituto de Estudios Superiores de Princeton, en Nueva Jersey. Tenía 56 años. No daba clases, para lo cual siempre había tenido pocas aptitudes, ni hacía labores administrativas. Trabajaba entonces en nuevas teorías, y deseaba aunar todas las fuerzas de la naturaleza en una sola ecuación. Era la búsqueda de la realidad absoluta.

En 1935 Elsa enfermó y Einstein cuidó de ella. Eran los últimos días de una mujer que había entregado los últimos diecisiete años de su vida a cuidarlo, a aguantarlo. Estos cariñosos cuidados pueden interpretarse como gratitud ante el amor. Meses después, Elsa murió. Einstein siguió trabajando entre el humo de su pipa, su abstracción del mundo visible lo llevaba a sumergirse en ese mundo oculto con una fuerza brutal. Entre tanto, un grupo de refugiados políticos le confiaron la idea de que los nazis podrían desarrollar una terrible arma: la bomba atómica. No podía permitir semejante cosa, pues eso prometía un peligro inminente para la humanidad. Por lo tanto, el físico estimó necesario que Estados Unidos hiciera un contrapeso en contra de la encarnación del mal, Hitler y su gobierno fascista. A pesar de sus ideas pacifistas, creyó que en ocasiones un mal podría terminar con otro peor. Así, el 2 de agosto de 1939 participó junto con otros físicos en la redacción de una carta dirigida al presidente Roosevelt que alertaba sobre la fabricación de bombas atómicas. Dicha carta tuvo como resultado el Proyecto Manhattan: la elaboración de una bomba atómica estadounidense, inspirada bajo fórmula "energía igual a masa". Ante este hecho, Einstein fue criticado. Su pacifismo había sido traicionado por él mismo. Sin embargo, él estaba seguro de que su decisión había sido la correcta con el fin de parar a Hitler.

En 1945 el cielo resplandeció. Una montaña de luz y humo se observó a lo largo de miles de kilómetros. Nagasaki e Hiroshima ardían. Más de doscientas mil personas murieron y otras más corrieron presas de la radioactividad. Einstein estaba desbastado, arrepentido de firmar la famosa carta. ¿Cómo saber si los nazis conseguirían o no su propósito de construir una bomba atómica y terminar con mucho más que dos poblaciones? ¿Cómo salir limpio teniendo el conocimiento en sus manos?

Cabe mencionar que Einstein nunca colaboró en la fabricación de la bomba, pues no era considerado de confianza, pero sus investigaciones fueron piezas fundamentales para su construcción. Después del estallido atómico, Einstein aprovechó su fama para hacer una campaña en contra de las armas de destrucción masiva, lo cual propició que estuviera bajo la mira del FBI.

Entonces inició la Guerra Fría. Ahora la Unión Soviética contaba con un arma nuclear también y el miedo se apoderó del mundo entero. El comunismo y el capitalismo se enfrentaban por medio de los hombres. Einstein era investigado por J. E. Hoover, quien sabía de las ideas izquierdistas del científico, y quien trató por todos los medios de expulsarlo del país. Einstein era vigilado día y noche de manera secreta con el fin de encontrar algún pretexto para deportarlo a Europa y quitarle la ciudadanía norteamericana. El físico luchó por sus ideas políticas y no se dejó amedrentar por nadie. Nunca pudieron probar nada en su contra.

Einstein volvió a imaginar. Esta vez imaginó un mundo sin guerra, en paz, y con ese fin firmó en 1955 una petición para que se prohibieran las armas nucleares y, más aún, la guerra misma. Sobra decir el efecto nulo que esta casi plegaria tuvo.

La luz se veía cada vez más tenue. Albert Einstein sentía un dolor en el pecho: era una hemorragia interna. Podría haber tenido solución, pero él no quiso ser intervenido quirúrgicamente. Quería irse con dignidad, algo parecido a irse cuando lo decidiera. Su aportación a la humanidad estaba hecha; su amor por ésta le exigió un arduo trabajo, que cumplió brillantemente. Murió a los setenta y seis años. Como lo dictó su deseo, fue cremado. El río Delaware hundió sus cenizas. Su alma cabalga, sostiene una brújula, pero no hay corcel alguno: va sobre un rayo de luz, el más potente que se haya visto.

UNA MIRADA DESDE EL COACHING

> En momentos de crisis, sólo la imaginación es más importante que el conocimiento.
>
> ALBERT EINSTEIN

La imaginación es un sueño de experiencias, imágenes, hechos, visualizaciones de un futuro o fantasías fuera de la lógica racional. Se vive a través de nuestra mente, pero también de nuestros sentidos. Es vivir sin vivir. Podemos imaginar lo infinito. Sin ella, no existirían expresiones artísticas ni progreso ni invenciones. La imagen inventada se crea dentro de uno y más adelante se plasma en la realidad. La imaginación también es capaz de echar a andar sentimientos de tristeza o alegría al imaginar situaciones conflictivas o placenteras. El cuerpo reacciona de manera similar a lo imaginado que a lo vivido. Ambos se plasman por medio de nuestros recuerdos, memorias y sensaciones.

Cuando nos sentimos deprimidos podemos compensar este estado al imaginar aquello que nos da ilusión. Si estamos con alguien que amamos y sentimos alegría, podemos recrear esas mismas emociones con sólo ver su imagen y recordarlo. Al hacerlo con gran detalle, se mueven en nuestro interior estructuras biológicas. Algunos atletas han comprobado que practicar por medio de la imaginación, sin intervenir físicamente, mejora de manera sorprendente sus habilidades, lo que sucede por el estímulo neuronal que se echa andar.

Para Einstein, la imaginación, la intuición y la inspiración no provenían de la lógica. Como una vez comentó: "Cuando me examino a mí y a mi método de pensamiento, llego a la conclusión de que el regalo de la imaginación ha tenido mayor valor que el talento de absorber un sinnúmero de conocimientos. Los grandes triunfos de la ciencia han partido de la intuición. Creo en ella, y en la inspiración […] se sienten certeras aunque no se apeguen a la razón". Einstein experimentaba el universo como un todo armónico y alentaba el uso de la intuición para resolver inquietudes y obstáculos.

También decía que usaba la imaginación como parte de su proceso de pensamiento, y que sólo después encontraba las palabras para definirse. Comentaba que él no pensaba en símbolos apegados a la lógica o ecuaciones matemáticas, sino en imágenes, sentimientos y hasta compases musicales. Su mundo se creaba en el espacio de lo abstracto.

Siendo el científico más famoso de su época, Albert Einstein sabía que nunca podría entender el funcionamiento del mundo dentro de las limitaciones de una mente humana. Se maravillaba del misterio de Dios en la naturaleza, y aplaudía los ideales de grandes maestros espirituales como Buda y Jesús.

Einstein asistió a una escuela católica en Munich, donde sentía que su sed por aprender era estrangulada por los maestros. Las calificaciones eran su parámetro. ¿Cómo un maestro puede entender lo que es posible con una educación así? Sintió que el sistema educativo le falló, y que él le falló a escuela. Le aburría. Los maestros eran sargentos más interesados en disciplinar y crear estructuras que en el arte de la enseñanza: él quería aprender sobre lo que le interesaba, pero ellos querían que pasara el examen. Lo que más lo frustraba era el ambiente competitivo. Por todo esto no valía como estudiante, y varias veces le sugirieron que se retirara. A los doce años empezó a dudar de la autoridad y a desconfiar de los maestros:

> Empecé a aprender en casa, primero de mi tío y después de un estudiante que venía a comer con nosotros una vez a la semana. Él me compartía sus libros de física y astronomía.
>
> Entre más leía, más me sorprendía el orden del universo y el desorden de la mente humana. Los científicos no podían ponerse de acuerdo del cómo, cuándo, dónde, o el porqué de la creación. Un día recibí *La crítica de la razón pura*, escrita por Kant. Al leerlo, empecé a cuestionar lo que me enseñaban. Dejé de creer en el Dios de

la Biblia, y empecé a creer en el Dios misterioso de la naturaleza.

Las leyes básicas del universo son simples, pero porque nuestros sentidos son limitados, no logramos realmente entenderlas. Existe un patrón en la creación. Si nos fijamos en el árbol que está afuera de casa, observamos que sus raíces buscan agua debajo de la tierra, y una flor manda su dulce olor a las abejas polarizadoras. Incluso nosotros mismos somos regulados por fuerzas internas que nos impulsan a actuar.

Todos bailamos a un mismo ritmo una melodía misteriosa, y un flautista toca los acordes a una distancia inescrutable —sea cual sea su nombre: Fuerza Creativa o Dios— y sobrepasa el conocimiento de cualquier libro.

El Universo como un todo armonioso

Si no tuviera fe absoluta en la armonía de la creación, no la hubiera tratado de explicar por treinta años en una fórmula matemática. Lo único que pone al hombre por encima de los animales es la conciencia de lo que hace con su mente, y le permite estar consciente de sí mismo y de su relación con el universo.

Creo que tengo sentimientos religiosos cósmicos. Nunca logré entender cómo uno puede satisfacer estos sentimientos mediante la oración a objetos limitados. El árbol es vida, una estatua es muerte. El todo de la naturaleza es vívido, y la existencia, ante mis ojos, rechaza a un Dios infinito que se asemeja al hombre.

El hombre encuentra a Dios en su esencia. [Una religión cósmica] no tiene otra intención más que enseñarle al hombre que el universo es racional y que su destino más alto es reflexionar y cocrear con sus leyes.

Me gusta experimentar el universo como un todo en sincronía. Cada célula tiene vida. La materia es energía solidificada. En este mundo vasto, nuestros cuerpos son como una prisión. Miro hacia adelante y espero ser libre, pero no especulo lo que pueda pasarme cuando lo sea. Creo que no es importante saber qué es lo que pasa después de esta vida, mientras cumplamos con nuestra misión: amar y servir.

Por el momento vivo aquí, y mi responsabilidad ahora es este mundo. Me relaciono con las leyes de la naturaleza. Ésta es mi labor en la tierra.

Tengo fe en el universo, porque todo está construido en un orden. Y tengo fe de mi propósito en esta tierra. Tengo fe en mi intuición, en el lenguaje de mi conciencia, pero no tengo fe en especulaciones del cielo y el infierno. Soy consciente de este momento, del aquí y ahora. De hecho, no es intelecto, es intuición lo que hace que la humanidad progrese. No necesito la promesa de una vida eterna para ser feliz. Mi eternidad es ahora. Solo tengo un interés: cumplir mi propósito aquí donde estoy.

El mundo necesita impulsos morales, y me temo que no vendrán de las iglesias, que están fuertemente comprometidas con lo que han sido a lo largo de los siglos.

Tal vez estas propuestas morales vendrán de científicos como en su momento fueron Galileo, Kepler, y Newton, que a pesar de haber sido cuestionados y perseguidos dedicaron su vida a probar que el universo es una sola identidad, en la cual no hay un Dios humanizado.

El científico genuino no es motivado por la alabanza o la crítica, tampoco da sermones. Él revela el universo, y la gente se motiva a aprender sin que la obliguen; viene a descubrir el orden, la armonía, y lo magnifico de la creación.

El hombre comienza a darse cuenta de lo pequeño que realmente es cuando empieza a percibir las leyes precisas que gobiernan el universo en un orden sublime y asimila lo insignificante de la existencia humana con sus ambiciones e intrigas, con su credo de "Yo soy mejor que tú".

Éste es el principio de una religión cósmica que nace dentro de él; compañerismo y servicio humano se convierten en su código moral. Sin estos códigos morales, estamos condenados irremediablemente.

Si queremos mejorar el mundo no podemos hacerlo con conocimientos científicos, tenemos que llevarlo a cabo con ideales. Confucio, Buda, Jesús y Gandhi han hecho más por la humanidad que la ciencia.

Debemos empezar con el corazón del hombre —con su consciencia— y los valores de ésta, que sólo pueden ser manifestados a través del servicio desinteresado a la humanidad.

La ciencia y la religión van de la mano. La ciencia sin religión es coja y la religión sin ciencia es ciega. Son dependientes y comparten la misma meta: la búsqueda de la verdad. Por lo tanto, es absurdo que la religión proscriba a Galileo o Darwin u otro científico. Y es igualmente ilógico cuando los científicos dicen que no hay un Creador. Un verdadero científico tiene fe, lo cual no quiere decir suscribirse a un credo.

Sin lo espiritual, la claridad no existe. El alma que cada uno de nosotros recibimos se mueve al unísono del universo.

Tratar de descubrir las leyes del universo no tiene nada que ver con el misticismo, aunque ante la creación me siento humilde. Es como un espíritu infinitamente superior que se manifiesta frente al alma del hombre. Mediante mi búsqueda de la ciencia he estado en contacto con sentimientos religiosos cósmicos. Pero no me interesa ser llamado un místico.

La mente intuitiva es un regalo sagrado. Es la intuición lo que mejora la humanidad.

Mucha gente piensa que el progreso de la raza humana está basado en experiencias de un carácter empírico, pero creo que el conocimiento verdadero sólo se puede conseguir mediante una deducción filosófica. Por lo cual la intuición es el vínculo que enaltece el mundo, no solamente seguir el camino trillado de pensamiento.

La intuición es lo que le dice al hombre su propósito. Este propósito no me lo dieron mis padres o mis alrededores. Está inducido por factores desconocidos. Estos factores me hacen parte de la eternidad.[4]

ALBERT EINSTEIN

---

[4] Tomado de *Einstein and the Poet: In Search of the Cosmic Man* (1983). Parte de una serie de encuentros que William Hermanns tuvo con Einstein entre 1930 y 1954. Citado en: <http://upliftconnect.com/spiritual-wisdom-of-albert-einstein/>. La traducción es mía.

Como científico, Einstein tomó una ruta diferente a otros, porque cuanto más conoció más confuso se quedó. La lógica humana quedó atrás, la racionalidad mental quedó atrás. La realidad tiene otro orden. Lo mecánico, la secuencia, es un producto humano. Aunque insistamos en que es lo "correcto", la existencia no va a cambiar de acuerdo con nuestras conclusiones. Lo que se piensa tiene que cambiar de acuerdo con lo que se manifiesta. Entre más profundizamos en la vida, ésta se vuelve más y más misteriosa. Llega un punto en que debemos abandonar la mente y escuchar la naturaleza. Ése es el entendimiento supremo: todo lo que existe es un misterio, y todos nuestros esfuerzos para comprenderlo van a dejarnos con más preguntas.

Existe la historia de un rompecabezas que un gran matemático trataba de descifrar. Pasaron las horas, los días... Él sudaba del esfuerzo para resolverlo, y al no tener éxito, preguntó enojado:

—¿Cuál es el secreto oculto de este rompecabezas?

—Que no se puede resolver —le contestaron.

—¿Y por qué lo han hecho así? —respondió furioso, después de tanto empeño.

—Está hecho de esa forma para que entendamos que la vida no es para resolverla; no se vive para que la comprendamos.

Puedes experimentar la vida, puedes regocijarte en ella, puedes hacerte uno con el misterio, pero la idea de "entender" no es posible en lo absoluto. La mente humana, no importa cuán altamente capacitada esté, no puede abarcar el universo. Somos como un niño pequeño que entra en una enorme biblioteca que tiene paredes cubiertas hasta el techo de libros escritos en muchos idiomas: el niño sabe que alguien debió haber escrito esos libros, aunque no sabe quién ni cómo y tampoco entiende los idiomas en los que están escritos; observa un orden en la organización de los libros, un orden misterioso que sospecha sutilmente aún sin comprenderlo. La mente humana es así: sólo usa una pequeña porción de su capacidad mental, por lo que la exploración del universo para el hombre es necesariamente limitada.[5]

> Un ser humano es una parte, limitada en tiempo y espacio, de un todo llamado por nosotros el Universo. En ella el ser se experimenta a sí mismo, con sus pensamientos y emociones, como algo separado de lo demás —un tipo de ilusión óptica de su conciencia—. Esta distorsión es un tipo de encierro para cada uno, que nos restringe a deseos personales […] y afectos centralizados a personas cercanas a nosotros. La gran tarea es liberarnos de esta prisión, abriendo espacios de compasión que incluyan a todos los seres vivientes y a la naturaleza completa con su inmensa belleza.
>
> ALBERT EINSTEIN

---

[5] Citado en George Sylvester Viereck, *Glimpses of the Great*, Duckworth, 1930. p. 372-373; también citado en *Einstein: His Life and Universe*, por Walter Isaacson, p. 386.

Los pilares de Albert Einstein
Anatomía hipotética

"El mundo no está amenazado por las malas personas, sino por aquellos que permiten la maldad", dijo Einstein alguna vez; conocido como el padre de la teoría de la relatividad —que dividió la ciencia en dos—, no sólo fue un pródigo investigador, sino también un luchador incansable por la paz y por la no violencia.

Einstein se retiró de Alemania durante la persecución nazi, pues su cabeza ya tenía un precio. Me parece extraordinario que una vez más en este libro encontremos cómo grandes líderes en situaciones de inconformidad propongan nuevas realidades o se retiren de un entorno que no apoya su florecimiento. La postura de victimización (que en coaching se asemeja a sentirnos atados frente a algo, sin poder) no es una opción para ellos.

Es común encontrar una parálisis en personas que viven en determinado lugar en que las condiciones de vida se han deteriorado, y deciden vivir en la queja, en reclamos y sintiendo una profunda frustración. Inclusive se mantienen ahí, exponiendo su vida sin ejecutar acciones proactivas. Para un gran líder existen dos opciones: o encabeza el cambio o se aleja para crear una nueva realidad en un espacio en que la contribución sea posible.

Para Einstein, la opción fue retirarse a Estados Unidos para trabajar no sólo en las ciencias, sino también en ser una voz clara que se manifestara en contra de la opresión, la maldad y la violencia de su país natal.

Además de su contribución a las matemáticas y a la física, por lo que ganó un premio Nobel en 1921. Einstein también tomó una posición clara en contra de los gobiernos totalitarios. Su pensamiento estaba centrado en la noción de que el espíritu domina la materia.

Trabajó por extender el concepto de que la naturaleza y la vida deben ser preservadas por encima de todo. Se antepuso a la intolerancia, las guerras y la ambición de poder. Él fue uno de los pocos académicos que se atrevió a tomar una postura firme en contra de los métodos utilizados por el nazismo, lo que lo convirtió en blanco de los ataques por parte de los extremistas, quienes incluso trataron de invalidar la teoría de la relatividad, demostrando con esto que la sabiduría y la ecuanimidad no son cualidades de los fanáticos intolerantes. Por ello decidió mudarse a Estados Unidos, en donde ingresó como investigador en el Instituto de Estudios Avanzados de Princeton, Nueva Jersey. Ahí residió y trabajó hasta que murió en 1932.

Su gran desilusión fue que uno de los resultados de su brillante investigación sobre la energía atómica fuera utilizado por el gobierno norteamericano con fines bélicos, luego de enterarse de que dos bombas construidas por orden del presidente Franklin D. Roosevelt —en un plan secreto contra Japón—, destruyeron Hiroshima y Nagasaki. Al respecto, declaró: "Si hubiera sabido esto, me habría dedicado a la relojería".

Años más tarde, al responder una pregunta sobre el uso de armas nucleares en las guerras del futuro, afirmó: "No sé cómo será la tercera guerra mundial, pero sí sé cómo será la cuarta: con piedras y palos".

Desde que esto pasó, en 1945, hasta el día que murió, diez años después a los 76 años, Einstein utilizó su prestigio para hablar de la importancia de la paz y se convirtió en activista del desarme internacional. En los años 50 colaboró con Bertrand Russell en varias actividades para beneficio de la humanidad y lideró la idea de que era necesario que los intelectuales y dirigentes de todas las naciones hicieran incansables esfuerzos para preservar la paz y la libertad política, como garantía para la supervivencia de las naciones del mundo.

Exploremos a Albert Einstein desde el punto de vista de los pilares del Coaching MMK:

Pensamientos

Éstos son algunos de sus geniales pensamientos:

- No entiendes realmente algo a menos que seas capaz de explicárselo a tu abuela.
- Creo en un Dios que se revela en la armonía de las cosas, pero no en un Dios que esté interesado en los intereses personales de cada individuo.
- No podemos resolver nuestros problemas usando el mismo estado de conciencia que los creó.
- La ciencia, contrastada con el universo, es primitiva; y sin embargo es lo más valioso que tengo.
- El sentido común no es más que un depósito de prejuicios establecidos en la mente humana.
- La mayor parte de las ideas fundamentales de la ciencia son esencialmente sencillas, y por regla general

pueden ser expresadas en un lenguaje comprensible para todos.

▶ La pregunta más importante que se puede hacer un ser humano es: "¿Vivimos en un Universo amigable?"

▶ La imaginación lo es todo. Es el avance, avecina la vida. Con la imaginación el poder creador se manifiesta.

▶ Agradezco las contribuciones de los grandes científicos que me precedieron, que me permitieron aprender y alcanzar mayores logros en mi trabajo.

Cultura

Einstein nació en Alemania, con una madre exigente en un medio ambiente tradicional. Me parece que Einstein tuvo la habilidad de ser fiel a sus inquietudes aunque esto cobrara impuestos con su familia. Era un hombre con una mente privilegiada, un entendimiento de la vida mucho más allá de lo común y preguntas complejas que no quería dejar de responder. Aunque vivió en diferentes culturas, en etapas complejas de la humanidad, lo que me parece claro es que no permitió que ninguna de ellas lo definiera. Fue de un lugar a otro, conoció, se benefició y se restableció como fue necesario por el bien de su trabajo, y esto me parece valeroso: saber cuidarte y buscar lo que es adecuado para ti en esta vasta realidad.

Creencias

Cuando Einstein daba una conferencia en alguna universidad de Estados Unidos, la pregunta recurrente que le hacían los estudiantes era: "¿Cree usted en Dios?" Él respondía: "Creo en el Dios de Spinoza".

Baruch de Spinoza fue un filósofo holandés, considerado uno de los tres grandes racionalistas de la filosofía del siglo XVII, junto con el francés Descartes. Aquí hay algo que el Dios —o la naturaleza— de Spinoza hubiera dicho:

> Deja ya de rezar y darte golpes en el pecho. Lo que quiero que hagas es que salgas al mundo a disfrutar de tu vida. Quiero que goces, que cantes, que te diviertas y que disfrutes de todo lo que he hecho para ti. Deja ya de ir a esos templos lúgubres, oscuros y fríos que tú mismo construiste y que dices que son mi casa. Mi casa está en las montañas, los bosques, los ríos, los lagos y las playas. Ahí es en donde vivo y ahí expreso mi amor por ti.
>
> Deja ya de culparme de tu vida miserable, yo nunca te dije que había nada malo en ti, ni que eras un pecador, ni que tu sexualidad fuera algo malo. El sexo es un regalo que te he dado y con el que puedes expresar tu amor, tu éxtasis y tu alegría, así que no me culpes a mí por todo lo que te han hecho creer.
>
> Deja ya de estar leyendo supuestas escrituras sagradas que nada tienen que ver conmigo. Si no puedes leerme en un amanecer, en un paisaje, en la mirada de tus amigos, en los ojos de tu hijito... no me encontrarás en ningún libro.

Confía en mí y deja de pedirme. Deja de tenerme miedo. Yo no te juzgo, ni te crítico, ni me enojo, ni te castigo. Yo soy amor puro.

Deja de pedirme perdón, no hay nada que perdonar. Si yo te hice, yo te llené de pasiones, de limitaciones, de placeres, de sentimientos, de necesidades, de incoherencias... de libre albedrío.

¿Cómo puedo culparte si respondes a algo que yo puse en ti? ¿Cómo puedo castigarte por ser como eres, si yo te hice? ¿Crees que yo podría crear un lugar para quemar a todos mis hijos que se portan mal, por el resto de la eternidad? ¿Qué clase de Dios puede hacer eso?

Olvídate de cualquier tipo de mandamiento, o de ley; son artimañas para manipularte, para controlarte, que crean culpa en ti.

Respeta a tus semejantes y no hagas lo que no quieras para ti. Pon atención a tu vida, que tu estado de alerta sea tu guía.

Amado mío, la vida no es una prueba, ni un escalón, ni un paso en el camino, ni un ensayo, ni un preludio hacia el paraíso. Esta vida es lo único que hay aquí y ahora, y es lo único que necesitas.

Te he hecho absolutamente libre, no hay premios ni castigos, no hay pecados ni virtudes, nadie lleva un marcador, nadie lleva un registro.

Eres absolutamente libre para crear en tu vida un cielo o un infierno.

No te podría decir si hay algo después de esta vida, pero te puedo dar un consejo: vive como si no lo hubiera. Hazlo como si ésta fuera tu única oportunidad de disfrutar, de amar, de existir; así, si no hay nada después, habrás disfrutado de la oportunidad que te di, y si lo hay, ten por seguro que no te voy a preguntar si te portaste bien o mal. Sólo te voy a preguntar si te gustó, si te divertiste, qué fue lo que más disfrutaste, qué aprendiste…

Deja de creer en mí; creer es suponer, adivinar e imaginar. Yo no quiero que creas en mí, quiero que me sientas en ti. Quiero que me sientas en ti cuando besas a tu amada, cuando arropas a tu hijita, cuando acaricias a tu perro, cuando te bañas en el mar…

Deja de alabarme, ¿qué clase de Dios ególatra crees que soy? Me aburre que me alaben, me harta que me agradezcan. ¿Te sientes agradecido? Demuéstralo cuidando de ti, de tu salud, de tus relaciones, del mundo.

Deja de complicarte y de repetir lo que te han enseñado acerca de mí. Lo único seguro es que estás aquí, que estás vivo, que este mundo está lleno de maravillas. ¿Para qué necesitas más milagros? ¿Para qué tantas explicaciones?

No me busques afuera, pues no me encontrarás. Búscame dentro: ahí estoy, latiendo en ti.

Lenguaje

El tiempo es una ilusión, y Einstein lo corroboró. Para muchos de nosotros este concepto es un reto, porque percibimos la realidad como un proceso lineal, una etapa tras otra. Lo que descubrió Einstein, y que verificó la física cuántica, es que todo acontece simultáneamente.

Si supones que no hay tiempo, y exploras esta posibilidad, veras que todo lo que deseas en el futuro ya existe en el presente; y que también existe la posibilidad de alterar ahora el pasado, para sanarlo y transformarlo. Si todo sucede al mismo tiempo, ya existe una versión paralela de ti que conquista lo que desea tu espíritu.

Esta noción es fundamental en coaching, donde por medio del lenguaje podemos sanar el pasado, alterar el presente y erradicar problemas en el futuro. Por ejemplo, hace unos días hice una sesión de trabajo con una mujer que estaba sufriendo por haber terminado una relación. Sus pensamientos eran más o menos así:

- ▶ No es justo.
- ▶ ¿Qué hay de malo en mí?
- ▶ ¿Por qué me dejó?
- ▶ Él debería de aceptarme.
- ▶ Él tiene que darme lo que yo le di.

Todos estos pensamientos la dejaron en una silla de enojo, frustración, victimización e impotencia. Éste era el lenguaje interior de esta mujer; fue lo que creó su realidad mental y emocional. Trabajé con ella y eliminamos los pensamientos al reconocer que no eran ciertos, que era sólo una posibilidad de muchas interpretaciones que podía darle a esta situación. Lo interesante es que tenía los mismos pensamientos de su pareja anterior.

Nuestra manera de pensar y de percibir las vivencias se proyecta una y otra vez en el exterior aunque estemos en diferentes situaciones (o con diferentes personas, como fue en este caso). Al darse cuenta de que cuando terminaba sus relaciones su lenguaje concluía en la misma conversación, reconoció que ésta era una manera de ser de ella, y que podía elegir qué lenguaje aplicar a la situación. Al hacerlo, su perspectiva cambió radicalmente.

Lo más interesante de esto es que se asemeja a lo que propone Einstein sobre la relatividad. Esta mujer sanó su relación actual, pero al modificar su lenguaje y lo que pensaba al terminar sus relaciones también sanó la relación anterior. Se colocó en tal posición que si en un futuro termina una relación, no elegirá pensamientos que limiten su poder y su bienestar. Al fortalecer la forma como interpretas la vida hoy, se transforma tu manera de estar en el pasado, en el presente y en el futuro.

Declaraciones

Einstein se declaró un hombre en busca de la compresión de la vida. Usó la ciencia como su vehículo, pero quiso saber más. Deseaba entender su propósito, darle sentido y establecer una comunicación con el Universo. Trató de comprender el idioma, el ritmo y las leyes del más allá.

Einstein declaró: "Dedicaré mi vida a tener un entendimiento profundo de lo que han propuesto otros seres humanos. Haré preguntas desafiantes al Universo y lograré una conversación en la que se disuelvan la confusión y la gran distorsión en la que vivimos".

Ego

El ego nos hace creer que debemos vivir con miedo, que estamos en constante peligro; que si algo bueno viene, debemos prepararnos para lo contrario. Sin embargo, lo más importante que debemos comprender los seres humanos es que vivimos en un Universo amistoso. Einstein planteó esto cuando conoció la ley del mentalismo o atracción; él sabía que esta pregunta nos obliga a pensar y a elegir, nos da una oportunidad para cocrear con un universo que nos alienta, nos cuida y apoya.

Entonces, podemos vivir pensando que nada es un milagro o podemos apreciar que en la vida todo lo es. El miedo, la duda y la violencia pertenecen al ego, y es nuestra elección personal decidir a quién vamos a venerar.

Imaginación

La habilidad de imaginar prevalece sobre nuestra existencia; influye en todo lo que sentimos, pensamos y creamos. Nuestra imaginación impregna todo lo que hacemos, no importa nuestra profesión. Es la llave a la innovación.

Piensa por un momento qué pasaría si pudieras usar tu imaginación de manera más eficiente y deliberada:

▶ ¿Cómo mejoraría tu vida de manera personal y profesional si activaras tu mente en formas en que nunca la has usado antes?

▶ Imagina que pudieras implementar una inteligencia superior a tu conciencia diaria. ¿Cómo se enriquecería tu vida? Descríbelo.

▶ La imaginación es el pilar de cualquier gran líder. No sólo dirige a personas al futuro, sino también previene retos que pueden presentarse para la humanidad. ¿Qué tanto la usas tú para crear tu vida, para establecer una posición de poder?

▶ La realidad es sólo una percepción de nuestra mente. Si queremos cambiar algo de nuestra vida o mejorar de otros, la herramienta necesaria es la imaginación. Una mejor realidad para todos vive en nuestra mente, y la imaginación es el primer paso de su creación. ¿Estás dispuesto a imaginar el cambio que quieres ver en el mundo para establecer la primera semilla de cambio y transformación?

La rebeldía

John Lennon

Mi rol en la sociedad, o el de cualquier artista
o poeta, es intentar expresar lo que sentimos
todos. No es decir a la gente cómo sentirse.
No como un predicador, no como un líder,
sino como un reflejo de todos nosotros

JOHN LENNON

El mar estaba picado; se balanceaba hacia todas direcciones
y estrellaba sus olas tratando de escapar contra el muelle.
Los barcos parecían gigantes cansados, sin ganas de huir.
Se escuchaban aviones en picada y estallidos ensordecedo-
res. Corría el año de 1940, el 9 de octubre, cuando los nazis
bombardearon el puerto de Liverpool, en Inglaterra. Entre
los estruendos, una mujer joven que se negaba a seguir los
preceptos sociales de la época, Julia Stanley, llegó como pudo
al hospital; resistió los dolores del parto y la angustia. Gritos, luego silencio. Hubo que hacerle una cesárea para evitar complicaciones. Se escuchó el llanto de un pequeño, a
quien ella llamaría John Winston Lennon (Winston era por
Winston Churchill; eran tiempos difíciles y los héroes eran
necesarios). La tía Mimi ordenó colocar al bebé bajo la cama,
aunque no fuera suficiente; sentía que era imperante proteger a la criatura de la posible caída del edificio.[1]

---

[1] David Foenkinos, *Lennon*, Madrid, Alfaguara, 2014, p. 14.

John Lennon vino a un mundo golpeado por la guerra, un mundo en depresión. Por si fuera poco, su padre, el señor Alfred Lennon, no fue precisamente una figura constante. Decía ser marinero, por lo que en la imaginación de su niño abandonaba el puerto para recorrer el mundo y volvía meses después para abrazarlo. Con el paso del tiempo, John descubrió que era más bien camarero, no marinero; fue y vino durante algún tiempo hasta que Julia terminó la relación con él. Según David Foenkinos, éste la amaba tanto que quiso llevarse al pequeño John con el fin de atraerlo hacia él, lo cual no funcionó. Después ese padre se fue, y no volvió hasta que se enteró de la fama de los Beatles. Su relación no tuvo buen fin.

La infancia de John fue de una tristeza que sacude el corazón como golpe seco de puerta. Se caracterizó por la falta de amor, no sólo del padre, sino también de la madre. Para ella, que seguramente lo quería de manera extraña, representaba el encadenamiento, tal vez. Julia tocaba el banyo; su pasión era la música, salir, bailar, quizá olvidar por las noches la vida de madre que tenía por las mañanas. El pequeño miraba la oscuridad con sus ojos rasgados, en soledad, mientras ella volvía. Sufría abandono y descuido.

Entre la desesperanza y el desamor, la tía Mimi se hizo cargo de John. A los cuatro años lo llevó a vivir a su casa, bajo el cuidado también del tío George Smith. John los amó a ambos. A pesar de ese amor, el sentimiento de abandono se quedó en las profundidades del alma tierna, obstruyendo el sentimiento de estar a salvo, tranquilo. Julia dejó que su casi bebé se fuera. Lo vio pocas veces en la infancia, pero volvió a casarse y tuvo dos hijas. Incluso vivió con su nueva familia frente a la casa de la tía Mimi, pero el niño no lo supo hasta años después.

Un conejo blanco corre, mira el reloj, sigue corriendo, lleva prisa; aparece una oruga que fuma; Alicia crece como edificio neoyorquino, luego se torna diminuta cual gota junto con su vestido de campana entre las flores violetas y naranjas y amarillas; un gato muestra sólo su sonrisa en la oscuridad; la Reina de Corazones amenaza con cortar cabezas. John, infante tímido y solitario, se refugiaba en la imaginación, y Lewis Carroll, el ícono de la fantasía, lo acompañó toda su vida. Este mundo onírico salvó a Lennon de la tristeza perenne.

A medida que crecía, su madre entabló una relación más estrecha con él. En la adolescencia no sólo le enseñó a tocar el banyo (herencia del abuelo), el acordeón, la armónica y la guitarra, también escuchaban a Elvis Presley en un fonógrafo de manivela:[2] "*Well, that's all right, mama, that's all right for you. That's all right, mama, just anyway you do. Well, that's all right, that's all right, that's all right now, mama, anyway you do*", cantaba el Rey, mientras John y Julia (que a veces lograban olvidarse de su relación de madre, o de casi hermana, e hijo) coreaban e imitaban los movimientos de cadera que escandalizaron una época. Esas tardes de música no fueron tan largas como hubieran querido, y produjeron la revelación del John rebelde, vivo hijo de su madre; un par de ovejas negras.

Cuando John tenía catorce años murió el tío George, y tres años más tarde su madre fue atropellada por un policía

---

[2] *Ibid.*

ebrio; la mató. Una tristeza ya añeja se cubría de rebeldía con episodios violentos llenos de furia. No era para menos: el vacío y el miedo se llenaban con dibujos, historietas, textos y música.

La guitarra sonaba en la casa de la tía Mimi todos los días gracias a las manos de un joven sensible y ensimismado. Lennon imitaba a sus músicos favoritos, cuyos discos desembarcaban en el puerto con los marinos que pisaban otro continente: Elvis Presley, Little Richard, Chuck Berry, Ray Charles, Buddy Holly… Los acordes del skiffle, el rock and roll, el country y el rhythm and blues aliviaban el pasado y el presente. Pronto, a los quince años, decidió armar una banda con algunos amigos. Fue la primera expresión del líder que tenía dentro. Se hicieron llamar The Quarrymen, por la escuela a donde asistían, la Quarry Bank High School. Lennon cantaba y tocaba la guitarra, claro; juntos hacían *covers* de grupos británicos populares de la época, buscaban fiestas y cualquier lugar donde los dejaran tocar. Era la manera de relacionarse con el entorno que se le ofrecía a un muchacho solitario de muy pocos amigos, escasas diversiones y un ambiente de posguerra que escupía a las calles soldados mutilados y pobreza.

Es muy posible que John se convenciera cada vez más de que la música era su vida porque lo acompañaba en todo momento, en cada estado de ánimo; porque alimentaba esa cabeza imaginativa, el hogar de Alicia; porque mientras la música lo fortalecía no tenía que rendirle cuentas a nadie; porque cargaba un pasado doloroso del cual no podía deshacerse, el mismo que evocaba una relación fallida con su primera mujer, su primer amor: su madre, pero que

precisamente resolvía a través de la música y su identificación con ella. El rock and roll era la clave, el eslabón que los
volvía uno; era la actitud de alguien a quien la vida le queda
corta y lo establecido le provoca náusea. Representaba, puede ser, una comunión rebelde entre madre e hijo.

Entre tanto, la tía Mimi no podía guiar de manera sa-
tisfactoria a su sobrino. Ella sostenía valores conservadores,
y deseaba que John recibiera una educación formal para
asegurar un futuro decente (que llegara a ser médico, por
ejemplo). Lo más que logró fue que el muchacho de dieciséis
años estudiara en la Escuela de Bellas Artes, decidiéndose
por la música en vez de la pintura, y que cursara estudios
de diseño publicitario, de lo cual se olvidó pronto.

Una noche de 1956 Paul McCartney llegó a la vida de
John. Ambos eran el equilibrio: la calma y la furia, la prudencia y el arrebato. El entrañable y complementario Paul
era un joven de pestañas largas, enchinadas, con cara de
niño; un muñeco, un virtuoso musical. Los introdujo un
amigo en común, un miembro de los Quarrymen, y al poco
tiempo se integró a la banda; luego fue él mismo quien trajo
a George Harrison, el más joven de todos.

Paul jugó un papel fundamental en la carrera artística
(en la vida, que pronto fue la misma cosa) de John y viceversa. Compusieron juntos. El primero lograba melodías
excepcionales, el segundo tenía gran fuerza en las letras.
La amalgama era sólida, necesaria.

John quería ser como Elvis, pero su deseo iba más allá de
la música, de envaselinarse el cabello y de usar chamarras
de cuero para alborotar a las chamacas (lo que no desperdiciaba para nada). Tal vez hizo caso de manera inconsciente

a su deseo más profundo: la expresión y la necesidad de ser amado. Ese vacío tan grande sólo podría jugar a llenarse con el amor de las multitudes.

Sin embargo, no había manera de ser un rebelde completo y seguir viviendo en casa de la tía Mimi, por más que la amara hasta el final de su vida. John se fue a experimentar, a vivir con amigos en cuartos sucios donde apenas cabían de pie; fue a impregnarse de sudor, de humo de tabaco y de cualquier sustancia que se fumara o ingiriera de diferentes maneras, antes, durante y después de tocar. Se sumergía en el alcohol, por si hace falta mencionarlo, y andaba con una chica y con otra (incluyendo a Cynthia, quien después sería la madre de Julian, su primer hijo), a las que violentaba entre celos y maltratos. Un abandono materno de infancia no debe de ser fácil; John buscaba revancha en cualquier rostro femenino, de preferencia que se pareciera a la diosa Bardot. Probablemente se le puede llamar un periodo oscuro ante sí mismo para soltar la agresión que lo aniquilaba. Quién sabe.

Fue por esa época, cuando estudiaba en el instituto de Bellas Artes, que John conoció a, Stuart Sutcliff, *Stu*, un amigo íntimo a quien amó profundamente. Stu fue un muchacho nacido en Escocia y criado en Liverpool que mezclaba lo subversivo con la inteligencia, un rasgo fundamental para mantener su imagen de bohemio a toda costa. Leía sobre filosofía, literatura, en fin; además, era talentoso para las artes: escribía, tocaba algo de música con el bajo, pero la plástica era su medio por excelencia. ¿Habrá sido de esos amores de juventud sostenidos en la belleza, la sensualidad y la admiración que se cubren con amistad? John lo convenció de formar un nuevo grupo musical (muy a pesar de Paul, quien no estaba convencido de las aptitudes de Stu en las cuerdas), al que llamaron The Beetles, haciendo alusión a la banda de Buddy Holly, The Crickets, a la cual admiraban. Más tarde Lennon cambió el nombre a The Beatles, jugando con las palabras *beetle* y *beat*, para recordar a la generación *beat*. Una expresión más de la inconformidad.

La banda era cada vez mejor aceptada aquí y allá mientras tocaban en espectáculos menores, desde presentaciones en un circo hasta como acompañantes musicales de bailarinas de *striptease*. Hicieron algunas giras, y después tocaron en un barrio pobre de Hamburgo, donde dormían en condiciones denigrantes pero vivían toda clase de cosas, desde drogas, orgías y alcohol en grandes cantidades hasta robarle unas libras a algún marinero borracho.[3] Eso era experimentar. Eso era libertad. De regreso a Liverpool consiguieron tocar en algunos lugares, entre ellos The Cavern, el hoy famoso club subterráneo (un cubo oscuro, sin ventilación, donde apenas cabía el público apretujado uno con otro). Para entonces Stu ya había decidido dejar el grupo y abandonar Liverpool para irse a vivir con su novia, la fotógrafa alemana Astrid Kirchherr, a fin de dedicarse a la pintura, con todo el coraje y la tristeza que eso le provocó a John. Hay que decirlo: el corte de cabello estilo Mop Top de The Beatles fue gracias a Astrid y Stu; éste lo usó primero, y después de burlarse de él John y sus compinches decidieron usarlo también. Pronto otra pérdida aquejaría al joven John: Stu murió de un derrame cerebral a los veintiún años. Las heridas se acumulaban.

---

[3] *Ibid.*

Era el año de 1961 cuando Brian Epstein, el dueño de una tienda de discos, descubrió a los Beatles, o más bien fue en su búsqueda, como lo escribió Foenkinos, ya que la gente le preguntaba constantemente por sus éxitos en su establecimiento y él no podía dar respuesta alguna. No los conocía. Dicen que Brian se enamoró de John. *Dicen*. Lo que es cierto es que con el tiempo se quisieron y tuvieron una relación estrecha. Epstein nunca había trabajado como *manager*, pero se ofreció a hacerlo esta vez. Ellos aceptaron, pues no había otro que quisiera ejercer ese papel.

A Brian los Beatles le deben algunos elementos clave de su éxito: vestirse de traje, salir limpios, como niños decentes y buenos que enamoran a las jóvenes cantándoles al oído sosteniendo un ramo de flores. A él le deben ocultar las fiestas y los excesos, guardar las apariencias, ocultar a las novias, como a Cynthia e incluso al hijo de John, Julian, porque eso decepcionaría a las fans. John era joven, quizá no estaba listo para ser padre y esposo ejemplar o tal vez sólo no quería alejarse del escándalo de la fama y de las pasiones que levantaba cada noche. ¿Eso aminoraba su sensación de soledad? ¿Abandonando a otros se alejaba de sus propios abandonos?

Pete Best fue el primer baterista de la banda; había vivido las etapas difíciles y desconocidas de la banda. Después, en 1962, al conseguir a George Martin como productor, no defendieron su partida. Martin simplemente dijo: "Ese chico no funciona en el estudio, traigan a Ringo Starr". Y así se hizo. Los Beatles estallaron en el mundo entero. Un fenómeno.

La mitad de la vida de John transcurrió en la fama, viviendo entre el acoso, las cámaras y los alaridos de jóvenes

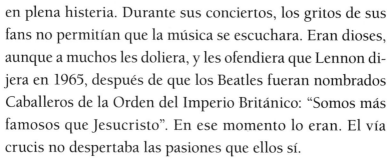

en plena histeria. Durante sus conciertos, los gritos de sus fans no permitían que la música se escuchara. Eran dioses, aunque a muchos les doliera, y les ofendiera que Lennon dijera en 1965, después de que los Beatles fueran nombrados Caballeros de la Orden del Imperio Británico: "Somos más famosos que Jesucristo". En ese momento lo eran. El vía crucis no despertaba las pasiones que ellos sí.

Europa y el mundo habían sobrevivido a dos guerras terribles. La tristeza, la desesperanza y la desolación parecían ancladas entre la mirada y el corazón. Surgió entonces un atisbo de alegría, un ritmo que prometía sacudir el pasado, olvidarse de él: el ritmo Liverpool. Pero, ¿qué más había tras su éxito? ¿Por qué se hicieron tan populares los Beatles? Uili Damage da la siguiente respuesta:

> The Beatles fueron capaces de crear melodías universales, es decir, hicieron sonidos pegajosos con letras que le daban sentido e importancia a la cotidianidad de un gran segmento de la juventud conformista que sería la siguiente generación productiva y consumidora. Además, fueron bien aconsejados; tomaron decisiones correctas para darle continuidad a un arranque relativamente efímero, sofisticando la musicalización, pero manteniendo el sentido melódico capaz de trascender ya las edades de los públicos a los que les hablaron, convirtiéndose en un sonido heredable.

Cada uno tuvo un papel, un personaje que explotaba ante las cámaras y dentro del grupo. Así lo define Damage:

El papel de Ringo [el simpático] en el grupo le permitió a John mantener el sentido del humor y componer con ritmos audaces; el de George [el serio] fue poner al alcance un universo arraigado en la música de raíces inglesas; el papel de Paul [el romántico] siempre supuso un reto para lograr melodías geniales. El rol de John [el rebelde] era musicalmente más áspero que el de todos, él complementaba y matizaba las aportaciones de cada elemento con raíces en la fórmula tradicional del blues y el rock americanos.

El sello EMI editaba sus canciones, mayormente compuestas por Paul y John. Pronto lograron listas y listas de superventas; sus conciertos se abarrotaban de fans; la policía no estaba preparada para las multitudes enfebrecidas, para miles de muchachas corriendo, empujándose, gritando para alcanzarlos y desmenuzarlos para convertirlos en reliquias. Eso era la "beatlemanía". Europa, América del Norte y del Sur, países asiáticos, capitalistas y comunistas por igual sucumbían ante el canto enamoradizo de *Love Me Do*.

En las entrevistas eran bromistas, despreocupados y sencillos, como la pinta de cualquier joven feliz. Ahí estaba John, jugando a ser lo que no era: el niño bonito y educado. Su rabia y su rebeldía, salían en cada sarcasmo hasta ser empujado por su propio yo, el verdadero, hacia el final de su vida.

Eran los años sesenta. Era el momento de proponer perderse en sí mismos, en los colores chillantes y las sensaciones oníricas provocadas por los estupefacientes; era prudente perderse también en estados de meditación que calmaban la ansiedad de los músicos perseguidos por hordas de fanáticos. John, Paul, George y Ringo lo hacían.

Durante una década sobrellevaron éxitos discográficos, películas, la creación del Sargento Pimienta, la fundación de Apple Records, peleas entre los miembros de la banda que era ya una familia (en especial entre Paul y John, una mancuerna trabada, un cariño, un odio; un amor más bien que duraría por siempre), la inconformidad de no poder sonar en vivo como les gustaría, el fallecimiento de Brian Epstein por sobredosis de barbitúricos, los problemas financieros... Pero sobre todo cansancio. Mucho cansancio.

Una serie de elementos llevaron a la disolución de The Beatles en el año de 1970, pero en especial, creo, la razón es que crecieron. Paul y John se hicieron individuos y necesitaban ser no uno con el otro, sino uno y el otro, por separado. John dijo: "El sueño se ha acabado", y así fue. Vino el despertar, una etapa diferente en la cual Lennon dejó a un lado esa necesidad de arrebatar el amor a las multitudes por su revancha, tal vez, de rechazar el amor, como el que le ofrecieron alguna vez Cynthia y Julian; para alejarse de esa arrogancia, de la necesidad de subyugar, y así amar y ser amado.

John Lennon conoció a Yoko Ono. ¿La reconciliación con la madre tuvo lugar? Yoko, una artista conceptual nacida en el seno de una familia aristócrata japonesa, cautivó a John. Estaba convencida de que las ideas y la emoción debían hacerse una sola cosa formando el núcleo del arte para cuestionar, para sacudir las conciencias de su tiempo. La estética del arte conceptual cambió el ideal de belleza por el de ser un vehículo incisivo de mentes conservadoras y un instrumento que propusiera distintas interpretaciones, tantas como el espectador pudiera.

Yoko Ono, o "Hija del Océano", era una mujer sólida, inteligente, propositiva y culta. No era una fan más ni vivía a la sombra del artista: ella misma era una artista, una que experimentaba con la vanguardia. Era parte de la vanguardia, le pese a quien le pese. En los años 60 su propósito era hacer temblar al mundo con sus pautas para resquebrajar lo establecido. También fue amorosa, fuerte. Yoko conformó el universo para John: fue su madre, su amiga y su amante, su presente y su futuro. Fue también su eco, su entendimiento. Ella abrió otras dimensiones en él. La rebeldía de John tomaría cauce a su lado. Fueron uno. Fueron Yoko y John. En un mundo terriblemente sexista, él admitía públicamente su amor, su compañerismo, su dependencia. John se divorció de Cynthia para seguir la vida con Yoko, quien también se divorció para seguir su vida con John. Se casaron en 1969, en Gibraltar.

El odio y la furia de ese muchacho violento, difícil y subversivo fueron canalizados por medio de las protestas pacifistas. El mundo necesitaba ser amado por Lennon, tal y como el mundo lo había amado, tal como el mundo lo amaba. "El amor es querer ser amado. El amor es pedir ser amado. El amor es necesitar ser amado", dijo Lennon alguna vez.

Luego surgió la etapa activista de Lennon junto a Ono. El líder se manifestó aprovechando su fama; encausó su rebeldía para diseminar los mensajes de paz y justicia. El mundo no debía aguantar una guerra más, la guerra de Vietnam debía tener fin. John y Yoko se convirtieron en una especie de conciencia. Era el año de 1969. Su luna de miel consistió en realizar, durante un par de semanas, dos encamadas por la paz: una en Ámsterdam, en el Hotel Hilton; y otra en Montreal, en el hotel Queen Elizabeth. Su lema era la no violencia. La gente creía que los verían tener sexo a través de los medios de comunicación (como si eso hubiera sido posible), pero no fue así. Contrariamente a la portada de su disco *Two Virgins*, donde escandalizaron porque en la portada aparecían mostrando con naturalidad sus cuerpos desnudos, en las encamadas estuvieron vestidos de blanco, metidos entre sábanas blancas y rodeados de gente, luz, flores y cámaras en una manifestación a través de la palabra, la música y algunas caricaturas hechas por ellos mismos. Hoy recuerdo, sin haber estado ahí, sin haber nacido siquiera, el coro de su canción: *All we are saying is give peace a chance*.

En la década de los setenta la creatividad fluía como siempre en Lennon, pero ahora el entendimiento, la admiración, la complementación y el amor entre él y Yoko nutrían esa veta creativa desde lugares distintos. Había un propósito que vinculaba no sólo la necesidad individual de ser escuchado, amado, sino un vínculo entre él y los otros; entre él y una sociedad a quien pedía actuar. Con Yoko formó Plastic Ono Band, una banda con la que logró varios discos de larga duración; *Give Peace a Chance* y *Happy Xmas (The War is Over)* son sus más grandes éxitos.

Lennon continuó creando y logrando temas musicales rotundos sobre todo en el activismo pacífico. *Power to the People*, y, por su puesto, *Imagine*, que fue la mezcla de lo personal con lo social, fueron temas que se consolidaron como himnos pacifistas en una época en donde la colectividad cobró fuerza y la esperanza hacia la humanidad se elevó por medio del sonido y la palabra.

Entre tanto, en 1971 John y Yoko se mudaron a Nueva York. Ella necesitaba encontrar a su hija, pues su ex esposo la había apartado de su lado y no sabían su paradero. Estaba en algún lugar de los Estados Unidos. Querían pelear la custodia los dos. Uno era el pilar de la otra y viceversa. Esa batalla la ganaron después de muchas dificultades, como pelear contra las amenazas de expulsión del país por ser considerados extranjeros no deseados.

Nueva York, la ciudad de la vanguardia, abrió sus puertas para ellos; los fascinó más allá del mar y los edificios que parecían murallas, corredores de viento y de ideas. Era ahí donde podían salir a las calles a protestar de manera pacífica en contra de la guerra, además de formar parte de una comunidad artística que los respaldaba como un par de miembros más en el gremio. Estados Unidos fue para los dos un delta; allí tuvieron contacto con y formaron parte de una red intelectual, artística y política. Conocieron, por ejemplo, a Andy Warhol, Bob Dylan y Allen Ginsberg (*El Aullido* seguramente los golpeó, como a toda una generación); apoyaron con conciertos a activistas como Jerry Rubin, Abbie Hoffman y John Sinclair (poeta y cofundador de las Panteras Blancas); se codearon también con miembros de las Panteras Negras, como Bobby Seale; fue ahí donde sus ideas comunistas tuvieron eco; entablaron amistad con Angela Davis, la extraordinaria líder marxista afroamericana... Poco a poco la pareja se tornó peligrosa para el gobierno estadounidense encabezado por el presidente Nixon. El FBI vigilaba sus movimientos y utilizó lo que estuviera al alcance para expulsarlos del país lo más pronto posible. Pero la época respaldaba a sus líderes; la juventud adquiría importancia, se proclamaba con voz propia. Un hombre tenía el poder de ser escuchado, uno que se ganaba día a día el título de representante: John Lennon.

La estimulación de todo tipo estaba a la orden del día como una propuesta de vida, de experimentar, de crear: ideas, ideales, personalidades de todos los ámbitos, drogas, alcohol, sexo. Las riñas entre la pareja no fueron raras y sí cada vez más difíciles de sobrellevar. En 1973 tuvo lugar su separación más famosa, que duró dieciocho meses y fue llamada por John "el fin de semana perdido". Yoko pidió alejarse de John antes de que terminaran simbólicamente el uno con el otro. Él tuvo suerte de no morir de sobredosis en un periodo de completa autodestrucción que sobrevivió entre Nueva York y Los Ángeles. Luego, por fin, el amor se restableció. No podían permanecer más tiempo el uno sin el otro, en especial él. La pareja reanudó relaciones en 1975, un año clave para Lennon: la guerra de Vietnam llegó a su fin; Nixon, su principal enemigo para establecerse en Estados Unidos y quien lo acusaba de "extranjero indeseable", renunciaría a su cargo presidencial; y, por si fuera poco, después de varios abortos espontáneos, Yoko dio a luz a su segundo hijo, Sean, el mismo día en que John cumplió treinta y cinco años, un 9 de octubre.

Parecía el momento perfecto para dejar la vida pública por un tiempo y dedicarse al amor, a descubrirse a sí mismo en otra faceta, desde la serenidad, una que por distintas circunstancias no pudo experimentar con su primogénito, Julian. Lennon estuvo lejos de la sociedad durante cinco años. Cocinaba, cuidaba a su niño, compartía el tiempo con su esposa. Miró desde abajo cómo la guitarra colgaba de una pared durante cinco años. Parecía liberarse: del pasado, de su imagen, de su fama, del mundo y de sí mismo.

¿Dónde está la genialidad de John Lennon?, pregunto insistentemente. Alfonso André responde: "Para mí, su genialidad radica en la rebeldía. Más que como un músico virtuoso, lo veo como un transgresor inconforme que constantemente lo cuestionó todo, empujando los límites de lo conocido, tanto en su trabajo musical como en la realidad que le tocó vivir y que tanto ayudó a transformar".

Después de este periodo de recogimiento, John Lennon volvió a componer. Era 1980 cuando grabó junto a Yoko el amor hacia su esposa e hijo en el álbum *Double Fantasy*. Poco después, en ese mismo año, el 8 de diciembre un desequilibrado fanático, Mark David Chapman, lo esperó afuera de su edificio para asesinarlo de cuatro tiros. Mi hermano mayor, con apenas nueve años, corrió hacia mi madre: "Asesinaron a John Lennon". Mamá permaneció en silencio; sus ojos se abrieron mucho más que su grandeza habitual. El silencio fue su tristeza, la de todos.

El conejo blanco no deja de mirar el reloj. El tiempo llega invariablemente, pero en rarísimas ocasiones es permisible. Las letras de John son autobiográficas, reflejos de todos, de todas; mezclas de una voz propia que azotan con el pensamiento sencillo e incisivo el amor, el dolor y otras emociones (ahí está *Mother*, sólo por citar algún ejemplo). La música suena, John Lennon respira a través de los compases. El fonógrafo con manivela no para. Alicia lo controla.

UNA MIRADA DESDE EL COACHING

¿Revelarte o dormirte? Desde hace varias décadas la humanidad ha fortalecido las estructuras de un sistema organizado para vivir, al cual las personas nos debemos adaptar, pertenecer, no cuestionar y aún más participar como parte integral de él. Muchas veces sin reconocerlo, fortalecemos el sistema e integramos a nuestros familiares y amigos con nuestras creencias no exploradas.

Desde pequeños, a muchos de nosotros nos ha parecido absurda la idea de seguir ciertas estructuras educativas, económicas, gubernamentales y sociales, probablemente porque al espíritu que llevamos dentro poco le importan estos intereses. El alma es libre y viene a manifestar amor por la vida, espontaneidad, creatividad, alegrías y agradecimiento por vivir.

Cuando le pedimos a nuestra alma que siga cierta ruta dictada por el exterior, muchas veces incitada por el miedo, nos dormimos al punto de desconectarnos de nuestras emociones. Pero hacer de nuestra vida una rutina sistémica es perdernos del esplendor, la abundancia y la vitalidad que existe cuando estamos dispuestos a confrontar lo establecido y trazar el camino propio.

Rebeldía es una palabra interesante porque se define como una reivindicación de la libertad. Es una actitud que se da cuando sentimos disconformidad, una oposición a normas o valores impuestos. John Lennon comenzó su vida con dos ejemplos de rebeldía: sus padres. Por motivos diferentes ellos decidieron no seguir de manera directa su labor de padres con él, por lo que desde muy pequeño se fue a vivir con Mimi Smith, la hermana de su madre, quien le brindó estabilidad. John Lennon era creativo y curioso, y desde chico se interesó por el arte y la música. También se veía en él una búsqueda por sobresalir, pues desde joven implementaba propuestas de imagen que eran influenciadas por figuras como James Dean y Elvis Presley.

Yoko Ono, la segunda esposa de John Lennon, nació en 1933, en Tokio, en el seno de una familia acomodada; sus padres fueron dueños de bancos japoneses. Estudió en una escuela para niños con talento especial para la música y fue la primera mujer en ser aceptada en la facultad de filosofía de la Universidad de Gakushuin, una de las más exclusivas de Japón. Después de la Segunda Guerra Mundial, la familia se mudó a Nueva York y ahí asistió al Sarah Lawrence College, donde estudió composición y poesía contemporánea.

Con el tiempo Ono se convirtió en un personaje controversial al dedicarse al arte *underground*. Utilizó su energía creativa para incomodar hasta el punto de escandalizar al público que asistía a sus propuestas artísticas. Su trabajo se presentaba como puestas en escena (en algunas de ellas los asistentes cortaban su ropa), arte de confrontación o instalaciones; también exploraba arrojando objetos o comida, entre otras manifestaciones artísticas. Todo esto con el fin de despertar algo en el espectador. Decía que si a la mitad de la función no se habían retirado un buen número de asistentes, su propuesta no había tenido éxito. Ella partía de la idea de que vivimos desconectados de lo que sentimos y la única manera despertar a nuestra conciencia es fortaleciendo la conexión con nuestras emociones, aunque esto nos incomode.

Ono ya había destacado como artista en Nueva York e Inglaterra antes de conocer a John Lennon. Por su parte, John Lennon se encontró desde muy joven con una fama arrasadora con el fenómeno de su banda The Beatles, el primer grupo musical comercialmente exitoso y críticamente aclamado en la historia de la música popular. Lennon demostró su carácter rebelde y un ingenio mordaz en su música, pero también en el cine, la literatura, el dibujo y más adelante en sus declaraciones en conferencias de prensa y entrevistas. La polémica lo persiguió por su constante activismo por la paz al lado de Yoko Ono.

Al vincular sus vidas ambos crearon un eslabón como pareja, donde los unieron la creatividad, un profundo amor, la admiración mutua y sus ideales. Fue una relación que afrontó grandes retos a nivel personal. Pero más allá de eso, formaron juntos un sello: su imagen, sus mensajes y sus excentricidades lograron una complicidad que parecía irrompible.

A partir de los años 60 y 70 comenzó un movimiento nacido del descontento colectivo al reconocer que seres humanos aparentemente "civilizados" y "morales" participaban de manera activa en sistemas sociales profundamente inmorales: dictaduras, regímenes totalitarios, guerras, violencia, corrupción, etcétera. Durante la Segunda Guerra Mundial, el escritor británico George Orwell reflexionaba: "Mientras escribo estas líneas, seres humanos 'civilizados' sobrevuelan intentando matarme". Esto oculta una pregunta: ¿por qué los seres humanos podemos vivir bajo el mandato de sistemas políticos brutales y en muchas ocasiones no los confrontamos?

John Lennon utilizó su escaparate mundial para procurar la paz. Para cuestionar y establecer un manifiesto fuera de lo convencional quiso, a su manera, afrontar la distorsión humana en que vivimos, por lo que se impuso fuertemente en contra de la guerra de Vietnam. Debido a ello comenzó a ser una amenaza para el presidente de Estados Unidos, Richard Nixon, quien alentaba y justificaba una guerra sin sentido, como lo son todas. El gobierno de aquel país empezó a buscar la manera de deportar a John Lennon, pero en este momento él y Yoko Ono habían hecho de su residencia Nueva York, y desde esta plataforma hablaban al mundo a través de la música, el arte y la prensa; invitaban a todos a imaginar un mundo libre, tolerante, unido por el bienestar.

Es interesante que al promulgar el amor y la paz lo primero que debemos hacer es vernos a nosotros mismos, observar que lo que juzgamos fuera de nosotros vive dentro de cada uno. "Ellos" no existen fuera de nuestra percepción; todos somos una integración colectiva. Cuando algo exterior nos hace ruido debemos indagar en dónde lo llevamos dentro. Por ejemplo, si algo despierta odio debemos observar qué parte de nosotros se quiere ocultar, qué nos hace sentir así en nuestra psique. Odiar es la necesidad de desvanecer algo en amor sin saber cómo.

Así, los enemigos externos nos invitan a ver algo dentro de nosotros. Al tener compasión y curiosidad podemos arrojar amor incluso a lo que no comprendemos. Otra posibilidad es ser un ejemplo de cómo podemos responder desde el amor frente a lo que no estamos de acuerdo. Como decía la Madre Teresa: "No me inviten a manifestarme en contra de la guerra. Yo caminaré alineada a la paz", a lo que yo añadiría: y siendo congruente en mi interior con esta serenidad.

Durante su genial trayectoria, Lennon entendió que el amor lo es todo, que más allá de fama, posturas e intereses, lo más valioso es cultivar en nosotros y en otros la poderosa energía que brinda el amor. Esto escaló a tal punto que al final de su vida se retiró para amar a su esposa y segundo hijo de tiempo completo, lo cual representa en él la evolución que lo llevó de no ser un predicador a volverse alguien que experimenta lo que valora.

Irónicamente, Lennon comprendió la necesidad de vivir esto a los 35 años, porque fue asesinado a los 40. Un hombre joven que en el clímax de su juventud y su carrera decide retirarse parece saber que la muerte le vendrá pronto; ese tiempo le permitió sembrar madurez en su espíritu y estar listo para partir.

Debemos vernos a nosotros mismos desde la postura de honestidad personal, ver dentro de nosotros en dónde no hemos podido propagar amor. Desde esta congruencia es necesario que nos revelemos colectivamente ante los sistemas sociales que nos alejan del amor, la paz y la justicia. Es importante indagar por qué a veces participamos en comportamientos sociales de manera inconsciente, sin darnos cuenta de que muchas veces somos absorbidos por configuraciones sociales enfermas. Como dijo John Lennon: "Nuestra sociedad es manejada por gente enferma con objetivos locos. Somos dirigidos por maniáticos con fines maniáticos, y soy susceptible a ser percibido como un loco por expresar esto. De esto se trata la locura".

Un estudio de Current Directions in Psychological Science, editado por la Association for Psichological Science, busca responder por qué las personas defienden sistemas corruptos, ineficientes o injustos y se someten ante lo impuesto, participando de manera mecanizada. El artículo funda sus conclusiones en una serie de estudios y experimentos que identifican cuatro elementos que ayudan a entender los mecanismos que operan en nosotros cuando somos parte de lo injustificable, como las guerras, el abuso y las injusticias sociales y humanas:

- *Dependencia del sistema:* Defendemos el sistema del que creemos depender. Este elemento aparece cuando el sistema está relacionado con nuestro "bienestar", pues nos vemos como parte integral de él y creemos que nuestra sobrevivencia se ve amenazada si éste muere.
- *Amenazas al sistema:* Si sentimos que el sistema en el que vivimos es amenazado, tendemos a defenderlo. En tiempos de crisis *no* cuestionamos al sistema, sino que queremos pensar que funciona porque esto nos da cierta estabilidad ficticia.

  Por ejemplo, en los ataques a las Torres Gemelas el entonces presidente de Estados Unidos, George W. Bush, estaba por debajo en las encuestas, pero después del 9-11 su aprobación subió considerablemente, y aumentó el apoyo al Congreso y a la policía; fue un intento de "fortalecer" el sistema que estaba siendo atacado. El estudio también menciona como ejemplo el huracán Katrina, donde pese a que

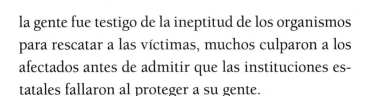

la gente fue testigo de la ineptitud de los organismos para rescatar a las víctimas, muchos culparon a los afectados antes de admitir que las instituciones estatales fallaron al proteger a su gente.

▶ *Ineludibilidad del sistema*: Opera cuando somos parte de un sistema del que sentimos que no nos podemos salir. En estas situaciones los seres humanos tenemos la tendencia de adaptarnos; muchos no nos sentimos capaces de proponer nuevas realidades y nos sometemos a situaciones que desde una perspectiva más sana consideraríamos inaceptables.

Por ejemplo, en este estudio se habla de un experimento en el que se les comunicó a las personas que en su país los salarios serían un 20% más alto para los hombres que para las mujeres; las mujeres que no podían emigrar a otro país aceptaban la diferencia salarial como algo innato a la diferencia de género, y lo vivían como algo inamovible. Mientras más atascados estamos en un sistema, más ciegos somos ante él y más se anula nuestro estado de conciencia, por lo que dejamos de evaluar alternativas o nuevas posibilidades para nuestra vida.

▶ *Poco control sobre uno mismo*: Esto habla de sentir baja injerencia en nuestras propias vidas y destinos. Cuando esto pasa, entregamos a nuestros líderes la labor de darnos un sentido de control a cambio de nuestra fidelidad al sistema. Es un fenómeno en el que el gobierno se vuelve paternalista.

Si queremos que un cambio social ocurra, necesitamos entender las condiciones que hacen que la gente se resista al cambio y darnos cuenta que estas transformaciones son necesarias. John Lennon fue un soñador; fue valiente y original. Destacó por romper paradigmas y su instrumento fue el arte. Su valor fue enseñarnos a cada uno a vivir al máximo, a apoyarnos en nuestra creatividad, a amar profundamente y a plasmar con nuestra vida nuestra propia obra de arte.

Los pilares de John Lennon
Anatomía hipotética

John Lennon fue un hombre controversial, humano a fin de cuentas, con muchas carencias, cegueras, debilidades y ambiciones. Me parece que esto es valioso, pues no debemos glorificar a otros seres humanos. A pesar de lo complejos que somos, hay quienes dentro de toda la gama de grises que nos hace humanos destacan por el ejemplo de cómo podemos vivir y hasta qué punto debemos despertar. El primer paso es ser honestos y auténticos con nosotros mismos.

John Lennon nos enseñó a exponernos ante la vida, a mostrarnos vulnerables, a literalmente encuerarnos frente al mundo (como lo hizo en la portada de *Two Virgins*). Al hacerlo nos abrimos a la vida, a nuestro ingenio, a la creatividad; es cuando realmente vivimos. Cuando volvemos a la inocencia nos conectamos con el ritmo latente del universo y trabajamos en conexión con él.

Ahora exploremos a John Lennon desde el punto de vista de los pilares del Coaching MMK:

Pensamientos

John Lennon era un hombre libre. Se dejó guiar por lo que sentía, por lo que le hacía sentido; emprendió una vida sin garantías en la que seguramente quedó sorprendido de lo que alcanzó con sólo dejarse ir. Una vida como la de él no está regida por el pensamiento racional y estructurado, que muchas veces termina aniquilando la viveza en la que podemos experimentar la vida. En cambio, la vida de Lennon se guio por instinto, inteligencia y pasión por vivir. Algunos de sus pensamientos fueron:

- No voy a cambiar la forma en la que miro o lo que siento para adaptarme a algo. Siempre he sido raro, seré raro el resto de mi vida y voy a vivir para esto. *Soy una de esas personas.*
- La vida es lo que pasa mientras estamos ocupados haciendo planes.
- El tiempo disfrutado no es malgastado.
- Quien piensa que el amor y la paz son un cliché, se quedó en los años 60. El amor y la paz son eternos.
- No necesitamos a nadie que nos diga quiénes o qué somos. Ya somos lo que somos.
- Si todo el mundo deseara la paz en lugar de una televisión, habría paz en el mundo.
- No soy la divinidad. No represento la pureza de alma. No tengo las respuestas de la vida. Hago canciones y respondo a las preguntas tan honestamente como puedo.

- Lo único real es el amor.
- En los 60 se abrieron posibilidades, pero también la responsabilidad que todos tenemos ante la vida.
- Parte de mí cree que soy un perdedor, y la otra piensa que soy el Dios todopoderoso.
- Si ser un egomaníaco significa creer en lo que hago, en mi arte y en mi música, entonces me puedes llamar así. Creo en lo que hago, y lo digo.
- Cuanto más conozco, menos sé.
- Muchos están dispuestos a cualquier cosa, menos a vivir aquí y ahora.
- El tiempo cicatriza las heridas.
- Estás sólo contigo todo el tiempo, no importa qué estés haciendo. Tienes que bajar a tu Ser divino a tu propio templo. Eso depende de ti.
- No creo en matar, sea cual sea la razón.

Cultura

John Lennon nació en un momento tal que a lo largo de su vida el mundo cambió rápidamente. La tecnología, la globalización, las ciencias, el arte y la transformación del pensamiento humano cambiaban década a década. Parece que Lennon fuera arrasado por cada proceso que vivía la humanidad. Partió de una infancia en un pueblo conservador y se fue mimetizando con un mundo que estaba despertando a la sexualidad, la pasión, la música y la libertad.

Vivió en un mundo en que había muchos menos seres humanos que ahora, por lo que las corrientes de moda, pensamiento, filosofía, ciencias, etcétera, se contenían de tal manera que las personas parecían en mayor sincronización. Lennon abanderó los cambios, la evolución, y se abrió a ser ciudadano del mundo. Después de tantas experiencias personales, retos, adicciones, amores, pleitos, decepciones y demás, viviendo en un escaparate, concluyó que el silencio, la simplicidad y el amor es lo único necesario.

Creencias

Éstas son algunas de las creencias de John Lennon:

- ▸ Mi rol en la sociedad, como el de cualquier artista o poeta, es intentar y expresar lo que sentimos. No es decirle a la gente qué sentir; no como un predicador, no como un líder, sino como un reflejo de todos nosotros.
- ▸ Imagina a todos viviendo en paz. Soy un soñador, pero no soy el único. Espero que algún día te unas a nosotros, y el mundo será uno.
- ▸ Creo en Dios, pero no como una cosa, no como un hombre en el cielo. Creo que lo que la gente llama Dios es algo que está en todos nosotros. Creo en lo que Jesús, Mahoma y Buda enseñaron.
- ▸ El amor es como una planta preciada. Tienes que cuidarlo realmente y nutrirlo.
- ▸ El surrealismo tuvo un gran efecto en mí porque me di cuenta que la imaginación en mi mente no era locura. El surrealismo para mí es la realidad.
- ▸ Debemos darle a la paz una oportunidad.

> ▸ La religión es sólo una manera de sacarles el diezmo a los ignorantes. Sólo existe un Dios, y ése no se enriquece como los curas charlatanes.
>
> ▸ No importa lo largo que sea mi pelo ni el color de mi piel ni si soy hombre o mujer. Nada de eso me define.

Lenguaje

El lenguaje de Lennon fue la música, la poesía y la escritura. Comenzó con letras sencillas, y según lo que él experimentaba su lenguaje y sus canciones se transformaban al reflejar lo que sentía, vivía y proponía. Conoció el poder de las palabras y la fuerza energética que cargan, más si van sostenidas por una melodía. La música permea energéticamente los organismos vivos, los mueve y modifica aun a nivel biológico. Las canciones de Lennon escritas como himnos a la paz fueron cantadas como mantras de manifestación en contra de la guerra por miles de personas. Estoy segura de que tantos seres humanos unidos en una intención, cantando a una misma voz, tuvieron un impacto en la paz más allá de lo que podemos entender de manera racional.

Emociones

Para John Lennon las emociones lo eran todo. Él se conoció a través de lo que sentía, pues no tuvo miedo de conectarse con sus sensaciones. Muchos nos desasociamos de nuestro sentir porque tememos, y preferimos seguir vidas monótonas al creer que nos dan seguridad al seguir lo establecido.

Pensamos que si seguimos una vida dictada por lo que llevamos dentro nos perderemos y seremos una amenaza para nosotros y otros. También hay un gran rechazo a las emociones negativas por no saber cómo transformarlas.

Sin duda, la influencia de su maestro espiritual Maharishi Mahesh Yogi apoyó a Lennon en sus procesos internos y para hacer frente a lo que su interior dictaba. Ése es el valor de acercarnos a maestros que nos ayudan a salir de la ignorancia espiritual y nos ayudan a encontrar nuestra autenticidad y a conducir los carruajes internos para que no tengamos que dar la espalda a nuestro interior.

Declaraciones

Las declaraciones de lo que era posible para John Lennon debieron manifestarse cuando era muy joven. Recordemos que las declaraciones no son sólo palabras: abren para nosotros la guía, el sentir y lo que es posible en nuestra experiencia de vida. Probablemente la declaración que sembró a Lennon para convertirse en el ser humano que influenció a tantos fue: "Estoy dispuesto y abierto a vivir. La vida me sorprenderá con una vida inesperada y yo haré una travesía propia. Me pongo de frente al encuentro conmigo mismo, y viviré cada momento alineado al latir de mi corazón". Con una declaración así se manifiesta el empuje de una trayectoria como la suya.

Ego

"Era genio, loco, amable, guarro, tremendo, lleno de talento, eterno buscador, infeliz, feliz, incansable…", escribe Hunter Davies en la biografía de John Lennon. Su soledad, su tristeza, su rabia, su inocencia, su romanticismo, su infantilismo, sus inmadureces, sus rencores, sus amores, sus ligues, sus sueños, su verdad, su escaso apego por el dinero, su enorme generosidad, sus miserias, su ego… Todo eso se ve plasmado en su vida, pero también en sus cartas, canciones y propuestas.

Lennon tuvo que sanar su infancia, una con un padre que vio desaparecer (un marino errante fracasado, al que después amparó, junto a su novia de 19 años) y una madre que murió de manera inesperada cuando apenas renovaban su relación (John tenía 17 años). El concepto de la paternidad en John Lennon fue un gran reto. La historia se volvió a repetir cuando apareció Yoko Ono en su vida y su hijo Julian se sintió abandonado, como él en su momento. John lo hizo a un lado, algo que lamentó con el tiempo, sobre todo después de que nació Sean, su segundo hijo con Yoko.

Lennon fue descarado y desafiante. Miedoso hasta en su etapa de pleno éxito y enormemente autocrítico. Fue impaciente y sereno; un apóstol con los pies en la tierra al tiempo que tocaba el cielo; idealista y realista; harto, traumatizado, paranoico con las críticas, y al final en paz con él mismo. Nos enseñó a vivir con todo lo complejo y profundo que es un ser humano y a no tener miedo de la vida; a ser la expresión viva de lo que llevamos dentro.

El valor de ser rebelde

- ▶ Los rebeldes ven el mundo con ojos nuevos, pueden ver más allá de lo ordinario de la vida, constantemente cuestionan lo que la gente común toma por dado y tienden a tener perspectivas del mundo mucho más amplias. Esto es porque su campo de estudio es vasto. Tienen intereses de temas como: arte, música, gastronomía, mecánica, etcétera. Esto hace que tengan ideas, creatividad, e innovación que arroja nuevas propuestas.

- ▶ Los rebeldes por lo general tienen una motivación ejemplar. Logran ver el riesgo como parte del viaje. Esto no quiere decir que van a poner su vida en peligro necesariamente, pero saben que para lograr lo que se proponen a veces tienen que tomar decisiones arriesgadas.

- ▶ Se comportan distinto ante el miedo, ya que en vez de temer a lo que desean su preocupación es no intentar alcanzarlo, pues piensan que en el futuro lamentarán no haber tomado acción. En su mente, no tomar acción sería el mayor desaliento.

- ▶ Los rebeldes se enamoran de sus ideas, ven las situaciones con un lente positivo y destacan las razones por las que serán un éxito, así como el valor en ellas. Muchas veces por esta misma razón no exploran el lado negativo, por lo que no son los mejores jueces.

▶ Los rebeldes deben rodearse de personas que equilibren su espíritu, para apoyarlos a canalizar su ingenio

Exploremos las siguientes preguntas:

¿Por qué nuestros enemigos pueden convertirse en nuestros mejores defensores?

Porque están conscientes de nuestras fallas; si logramos llevarnos bien con ellos y que aprecien lo positivo, a la larga pueden destacar una óptica más amplia de nosotros. Entienden nuestros ángulos.

¿Qué es lo que realmente provoca un pensamiento grupal y promueve la innovación?

Para tener una conversación integral en la que se generen nuevas ideas debemos incluir a personas que piensen diferente y que estén dispuestas a defender su punto de vista.

¿Qué pasa cuando se le otorga a una persona la bandera de rebelarse ante algo, pero éste no era realmente su deseo?

Esto puede dar distintos resultados. El primero es que simplemente esa persona no era la persona correcta para sostener el cambio, pero también existe la posibilidad de que una vez aceptado el reto, la persona encuentre su propósito. Muchas veces necesitamos un empujón para salir de nuestra zona de confort y atrevernos a proponer algo nuevo.

¿Cuál es la diferencia entre los modelos a seguir y un rebelde? ¿Cuál es más fácil de encontrar?

Los modelos a seguir nos ayudan a ver más posibilidades, a sentirnos inspirados, a tener mayores retos y a darnos ejemplos concretos de cómo hacer cosas. Los rebeldes se pueden encontrar en tanto en la vida real como en las novelas o la mitología; se caracterizan por romper esquemas y proponer nuevas alternativas en todos los ámbitos de la vida.

¿Es importante ser optimista para ser innovador y tener éxito?

Lo realmente significativo es saber qué es lo que te motiva y encontrar la manera de hacer las cosas que a ti te funcione. Sin embargo, es aún más importante que seas honesto contigo y con otros.

¿Por qué tus primeras quince ideas para generar algo nuevo son menos originales que las siguientes veinte?

Tus primeras quince ideas siempre van a ser más comunes porque las relacionarás con las cosas más habituales. Una vez que pases el límite de lo frecuente empezarás a ser creativo, innovador y original.

Y tú, ¿eres un rebelde?

Conclusiones
de Alejandra Llamas

Al escribir, investigar, conocer y caminar de la mano de estas personas que hoy son compañeros cercanos a mí, reí, lloré, me conmoví, me desesperé, me asombré, me motivé, me sensibilicé. Ha sido un honor para mí conocer de cerca sus sueños, sus miedos, sus frustraciones, sus familiares, sus amantes, sus lados oscuros, sus grandes retos y su incansable tregua por hacer una diferencia.

Genaro, mi esposo, me preguntaba qué tienen en común a lo largo de mi caminata con ellos. Al reflexionar sobre esto me di cuenta de que sí había un hilo conductor en todos ellos que delineaba su esencia de líder. Encontré que algunas características de las que gozaban son:

▶ **Valentía.** Un espíritu indomable, dispuestos a morir y vivir por sus ideales.
▶ **Pasión.** Esa viveza que corre por las venas y que hace que la vida se vuelva un palpitar de emoción y propósito.
▶ **Integridad.** Un honor impecable por el cuidado de su palabra y un aprecio por cultivar las virtudes que construyen la fuerza de un ser humano.

▶ **Fuerza emocional.** Ninguno de los líderes de este libro se colocaba frente a la vida desde una posición de víctima; todos se elevaron más allá de sus circunstancias, cocrearon con el universo y manifestaron sus deseos profundos. Nada los frenó.

▶ **Vivieron en el presente.** A pesar de tener vidas de reto, de afrontar tristezas y duras pruebas, todos ellos se sacudieron el polvo de lo vivido, dieron un salto al presente y se preguntaron: "¿Qué es posible ahora?" Caminaron con la mirada al frente, con la visión y el agradecimiento de seguir vivos para conquistar sus anhelos.

▶ **Su lenguaje era poderoso y se apegaba a sus logros.** Hemos hablado en este libro del poder del lenguaje, que es la morada del ser humano. Lo que decimos y cómo lo decimos genera nuestra realidad y da pie a nuestras emociones. Cada uno de estos líderes usó la herramienta del lenguaje para sostener su vida, y su diálogo interno trabajaba a su favor. Las peticiones, promesas, declaraciones y compromisos que articulaban eran sólidos, respaldados por una enorme convicción de honrar su palabra.

▶ **Tenían fe.** Creían en sí mismos, pero también establecieron una relación con el universo. Entendieron cómo vivir con una comunicación profunda con ese espacio vital que no se ve pero que siempre está presente, y al que algunos llamamos dimensión espiritual o fuerza creadora.

▶ **No permitieron que las circunstancias los definieran.** No se sometieron a lo que el medio ambiente dijo de ellos, ni se paralizaron frente a lo que la vida les impuso en determinado momento. Propusieron nuevas realidades y se mantuvieron firmes y dignos por dentro. Encontraron nuevas posibilidades en donde otros no las veían.

▶ **Creían en la humanidad.** Apostaban por cada uno de nosotros y por el bien que vive en cada ser humano. Trataron de disolver la distorsión, el miedo y las limitaciones que viven en nosotros, que nos llevan a la violencia, la ignorancia y la destrucción.

▶ **Los sostenía el amor.** Más allá del ego, el temor, la reactividad, el ataque, la agresión o la desesperación, cada uno de ellos se sostuvo por la fuerza, el poder interior que vivir amando les dio.

Existe una fuerza que nos incluye a todos y que nos gobierna, una que también predomina en los animales, la naturaleza, las constelaciones y fenómenos naturales. Se llama: *amor*.

Cuando alineamos nuestra vida a esta energía vivimos en la luz, que alumbra nuestro entorno y a nosotros mismos. Es un poder que multiplica lo mejor de nosotros y que permite que la humanidad extinga su ceguera y sus egoísmos. Cuando el amor se revela en nosotros, vivimos y morimos en paz. Esta gran energía lo explica todo y nos da el propósito de vivir. Muchos vivimos buscando el amor en los objetos, el poder, el éxito, y el reconocimiento; a veces preferimos salir a buscar lo que ya tenemos en nuestro interior que abrazar el amor que llevamos dentro. Nos damos cuenta de que es una fuerza tan poderosa que muchos no sabemos cómo rendirnos a ella. Se necesita reconocer tu esencia de líder para tener el vigor de alinearte al mando del amor.

Lo que sanará al mundo es el amor, por su esplendor ilimitado. El uso del control, el domino y la destrucción se han volcado en contra de nosotros. Es momento de nutrir el mundo con otro tipo de energía. Si queremos sobrevivir como especie, debemos encontrar el verdadero sentido de la vida. Si queremos entrar en un equilibrio con el planeta, y con cada ser viviente, el amor es la única respuesta.

Cada uno de nosotros cargamos un generador de amor que quiere hacer resonancia con nuestros familiares, amigos, animales, sueños y proyectos. Cuando aprendamos a usar esta valiosa herramienta, cuando estemos dispuestos a dar y recibir amor de manera incondicional, conquistaremos la compasión, la empatía, la tolerancia y la sabiduría para vivir.

El amor abarca todo, puede trascender el tiempo, el espacio y cualquier dimensión: todo surge y acaba en amor. La gran lección que me regala este libro es que la vida es más simple de lo que creemos. Pero para llegar a esta simplicidad debemos soltarlo todo, vivir desde nuestra esencia, sostenernos en el amor que llevamos dentro y dejarnos llevar a nuestro gran destino.

La vida nos guía en todo momento. Cada uno de nosotros lleva dentro la esencia de un líder.

ALEJANDRA LLAMAS

Conclusiones
de Valeria Matos

Líderes: portales hacia otros tiempos; espejos hechos de sangre, de carne, de vísceras; mujeres y hombres que encauzan, que guían a un grupo nunca por la fuerza, sino potencializando sus deseos libertarios y propiciando el desarrollo de sus capacidades transformadoras. Son una mezcla de valores múltiples (la valentía y el amor por la humanidad sin duda son los más fuertes) y tienen defectos (algunos son violentos, otros egoístas en sus vidas íntimas, algunos más están fuera de sí, son tercos).

Cada biografía, cada recorrido por estos recuerdos que no son propios, me alienta; entonces, repito cada noche como ejercicio de convencimiento: "Seguir". Seguir con las derrotas, con las tristezas, con los miedos, con las desilusiones; caer por el golpe más fuerte, el más doloroso, y levantarse aún con el mareo, pero de pie. Hacerse responsable de los errores. Cometerlos. Cuestionar, nunca olvidar dicho acto, porque eso es lo que nos lleva a no vivir sometidos, a descubrir las posibilidades de quiénes podemos ser en etapas distintas, solos y acompañados. Confiar en uno mismo aun sin haber confiado un minuto antes. Escucharse, escuchar. Mirarse, mirar. Amarse, amar. Ellos nos dan soporte;

ustedes hacen más fácil el camino; nosotros juntos somos más fuertes.

No existen líderes que surjan por generación espontánea; son productos socioculturales, dependientes de un momento histórico y de las capacidades y disponibilidades individuales que tengan para desarrollar ciertos valores y aptitudes que los auxilien a lograr una meta para sí mismos y en conjunto.

No hay héroes ni heroínas que construyan la historia por sí solos. Ésta, la historia, se yergue en el tiempo gracias a hombres y mujeres que están dispuestos al cambio, que matizan la homogeneidad, lo establecido, lo característico de una época con pensamientos que conllevan a acciones disidentes, y que al ser un ejemplo para los demás se convierten en una particularidad también.

Una noche lo platicábamos Alejandra y yo: no hay un líder que no tenga apoyos, y sobre ellos y su papel ante las victorias habrá que ahondar más adelante. Ahí está Yoko Ono, que abrió las puertas a una nueva faceta de John Lennon, una enlazada con la rebeldía encauzada por un bien común; en la memoria camina Kasturba, compañera incondicional de Gandhi, que se unió y apoyó el movimiento no violento para liberar a la India; Winnie mantuvo viva la esperanza de Nelson Mandela mientras éste dormía y despertaba en una pequeña celda iluminada día y noche, mirando el sol cada vez que hacía trabajos forzados picando roca caliza; Lorena Hickok vio amaneceres junto a Eleanor Roosevelt y la acompañó durante los largos viajes que las condujeron a conocer a la gente norteamericana y sus carencias; Pierre contempló junto a su amada Marie Curie esas lucecitas verdes que danzaban en su laboratorio mientras hacían las investigaciones más importantes de su tiempo; Mileva se enamoró de Einstein, y él de ella, entre poesía y la comprobación de fórmulas brillantes; Manuela salvó de la muerte al libertador, Simón Bolívar; Inglaterra era el corazón de Isabel, ¿habrá alguno más grande?

Cada uno tuvo el amor como guía y soporte, al mismo tiempo que perseguía su objetivo: ser a través del pensamiento, del sentir; la unión de ambos elementos se consolida en la pasión. El fin fue la libertad en diferentes ámbitos: ya sea en términos de justicia social o bien en términos de preceptos morales, como el ejemplo de Sor Juana Inés de la Cruz.

¿Qué sigue? Pensar, cuestionar. Sólo así se llega a la rebeldía, a la herejía pura, al choque que sacude, asombra, escandaliza y modifica; pero no a través de carroñas de fácil asqueo o imágenes impactantes a primera vista, sino a través del pensamiento, de símbolos, que son empaques de la cruda realidad.

La continuidad será retumbar la voz desde el sexo, desde el género; cuestionar a la cultura dominante, a la sociedad envuelta en el capitalismo, mientras permite que la devoren (a la cual, en general, tampoco le ha importado ser cómplice de torturadores y asesinos); en cambio, se preocupó, se preocupa sobremanera por mantener los valores que promueven las desigualdades de todo tipo. El honor y la virtud descansan en orificios y membranas, innombrables por cierto.

¿Sobrevivir al mundo? No. Hacer todo lo posible por vivir con dignidad y respeto.

Aprendamos, pues, de los logros y desaciertos de estos personajes, ecos históricos que de ninguna manera son los triunfos y errores locales, sino de la humanidad entera.

Una vez más, gracias por acompañarnos a la última página.

VALERIA MATOS

Recursos

Bibliografía

Amuchástegui Álvarez, Domingo, *Historia contemporánea de Asia y África*, La Habana, Pueblo y Educación, 1985.

Anderson, Bonnie S. y Judith P. Zinsser, *Historia de las mujeres: una historia propia*, vol. I, Barcelona, Editorial Crítica, 1992 (colección Libros de Historia).

Bipan, Chandra (comp.), *Hacia una nueva historia de la India*, México, El Colegio de México, 1982.

Branch, Taylor, *Parting the Waters: America in the King Years, 1954 -1963*, Nueva York, Simon & Schuster, 1988.

Duby, Georges (coord.), *Historia de las mujeres. El siglo xx*, Madrid, Taurus, 2001.

Foenkinos, David, *Lennon*, Alfaguara, Madrid, 2014.

Gandhi, Mahatma, *Autobiografía. Historia de mis experiencias con la verdad*, Madrid, Gaia Ediciones, 2014.

Huizinga, Johan, *El otoño de la Edad Media*, Madrid, Alianza, 1982.

Isaacson, Walter, *Einstein. Su vida y su universo*, México, Debolsillo, 2015.

Lagarde, Marcela, *Los cautiverios de las mujeres: madresposas, monjas, putas, presas y locas*, México, Universidad Autónoma de México, 1990.

La Eva Moderna. Ilustración gráfica española 1914–1935, Madrid, Fundación Cultural Mapfre Vida, 1997.

Macaulay Trevelyan, George, *Historia política de Inglaterra*, México, Fondo de Cultura Económica, 1984.

Mandela, Nelson, *El largo camino hacia la libertad. La autobiografía de Nelson Mandela*, Madrid, Aguilar, 2012.

Montero, Rosa, *La ridícula idea de no volver a verte*, Barcelona, Seix Barral, 2013.

Neale, John E., *Queen Elizabeth I*, Harmondsworth, Penguin, 1960.

Optiz, Claudia, "Vida cotidiana de las mujeres en la baja Edad Media (1250–1500)", en Georges Duby (coord.), *Historia de las mujeres. La Edad Media*, Madrid, Taurus, 2001.

Paz, Octavio, *Sor Juana Inés de la Cruz o las trampas de la fe*, México, Fondo de Cultura Económica, 2008.

Pellicer, Carlos (comp.), *Simón Bolívar*, México, Universidad Nacional Autónoma de México, 1937.

Ramos Escandón, Carmen, *Presencia y transparencia: la mujer en la historia de México*, México, El Colegio de México, 1987.

Sarasa Bara, Enrique, *Isabel I. Reina de Inglaterra*, Madrid, Edimat, 2005.

Molla, Serge, *Martin Luther King*, Nueva York, Assouline, 1999.

Hemerografía

De los Ríos, Patricia, "Los movimientos sociales de los años sesentas en Estados Unidos: un legado contradictorio" en *Sociológica. Significados y efectos sociales*, año 1, núm. 38, 1968. Septiembre–diciembre de 1998.

Internet

Bailey Ogilvie, Marilyn, "Marie Curie. Una biografía". Disponible en <http://www.librosmaravillosos.com/mariecurie/index.html>; consultado el 24 de junio de 2016.

Díaz de Quijano, Fernando, "David Foenkinos: 'Lennon habría muerto a los 27 de no ser por Yoko Ono' ". Disponible en <http://www.elcultural.com/noticiaimp.aspx?idnoticia=5848>; consultado el 29 de enero de 2014.

Du Noyer, Paul, *El sueño eterno*. Disponible en <http://www.losinrocks.com/wp-content/uploads/2010/03/98-lennon.pdf>; consultado el 24 de junio de 2016.

Ferrer, Sandra, *El ángel de Varsovia, Irena Sendler (1910-2008)*. Disponible en <http://www.mujeresenlahistoria.com/2014/09/el-angel-de-varsovia-irena-sendler-1910.html>; consultado el 6 de septiembre de 2014.

"Irena Sendler", documental. Disponible en <https://www.youtube.com/watch?v=05ROSf-zpmg>; consultado el 24 de junio de 2016.

Juana de Arco (Expedientes Misterio); National Geographic en Español. Disponible en <https://www.youtube.com/watch?v=GDDgEIARCes>; consultado el 24 de junio de 2016.

Pardo, José Luis, *La doble vida de John Lennon*. Disponible en <http://www.revistadelibros.com/articulo_imprimible.php?art=4884&t=articulos>; consultado el 24 de junio de 2016.

Temiño, Ignacio, "La heroína que salvó a 2 500 niños". Disponible en <http://www.elmundo.es/suplementos/magazine/2007/407/1184167371.html>; consultado el 24 de junio de 2016.

406 Esencia de líder

Youngs, J. William T., "Los amores de Eleanor Roosevelt". Disponible en <http://www.magazinedigital.com/historias/reportajes/avance-editorial-los-amores-eleanor-roosevelt>; consultado el 7 de septiembre 2015.

"Mahatma Gandhi", en *The Time 100*. (*Leaders and Revolutionaries*). Disponible en <http://web.archive.org/web/20110622113342/http://www.time.com/time/time100/poc/magazine/mohandas_gandhi12a.html>; consultado el 24 de junio de 2016.

Bibliografía para las interpretaciones relacionadas con el coaching

En la sección Una mirada desde el coaching, mucha de la información es hipotética, por lo que no está respaldada por bibliografía. La que se utilizó se nombra a continuación.

Allende, Isabel, *How to Live Passionately—No Matter Your Age*, charla Ted, Vancouver, 2014. Disponible en <https://www.ted.com/talks/isabelle_allende_how_to_live_passionately_no_matter_your_age?language=en>; consultado el 24 de junio de 2016.

Association for Psichological Science, *Current Directions in Psychological Science*.

Baruch, Bernard, *Baruch: My Own Story*, Nueva York, Bucaneer Books, 1996.

Bhagavad Gita: A New Translation, Stephen Mitchell (trad.), Nueva York, Harmony, 2002.

Chalmers Brothers, *Language and the Pursuit of Happiness*, Naples, New Possibilities Press, 2005.

"Discriminación", en *DefiniciónABC*. Disponible en <http://www. definicionabc.com/social/discriminacion.php>; consultado el 24 de junio de 2016.

Heiddeger, Martin, *Being and Time*, Nueva York, Harper Perennial Modern Classics, 2008.

Iyengar, Sheena, *The Art of Choosing*, Nueva York, Twelve, 2011.

Lao Tzu, *Tao Te Ching. A New English Version*, Stephen Mitchell (ed.), Nueva York, Harper Perennial Modern Classics, 2006.

Solidaridad Don Bosco, *Carpeta formativa para una ciudadanía solidaria: la pobreza en un mundo* global. Disponible en <http://www.generandociudadania.org/wp-content/blogs. dir/1/files_mf/1350983597carpeta07_Pobreza.pdf>; consultado el 24 de junio de 2016.

Tavris, Carol y Elliot Aronson, *Mistakes Were Made (but Not by Me): Why We Justify Foolish Beliefs, Bad Decisions, and Hurtful Acts,* Boston, Mariner Books, 2015.

"The Spiritual Vision of Albert Einstein", en *Uplift*. Disponible en <http://upliftconnect.com/spiritual-wisdom-of-albert-einstein/>; consultado el 24 de junio de 2016.

The Stanford Prison Experiment: <http://www.prisonexp.org>.

Unidos por los Derechos Humanos, "Definición de los derechos humanos". Disponible en <http://www.humanrights.com/ es_ES/what-are-human-rights.html; consultado el 24 de junio de 2016.

Viereck, George Sylvester, *Glimpses of the Great*, Duckworth, 1930.

Esencia de líder de Alejandra Llamas,
se terminó de imprimir en septiembre de 2016
en los talleres de
Litográfica Ingramex, S.A. de C.V.
Centeno 162-1, Col. Granjas Esmeralda, C.P. 09810
Ciudad de México.